Spierling | Schopenhauer-ABC

Schopenhauers Werk ist unverwüstlich, es gehört zum klassischen Repertoire der Philosophie. Für Thomas Mann war Schopenhauer der wichtigste »rationalste Philosoph des Irrationalen«. Er revolutionierte das traditionelle Menschenbild des Abendlandes und eröffnete neue Horizonte des Fragens und Forschens.
Das Schopenhauer-ABC ist eine Fundgrube für Kenner und Einsteiger, es umfaßt zentrale philosophische Gedanken, differenzierte Erläuterungen, biographische Aspekte sowie Anekdoten. Darüber hinaus macht es die gedankliche Wucht und literarische Brillanz von Schopenhauers Sprache erfahrbar, indem es den Blick auf vollendete Meisterstücke philosophischer Miniaturen lenkt. Leben und Werk des großen Pessimisten werden amüsant und lehrreich aufgeblättert in 360 Stichwörtern.

Volker Spierling, geboren 1947 in Frankfurt a. M., lebt als wissenschaftlicher Publizist und Dozent für Philosophie in Tübingen. Von zahlreichen Veröffentlichungen sind die *Lust an der Erkenntnis. Die Philosophie des 20. Jahrhunderts* (5. Aufl. 1997) und die *Kleine Geschichte der Philosophie* (8. Aufl. 2002) besonders erfolgreich.

Volker Spierling

Schopenhauer-ABC

RECLAM
LEIPZIG

Besuchen Sie uns im Internet:
www.reclam.de

Reclam Bibliothek Leipzig, Band 20052
1. Auflage, 2003
Reihengestaltung: Gabriele Burde | Kurt Blank-Markard
Umschlaggestaltung: Gabriele Burde unter Verwendung
einer Daguerreotypie vom 3. September 1852, Bildarchiv
Preußischer Kulturbesitz
Gesetzt aus ITC Slimbach
Satz: Reclam Verlag Leipzig
Druck und Bindung: Ebner & Spiegel, Ulm
Printed in Germany
ISBN 3-379-20052-2

Die Zeit wird kommen, wo, wer nicht weiß, was ich über einen Gegenstand gesagt habe, sich als Ignoranten bloßstellt.

Schopenhauer an Frauenstädt,
10. Februar 1856

Stichwortverzeichnis

A

A = A »Ich war noch sehr jung«, schreibt Wilhelm von Gwinner, der erste Schopenhauer-Biograph, »als ich ihn [Schopenhauer] zum ersten mal [im Jahr 1847] sprechen hörte. Ich saß in seiner Nähe an der Wirthstafel, kannte ihn nicht, wußte nicht, wer er war. Er demonstrirte Einem den Anfang der Logik, das Gesetz der Identität und des Widerspruchs vor, und lebhaft steht mir noch das befremdende Gefühl vor der Seele, Einen über A = A sprechen zu hören und ein Gesicht dazu machen zu sehen, als spräch' er mit seiner Geliebten von der Liebe.« (Wilhelm von Gwinner, *Schopenhauers Leben*, Leipzig ^{3}1910, S. 331)
Obwohl die Logik den Ruf hat, trocken und langweilig zu sein, ist Schopenhauer hier leidenschaftlich bei der Sache. Er spricht im Lokal, vermutlich bei einem Schoppen Wein, mit Hingabe von zwei Denkgesetzen der traditionellen Logik, d. h. von Grundsätzen des richtigen Denkens.
Das erste Denkgesetz, der Satz der Identität, lautet A = A, d. h. jeder Gegenstand ist mit sich selbst gleich. Für das Denken bedeutet dies, daß die Begriffe nicht mehrdeutig, sondern nur in einem und demselben Sinn gebraucht werden sollen. Das zweite Denkgesetz, der Satz des Widerspruchs, besagt, daß zwei einander widersprechende Urteile nicht zugleich wahr sein können. Das Denken soll widerspruchsfrei sein.
Die Denkgesetze (hier sind nur zwei angesprochen) sind für Schopenhauer die »Bedingung der Möglichkeit allen Denkens«. Eine »Selbstuntersuchung der Vernunft« zeigt, »daß ihnen zuwider zu denken, so wenig angeht, wie unsere Glieder der Richtung ihrer Gelenke entgegen zu bewegen« (G, § 33, 109; vgl. VN I, Kap. 3, 278 ff. und HN IV 1, 221).
Der umfangreichste und am sorgfältigsten ausgearbeitete Logik-Text Schopenhauers, bereichert durch viele veranschaulichende Diagramme, findet sich in den *Philosophischen Vorlesungen* (VN I, Kap. 3, 251–386). Er ist eine gute Einführung

in die traditionelle, von Aristoteles begründete und systematisierte Logik.
↑ Doppeldeutigkeit, Kanone

ABC-Schützen »Die Insekten und andern untern Thiere, in ihrem Gehn und Thun, Treiben und Beabsichtigen, sind anzusehn als die *ABC-Schützen der Schöpfung*: sie liefern die Rudimente unsers Thuns und Treibens.« (HN IV 1, 312)
Das Zitat aus dem Nachlaß sagt nicht nur etwas über das Leben von Insekten und Menschen aus, sondern auch über Schopenhauers Art zu philosophieren. Es ist auffallend, daß seine Sprache außerordentlich anschaulich ist. Schopenhauer folgt beim Schreiben seiner Überzeugung, daß die Anschauung die »Urquelle aller Erkenntniß« (W II, Kap. 7, 78) ist. Die Philosophie muß empirische Grundlagen haben. Worauf es Schopenhauer ankommt, ist: »anschauen, die Dinge selbst zu uns reden lassen, neue Verhältnisse derselben auffassen«. Worauf es ihm nicht ankommt, ist: »Worte durch Worte erklären, Begriffe mit Begriffen vergleichen, worin das meiste Philosophiren besteht« (W II, Kap. 7, 76 f.).
Charakteristisch ist, daß Schopenhauer in dem Moment, wo er sich einem philosophischen Problem zuwendet, eine Metapher, ein Bild, eine Analogie vor Augen hat. Dieser Bezug hat häufig die sprachliche Form »sind anzusehn als« oder »ist wie« oder »gleicht einer«. Autor wie Leser sind gleichermaßen gehalten, in ständiger Anwesenheit einer Anschauung zu denken, so abstrakt der Gedankengang auch sein mag. Die bildhaften Vergleiche, die Schopenhauer hierbei verwendet, sind so zahlreich, daß man ihn den Philosoph des Vergleichs nennen könnte.
↑ Anschauung und Begriff, Genie

Ablenkung durch Lebensgeschichte »Die aber, welche, statt die *Gedanken* eines Philosophen zu studiren, sich mit seiner Lebensgeschichte bekannt machen, gleichen Denen, welche, statt mit dem Gemälde, sich mit dem Rahmen beschäftigen, den Geschmack seiner Schnitzerei und den Werth seiner Vergoldung überlegend.« (P II, § 59, 90)
Schopenhauer hält nichts davon, seinen Pessimismus aus persönlichen Lebensumständen zu erklären. Sein Freund Julius Frauenstädt berichtet von einem Gespräch, das er mit ihm über

dieses Thema führt: »Als ich ihn [Schopenhauer] einst darüber befragte, ob er etwa in jungen Jahren viel gelitten habe und daraus sein Pessimismus zu erklären sei, erwiderte er: ›Gar nicht; sondern ich war als Jüngling immer sehr melancholisch und einmal, ich mochte ungefähr 18 Jahre alt sein, dachte ich, noch so jung, bei mir: Diese Welt soll ein Gott gemacht haben? Nein, eher ein Teufel. - Ich habe freilich schon viel in der Erziehung, durch die Härte meines Vaters, zu leiden gehabt.‹ - Näher ging er damals auf den eigentlichen Ursprung seines Pessimismus nicht ein.« (LF, 306) Auch die historische Situation lehnt er als Erklärungsgrund ab. So kritisiert er heftig Kuno Fischer, der in seiner Philosophiegeschichte die Zeitumstände für Schopenhauers Pessimismus verantwortlich macht. Schopenhauer schreibt am 15. Juli 1855 an Frauenstädt: »Von der Hegelei unheilbar verdorben, *konstruirt* er [Fischer] die Geschichte der Philosophie, nach seinen apriorischen Schablonen, und da bin ich als Pessimist der nothwendige Gegensatz des *Leibniz* als Optimisten: und das wird daraus abgeleitet, daß Leibniz in einer *hoffnungsreichen*, ich aber in einer *desperaten* und malörösen Zeit gelebt habe: *Ergo*, hätte ich 1700 gelebt, so wäre ich so ein geleckter, optimistischer Leibniz gewesen, und dieser wäre ich, wenn er jetzt lebte! - So verrückt macht die Hegelei. Obendrein aber ist mein Pessimismus von 1814–1818 (da er komplett [in Form des ersten Bandes der *Welt als Wille und Vorstellung*] erschien) erwachsen; welches die *hoffnungsreichste Zeit*, nach *Deutschlands Befreiung*, war. Das weiß der Gelbschnabel nicht!« (B, 368)
↑ Beste aller möglichen Welten

Abrichtung »Sogar an *Abrichtungsfähigkeit* übertrifft der Mensch alle Thiere. Die Moslem sind abgerichtet, 5 Mal des Tages, das Gesicht gegen Mecka gerichtet, zu beten: thun es unverbrüchlich. Christen sind abgerichtet, bei gewissen Gelegenheiten ein Kreuz zu schlagen, sich zu verneigen u. dgl.; wie denn überhaupt die Religion das rechte Meisterstück der Abrichtung ist, nämlich die Abrichtung der Denkfähigkeit; daher man bekanntlich nicht früh genug damit anfangen kann. Es giebt keine Absurdität, die so handgreiflich wäre, daß man sie nicht allen Menschen fest in den Kopf setzen könnte, wenn man nur schon vor ihrem sechsten Jahre anfienge, sie ihnen einzuprägen, indem

man unablässig und mit feierlichem Ernst sie ihnen vorsagte. Denn, wie die Abrichtung der Thiere, so gelingt auch die des Menschen nur in früher Jugend vollkommen.« (P II, § 344, 639)
Der Mensch, der im allgemeinen viel zuviel Wert auf die Meinung anderer legt, ist auch leicht durch die feierliche Verleihung von Ehren aller Art zu dressieren und zu beherrschen. So setzt sich die Abrichtung bis ins hohe Alter fort und beweist nur die »Größe der menschlichen Thorheit«. Schopenhauer spricht von »Menschendressirungskunst« (P I, Aphorismen, Kap. 4, 378).
↑ Metaphysisches Bedürfnis, Religionsunterricht, Eitelkeit

Affen »Affen thun nach, was sie sehn; Menschen sagen nach, was sie hören.« (P II, § 79, 129)
↑ After-a priori

After-a priori Etwa: ein Apriori aus zweiter Hand. Gemeint sind Vorurteile in der Gesellschaft, die das Denken nachhaltig beeinträchtigen oder gar beschädigen. Schopenhauer verwendet auch den Ausdruck »partielle Gehirnlähmung«. Es handelt sich um *entstandene* und (z. B. durch religiöse Erziehung) weitergegebene, verzerrende Bedingungen des Erkennens. Sie haben nichts zu tun mit den gleichsam naturgegebenen und für alle Menschen gleichermaßen gültigen Bedingungen des Erkennens, wie sie der »Satz vom Grund« formuliert. Die Gestalten des Satzes vom Grund – Raum, Zeit, Kausalität – sind im eigentlichen Sinn *a priori.* A priori heißt ganz allgemein: »nicht auf dem Wege der Erfahrung gewonnen, also nicht von außen in uns gekommen« (W I, Kant-Anhang, 518). Ein After-a priori ist also ein Pseudo-a priori.
Schopenhauer steht mit seiner Kritik an Vorurteilen in der Tradition der Aufklärung. Die Vorurteile halten die Menschen in einem Zustand fortdauernder Unmündigkeit. Sie machen blind gegen die Wahrheit und bringen vom rechten Kurs ab: »Was der Auffindung der Wahrheit am meisten entgegensteht, ist nicht der aus den Dingen hervorgehende und zum Irrthum verleitende falsche Schein, noch auch unmittelbar die Schwäche des Verstandes; sondern es ist die vorgefaßte Meinung, das Vorurtheil, welches, als ein After-a priori, der Wahrheit sich entgegenstellt und dann einem widrigen Winde gleicht, der das Schiff von

der Richtung, in der allein das Land liegt, zurücktreibt; so daß jetzt Steuer und Segel vergeblich thätig sind.« (P II, § 17, 15)
Vorurteile sind Meinungen, die die Wahrheit imitieren. Hinter ihnen verbergen sich mannigfaltige Interessen.
↑ Wille und Intellekt, Wahrheit, A priori

Alarmisten »Alle Zeitungsschreiber [sind], von Handwerks wegen, Allarmisten: dies ist ihre Art sich interessant zu machen. Sie gleichen aber dadurch den kleinen Hunden, die bei Allem, was sich irgend regt, sogleich ein lautes Gebell erheben.« (P II, § 233, 476)
Schopenhauer ist auf Journalisten nicht gut zu sprechen. Er wirft ihnen Trivialität und Verhunzung der Sprache vor. Die Tagespresse raubt die Zeit, die man seiner Bildung zuwenden sollte.
↑ Schimpfwörter, Schriftsteller

All-Eins-Lehre Schopenhauer macht sich 1831 eine kleine handschriftliche Notiz: »Meine Zeit hatte bereits, nachdem *Bruno, Spinoza* und *Schelling* es gelehrt, ganz wohl begriffen, *daß Alles Eines sei*: aber *was* dieses Eine sei, und wie es dazu komme sich als das Viele darzustellen, habe ich zuerst gelehrt.« (HN IV 1, 80 f.) Kurz gesagt: Das Eine ist der *Wille*, das Viele die *Vorstellung*. Der Wille ist das metaphysische Wesen der Welt, das Ding an sich; die Vorstellung seine Erscheinung. Der Titel des Hauptwerks drückt Schopenhauers Philosophie, seine All-Eins-Lehre, knapp und formelhaft aus: *Die Welt als Wille und Vorstellung.*
↑ Einheit der Welt, Ding an sich, Traumdeutung

Am Mainquai Der *Frankfurter Beobachter* erinnert sich am 26. September 1880 an folgende Begebenheit aus Schopenhauers Leben, die sich nach 1850 ereignet haben soll: »Der große und dickangelegte Metzgermeister M. schlenderte eines schönen Morgens mit seinem kleinen Jungen und seinem großen Hunde am Mainquai hinauf. In der Nähe von Schopenhauer's Wohnung angelangt, fand sich dessen Pudel, der bekanntlich von seinem Herrn, wenn er (nämlich der Pudel) unartig war, ›Mensch‹ geschimpft wurde, veranlaßt, den Metzgerhund zu attakiren. Dieser war jedoch dem Pudel über und hatte ihn bald

unter sich. Da stürzte plötzlich Schopenhauer aus seiner Wohnung, im Schlafrock, mit fliegenden Haaren, um das metzgerliche Beest [Biest] mit seinem Stocke zu bearbeiten. Diese Beschäftigung wurde indessen jäh durch den dicken M. unterbrochen, der dem Philosophen zurief: ›Gehst Du gleich in Dei' Hitt'‹, Du Narr!‹ Schopenhauer betrachtete sich einen Augenblick den robusten Metzger und dessen blutiges ›Beuneltuch‹. Dann sah er wohl ein, daß mit aller Philosophie gegen diese Fäuste nichts auszurichten sei, und machte kehrt, ohne sich weiter um seinen Pudel zu kümmern.« (Ge, 173 f.)
↑ Pudel, Gift

Anderer Mensch »Wenn *die Natur den letzten Schritt* bis zum Menschen, statt vom *Affen* aus, vom *Hunde* oder *Elephanten* aus, genommen hätte; wie ganz anders wäre da der Mensch. Er wäre ein vernünftiger Elefant, oder vernünftiger Hund, statt daß er jetzt ein vernünftiger Affe ist.« (HN IV 1, 5)
↑ Die ersten Menschen

Anempfohlene Betrachtungsweise »Beim Anblick Dessen, was wir nicht besitzen, steigt gar leicht in uns der Gedanke auf: ›wie, wenn Das mein wäre?‹ und er macht uns die Entbehrung fühlbar. Statt Dessen sollten wir öfter fragen: ›wie, wenn Das *nicht* mein wäre?‹, ich meine, wir sollten Das, was wir besitzen, bisweilen so anzusehn uns bemühen, wie es uns vorschweben würde, nachdem wir es verloren hätten; und zwar Jedes, was es auch sei: Eigenthum, Gesundheit, Freunde, Geliebte, Weib, Kind, Pferd, Hund: denn meistens belehrt erst der Verlust uns über den Werth der Dinge.« (P I, Aphorismen, Kap. 5, 465)
Hinter der Empfehlung steht die wichtige Überzeugung, daß das Glück stets negativ, nie positiv sei. Hierbei ist die Besonderheit der Terminologie zu beachten. – Auffallend ist die Reihenfolge der aufgezählten Güter.
↑ Negativität des Glücks

Anfang und Ende »Welch ein Abstand ist doch zwischen unserm Anfang und unserm Ende! jener in dem Wahn der Begier und dem Entzücken der Wollust; dieses in der Zerstörung aller Organe und dem Moderdufte der Leichen.« (P II, § 147, 307)

Schopenhauer betrachtet das werdende und vergehende Leben, Geburt und Tod, Anfang und Ende, von mehreren Gesichtspunkten aus. Diese Blickwinkel, die jeweils verschiedene Voraussetzungen des Erkennens berücksichtigen, finden sich z. B. in dem großen essayistischen Kapitel »Ueber den Tod und sein Verhältniß zur Unzerstörbarkeit unsers Wesens an sich« (W II, Kap. 41). Darin heißt es: »Einem unvergleichlich länger lebenden Auge, welches mit *einem* Blick das Menschengeschlecht, in seiner ganzen Dauer, umfaßte, würde der stete Wechsel von Geburt und Tod sich nur darstellen wie eine anhaltende Vibration, und demnach ihm gar nicht einfallen, darin ein stets neues Werden aus Nichts zu Nichts zu sehn; sondern ihm würde, gleichwie unserm Blick der schnell gedrehte Funke als bleibender Kreis, die schnell vibrirende Feder als beharrendes Dreieck, die schwingende Saite als Spindel erscheint, die Gattung als das Seiende und Bleibende erscheinen, Tod und Geburt als Vibrationen.« (W II, Kap. 41, 550 f.)
↑ Tod, Zeugung und Tod, Gegenwart

Anschauung und Begriff Das Verhältnis von Anschauung und Begriff hat für Schopenhauer eine grundlegende Bedeutung (vgl. W II, Kap. 6 und 7). Die Feststellung des großen, bisher zuwenig beachteten Unterschieds, ja Gegensatzes zwischen dem anschauenden und dem abstrakten Erkennen bezeichnet er als einen »Grundzug meiner Philosophie« (W II, Kap. 7, 96). Schopenhauers Grundthese lautet, daß die Begriffe, mit denen wir denken, von unseren Anschauungen, also unseren konkreten Wahrnehmungen inhaltlich abhängig sind.
Schopenhauer nennt die Anschauungen »primäre«, die Begriffe »sekundäre Vorstellungen«. Alle Wahrheit und alle Weisheit liegen zuletzt in der Anschauung. »Die *Anschauung* nun aber ist es, welcher zunächst das eigentliche und wahre Wesen der Dinge, wenn auch noch bedingterweise, sich aufschließt und offenbart. Alle Begriffe, alles Gedachte, sind ja nur Abstraktionen, mithin Theilvorstellungen aus jener, und bloß durch Wegdenken entstanden. Alle tiefe Erkenntniß, sogar die eigentliche Weisheit, wurzelt in der *anschaulichen* Auffassung der Dinge.« (W II, Kap. 31, 432)
Begriffe müssen unmittelbar oder mittelbar durch exemplari-

sche Anschauungen belegt werden können. »Da nun, wie gezeigt worden, die Begriffe ihren Stoff von der anschauenden Erkenntniß entlehnen, und daher das ganze Gebäude unserer Gedankenwelt auf der Welt der Anschauungen ruht; so müssen wir von jedem Begriff, wenn auch durch Mittelstufen, zurückgehn können auf die Anschauungen, aus denen er unmittelbar selbst, oder aus denen die Begriffe, deren Abstraktion er wieder ist, abgezogen worden: d. h. wir müssen ihn mit Anschauungen, die zu den Abstraktionen im Verhältniß des Beispiels stehn, belegen können. Diese Anschauungen also liefern den realen Gehalt alles unsers Denkens, und überall, wo sie fehlen, haben wir nicht Begriffe, sondern bloße Worte im Kopfe gehabt.« (W II, Kap. 7, 76) Beispiele solch »leerer Hülsen« sind: das Absolute, Gott, Sein.

Schopenhauer übersieht nicht, daß es auch Begriffe gibt, die durch keine Anschauung belegt werden können. Aber solche Begriffe, die allenfalls zu »halben Erkenntnissen« führen, dürfen nie die Erkenntnisquelle, der Ausgangspunkt oder der eigentliche Stoff der Philosophie sein. »Daher darf zwar bisweilen und im Nothfall das Philosophiren in solche Erkenntnisse auslaufen, nie aber mit ihnen anheben.« (W II, Kap. 7, 93) Die Philosophie hat ihre Resultate in Begriffe niederzulegen, aber nicht von ihnen als dem Gegebenen, dem scheinbar Ursprünglichen auszugehen. Das unkritische Philosophieren mit Abstraktionen vermag fast zu jedem gewünschten Resultat zu führen und »nöthigenfalls sogar den Teufel und seine Großmutter *a priori* zu deduciren« (N, 7). Auch die rationalistischen Gottesbeweise, die bis zu Kants *Kritik der reinen Vernunft* häufig konstruiert wurden, gehören zu diesen Begriffsmärchen.

Wie wichtig für Schopenhauer die Anschauung ist, geht auch aus folgender Notiz von 1825 hervor: »Habt ihr mir Anschaulichkeit zugesprochen, so habt ihr mir alles zuerkannt.« (HN III, 201)

↑ Wahre Philosophie, Genie, Wolkengebilde der Vernunft

Antike Komödie »Wie Steinschichten der Erde uns die Gestalten der Lebendigen einer fernen Vorwelt in den Abdrücken zeigen, welche die Spur eines kurzen Daseyns ungezählte Jahrtausende hindurch aufbewahren; so haben die Alten in ihren *Komödien* uns einen treuen und bleibenden Abdruck ihres hei-

tern Lebens und Treibens hinterlassen, so deutlich und genau, daß es den Schein erhält, als hätten sie es in der Absicht gethan, von der schönen und edlen Existenz, deren Flüchtigkeit sie bedauerten, wenigstens ein bleibendes Abbild auf die späteste Nachwelt zu vererben. Füllen wir nun diese uns überlieferten Hüllen und Formen wieder mit Fleisch und Bein aus, durch Darstellung des Plautus und Terenz auf der Bühne; so tritt jenes längst vergangene, rege Leben wieder frisch und froh vor uns hin, – wie die antiken Mosaikfußböden, wenn benetzt, wieder im Glanze ihrer alten Farben dastehn.« (P II, § 225, 466 f.)
↑ Poesie, Yukatan

A priori Der für die Philosophie Schopenhauers zentrale Terminus *a priori* ist schwierig und nicht mit einem Satz zu definieren, weil er im Zusammenhang mit einer komplexen Theorie des Erkennens verwendet wird, die an Kants *Kritik der reinen Vernunft* voraussetzungsreich anschließt. Die einfachste Einführung gibt Schopenhauer in seinen *Philosophischen Vorlesungen*, weil er hier im Gegensatz zu seinem Hauptwerk das erkenntnistheoretische Werk von Kant nicht als bereits gelesen voraussetzt (vgl. VN I, Kap. 2).
Eine Erkenntnis, die sich auf Erfahrungen beruft, kann bestenfalls wahrscheinlich sein. Morgen, auch wenn dies sehr unwahrscheinlich ist, sieht möglicherweise alles anders aus, dreht sich möglicherweise die Erde nicht mehr. Eine Erkenntnis a priori dagegen beansprucht unbedingte Gültigkeit ohne dieses »möglicherweise«. Sie kann sich daher nicht auf Erfahrung berufen. Aber worauf dann? Schopenhauer versucht in seiner Vorlesung, die er 1820 an der Berliner Universität hält, seine Studenten mit dieser Problematik Schritt für Schritt vertraut zu machen:
»Etwas *a priori* erkennen heißt *vor* der Erfahrung, dem Experiment, dem Versuch, *wissen*, daß es so seyn werde: hingegen es erst nach der Erfahrung, Versuch, wissen, heißt es *a posteriori* erkennen. Wenn wir irgend eine Regel als schlechthin nothwendig und als durchaus allgemeingültig erkennen; so haben wir sie nicht aus der Erfahrung geschöpft. Denn Erfahrung lehrt nie mehr als daß etwas so sei; sie kann nicht lehren daß es durchaus so seyn müsse und nicht auch anders seyn könne: also nicht daß

es *nothwendig* so sei. Erfahrung nämlich kann einen einzelnen Fall, sie kann sehr viele Fälle geben; aber nimmermehr eine Totalität aller Fälle: denn das Ende der Erfahrung ist nie da. Folglich kann sie lehren daß alle bisher gesehnen Fälle einer Regel gemäß ausgefallen sind, aber nie daß alle möglichen, irgendwann und irgendwo sich ereignenden Fälle jener Regel gemäß ausfallen müssen, folglich kann sie nie eine durchaus und ohne Möglichkeit einer Ausnahme allgemeingültige Regel geben. Finden wir nun aber im Vorrath unsrer Erkenntnisse einige Regeln denen wir strenge *Nothwendigkeit* und *Allgemeingültigkeit* ohne alle Ausnahme zuerkennen; so können wir solche nicht aus der Erfahrung abstrahirt haben, sondern sie müssen unabhängig von der Erfahrung, also *vor* aller Erfahrung d. h. a priori unserm Bewußtseyn angehört haben; da hingegen alle Erkenntnisse denen solche strenge Nothwendigkeit und völlige Allgemeingültigkeit (welches beides immer zugleich vorhanden ist) nicht zukommt, erst durch die Erfahrung also *a posteriori* in uns gekommen sind.« (VN I, Kap. 2, 134)

Das Charakteristische der Erkenntnisse a priori ist, daß sie wegen ihrer Notwendigkeit und Allgemeingültigkeit von aller möglichen Erfahrung gelten oder, anders gesagt, die *Möglichkeit der Erfahrung* überhaupt ausdrücken. Erkenntnisse a priori können nicht auf dem Weg der Erfahrung gewonnen, also nicht von außen in uns gekommen sein. Für Schopenhauer gibt es nur die Schlußfolgerung, daß das, was im Intellekt vorhanden ist, ohne von außen gekommen zu sein, in ihm selbst liegen muß, ihm selbst ursprünglich angehören muß als sein eigenes Wesen. Dieses eigene Wesen des Intellekts nennt er »Erkenntnisse *a priori*« oder »selbsteigene Formen des Intellekts«. Von einem anderen – physiologischen – Standort aus betrachtet, spricht er von »Gehirnfunktionen«.

In seinen *Vorlesungen* führt Schopenhauer weiter aus: Erkenntnisse a priori »müssen daher die Bedingungen seyn unter denen das Subjekt allein das Objekt vorstellen kann; d. h. sie müssen die Vorstellungsweisen, die Erkenntnißformen des Subjekts seyn« (VN I, Kap. 2, 135). Die erkenntnistheoretische Pointe ist: Wir erkennen die Dinge nicht, wie sie *an sich* sind, sondern wie sie *uns* aufgrund unserer Erkenntnisse a priori, also aufgrund unserer selbsteigenen Formen des Intellekts, *erscheinen*.

Die verschiedenen Arten apriorischer Erkenntnisse werden in der Abhandlung *Über die vierfache Wurzel des Satzes vom zureichenden Grunde* behandelt (1813, ^{2}1847). Diese Abhandlung bildet das erkenntnistheoretische Fundament des Systems.
↑ Satz vom Grund, Idealität von Zeit und Raum, Beweis der Idealität des Raumes

Armut »Armut und Sklaverei sind [...] nur zwei Formen, fast möchte man sagen zwei Namen, der selben Sache, deren Wesen darin besteht, daß die Kräfte eines Menschen großentheils nicht für ihn selbst, sondern für Andere verwendet werden; woraus für ihn theils Ueberladung mit Arbeit, theils kärgliche Befriedigung seiner Bedürfnisse hervorgeht. Denn die Natur hat dem Menschen nur so viel Kräfte gegeben, daß er, unter mäßiger Anstrengung derselben, seinen Unterhalt der Erde abgewinnen kann: großen Ueberschuß von Kräften hat er nicht erhalten. Nimmt man nun die gemeinsame Last der physischen Erhaltung des Daseyns des Menschengeschlechts einem nicht ganz unbeträchtlichen Theile desselben ab; so wird dadurch der übrige übermäßig belastet und ist elend. So zunächst entspringt also jenes Uebel, welches, entweder unter dem Namen der Sklaverei, oder unter dem des Proletariats, jederzeit auf der großen Mehrzahl des Menschengeschlechts gelastet hat. Die entferntere Ursache desselben aber ist der Luxus. Damit nämlich Wenige das Entbehrliche, Ueberflüssige und Raffinirte haben, ja, erkünstelte Bedürfnisse befriedigen können, muß auf Dergleichen ein großes Maaß der vorhandenen Menschenkräfte verwendet und daher dem Nothwendigen, der Hervorbringung des Unentbehrlichen, entzogen werden. [...] So lange daher auf der einen Seite der Luxus besteht, muß nothwendig auf der andern übermäßige Arbeit und schlechtes Leben bestehn; sei es unter dem Namen der Armuth, oder dem der Sklaverei, der *proletarii*, oder der *servi*. Zwischen Beiden ist der Fundamentalunterschied, daß Sklaven ihren Ursprung der Gewalt, Arme der List zuzuschreiben haben.« (P II, § 125, 261 f.)
Zwischen Leibeigenschaft und Grundbesitz liegt der Unterschied mehr in der Form als in der Sache. Im wesentlichen ist es »wenig verschieden«, ob einem der Bauer gehört oder das Land, von dem er sich nähren muß. Schopenhauer beruft sich bei die-

sen sozialkritischen Ansätzen, die die Entstehung von gesellschaftlichen Klassen skizzieren, auch auf Shakespeare: »You take my life,/When you do take the means, whereby I live. (Mein Leben nimmst du, wenn du mir die Mittel nimmst, wodurch ich lebe.)« (P II, § 125, 260)
↑ Sklaverei

Arzt »Der Arzt sieht den Menschen in seiner ganzen Schwäche; der Jurist in seiner ganzen Schlechtigkeit; der Theolog in seiner ganzen Dummheit.« (P II, § 344 a, 640)

Askese Der »Gipfelpunkt meiner Philosophie« ist der »asketische Standpunkt« (P II, § 204, 440; vgl. W I, § 69, 474).
Askese ist radikale Zurücknahme des egoistischen Willens zum Leben.
↑ Quietiv, Nichts

Astrologie »Einen großartigen Beweis von der erbärmlichen *Subjektivität* der Menschen, in Folge welcher sie Alles auf sich beziehn und von jedem Gedanken sogleich in gerader Linie auf sich zurückgehn, liefert die *Astrologie*, welche den Gang der großen Weltkörper auf das armsälige Ich bezieht, wie auch die Kometen am Himmel in Verbindung bringt mit den irdischen Händeln und Lumpereien. Dies aber ist zu allen und schon in den ältesten Zeiten geschehn.« (P I, Aphorismen, Kap. 5, 479 f.)
↑ Schein

Atheismus »Was für eine schlaue Erschleichung und hinterlistige Insinuation in dem Wort *Atheismus* liegt! – als verstände der *Theismus* sich von selbst.« (HN IV 1, 2)
↑ Gott

Aufschreiben »Vergessen wir doch oft was wir erlebt, wie viel mehr was wir bloß gedacht haben. Also aufschreiben.« (HN IV 1, 293)
↑ Gedächtnis

Ausdrücke für Betrügen »*Lichtenberg* hat über 100 deutsche Ausdrücke für Betrunkenseyn aufgezählt; kein Wunder, da die

Deutschen von jeher als Säufer berühmt waren: aber merkwürdig ist, daß in der Sprache der für die ehrlichste von allen geltenden deutschen Nation, vielleicht mehr als in irgend einer andern *Ausdrücke für Betrügen* sind; und zwar haben sie meistens einen triumphirenden Anstrich, vielleicht weil man die Sache für sehr schwer hielt: z. B. Betrügen, Täuschen, Hintergehn, Mystifiziren, Anführen, Beschuppen, Beschummeln, Hänseln, Bescheißen, Anschmieren, Prellen, zum Besten haben, Einem etwas weiß machen, ihm etwas aufbinden, ihm einen Zopf machen, ihm ein X für ein U machen, ihn versohlen, ihn hinter's Licht führen, ihn zum Narren machen, ihn narren, ihm eine Nase drehen, ihn [in den] April schicken, ihn einseifen, ihn über's Ohr hauen.« (HN IV 1, 123)
↑ Heilige Ausdrücke

Außenwelt »Nichts wird so anhaltend, Allem was man sagen mag zum Trotz und stets wieder von Neuem mißverstanden, wie der *Idealismus*, indem er dahin ausgelegt wird, daß man die *empirische* Realität der Außenwelt leugne.« (W II, Kap. 1, 8 f.)
Worauf es Schopenhauer ankommt: Die Außenwelt ist *Erscheinung*, etwas Bedingtes, sie steht *in bezug auf* etwas. Die Außenwelt ist (mit Kants Ausdruck) kein *Ding an sich*, nichts Unbedingtes. Der wahre Idealismus – für Schopenhauer ist dies der »transscendentale Idealismus« – macht »der vorliegenden Welt ihre *empirische Realität* durchaus nicht streitig, sondern besagt nur, daß diese keine unbedingte sei, indem sie unsere Gehirnfunktionen, aus denen die Formen der Anschauung, also Zeit, Raum und Kausalität entstehn, zur Bedingung hat; daß mithin diese empirische Realität selbst nur die Realität einer Erscheinung sei« (P I, 89 f.).
Gleichwohl hat diese »Realität einer Erscheinung« einen *traumartigen* Charakter. In einer eigenwilligen Kant-Auslegung unterstreicht Schopenhauer dies: »Solche deutliche Erkenntniß und ruhige, besonnene Darstellung dieser traumartigen Beschaffenheit der ganzen Welt ist eigentlich die Basis der ganzen Kantischen Philosophie, ist ihre Seele und ihr allergrößtes Verdienst. Er brachte dieselbe dadurch zu Stande, daß er die ganze Maschinerie unsers Erkenntnißvermögens, mittelst welcher die Phantasmagorie der objektiven Welt zu Stande kommt, auseinander-

legte und stückweise vorzeigte, mit bewunderungswerther Besonnenheit und Geschicklichkeit« (W I, Kant-Anhang, 497). Durch das Herausstellen der traumartigen Weltbeschaffenheit ist Platz gewonnen für eine ganz andere Sicht der Welt, für die Metaphysik, die lehrt, daß das Ding an sich - entgegen dem empirischen Anschein der vielheitlichen Außenwelt - nur *ein* Wesen ist. Schopenhauer nennt die Außenwelt, die empirische Realität, die »Welt als Vorstellung« und das, was dieser traumartigen Erscheinung als ihr Wesen zugrunde liegt, die »Welt als Wille«.
↑ Idealistische Grundansicht, Intellektualität der Anschauung, Transzendentalphilosophie, Traumdeutung

Automaten »Andererseits jedoch ließe sich sagen, daß nach erloschenem Geschlechtstrieb der eigentliche Kern des Lebens verzehrt und nur noch die Schaale desselben vorhanden sei, ja, daß es einer Komödie gliche, die von Menschen angefangen, nachher von Automaten, in deren Kleidern, zu Ende gespielt werde.« (P I, Aphorismen, Kap. 6, 524)
↑ Geschlechtstrieb

B

Bart Schopenhauer fühlt sich von den langbärtigen »Jetztzeitlern« provoziert und macht sich Gedanken über die Bärte, die er als Symptom einer überhandnehmenden Roheit, ja Barbarei interpretiert.
»Der *Bart* sollte, als halbe Maske, polizeilich verboten seyn. Zudem ist er, als Geschlechtsabzeichen mitten im Gesicht, *obscön*: daher gefällt er den Weibern.« (P II, § 233, 477)
»Der Bart, sagt man, sei dem Menschen natürlich: allerdings, und darum ist er dem Menschen im Naturzustande ganz angemessen; eben so aber dem Menschen im civilisirten Zustande die Rasur.« (P I, 187)
↑ Reifrock, Masken

Bedürfnis »Die Welt ist eine Maschine, welche durch das *Bedürfniß*, (also den *Schmerz*) in Bewegung gesetzt wird.« (HN IV 1, 8)
↑ Welt, Mensch, Leben

Begriff »Die Zusammenfassung des Vielen und Verschiedenen in *eine* Vorstellung ist nur möglich durch den Begriff, d. h. durch das Weglassen der Unterschiede, mithin ist dieser eine sehr unvollkommene Art des Vorstellens.« (W II, Kap. 15, 155)
Trotz dieses Mangels ist der Vorteil des Begriffs gegenüber der Anschauung beträchtlich. »Eben dadurch, daß Begriffe weniger in sich enthalten, als die Vorstellungen daraus sie abstrahirt worden, sind sie leichter zu handhaben, als diese, und verhalten sich zu ihnen ungefähr wie die Formeln in der höheren Arithmetik zu den Denkoperationen, aus denen solche hervorgegangen sind und die sie vertreten.« (G, § 27, 101)
Die Fähigkeit, Begriffe zu bilden, d. h. abstrakt zu denken, gehört zum »Grundwesen« der Vernunft. Durch diese Erkenntniskraft unterscheidet sich der Mensch vom Tier: »Im Menschen allein [ist], unter allen Bewohnern der Erde, noch eine andere Erkenntnißkraft eingetreten, ein ganz neues Bewußtseyn aufgegangen, welches sehr treffend und mit ahndungsvoller Richtigkeit die *Reflexion* genannt ist. Denn es ist in der That ein Wiederschein, ein Abgeleitetes von jener anschaulichen Erkenntniß, hat jedoch eine von Grund aus andere Natur und Beschaffenheit als jene angenommen, kennt deren Formen nicht, und auch der Satz vom Grund, der über alles Objekt herrscht, hat hier eine völlig andere Gestalt. Dieses neue, höher potenzirte Bewußtseyn, dieser abstrakte Reflex alles Intuitiven im nichtanschaulichen Begriff der Vernunft, ist es allein, der dem Menschen jene Besonnenheit verleiht, welche sein Bewußtseyn von dem des Thieres so durchaus unterscheidet, und wodurch sein ganzer Wandel auf Erden so verschieden ausfällt von dem seiner unvernünftigen Brüder.« (W I, § 8, 43)
↑ Anschauung und Begriff, Verstand, Realität und Wahrheit

Besseres Bewußtsein Der zentrale Terminus der Frühphilosophie, der das Motiv der »Befreiung« vom Wahn des Lebens, der »Entrückung in eine höhere Welt« (HN I, 43) ausdrückt.

Schopenhauer verwendet den Teminus »besseres Bewußtseyn« nur kurz von 1812 bis 1814. Im ersten Band der *Welt als Wille und Vorstellung* von 1819 kommt er nicht mehr vor. Der Begriff geht hier in die Ausdrücke »Askese«, »Verneinung des Willens zum Leben«, »Nichts« oder »Nirwana der Buddhaisten« über.

Schopenhauer konstatiert einen Grundgegensatz zwischen empirischem Bewußtsein und besserem Bewußtsein. Er nennt ihn die »Duplicität unsers Bewußtseyns« (HN I, 68). Das empirische Bewußtsein steht für das Leben in seiner ganzen zeitlichen Hinfälligkeit, für die Welt der egoistischen Begierden ebenso wie für die Vernunft in ihrer geistigen Beschränktheit. »Mit dem empirischen Bewußtseyn ist nicht nur Sündhaftigkeit, sondern auch alle Uebel die aus diesem Reich des Irrthums, des Zufalls, der Bosheit und Thorheit folgen, und endlich der Tod nothwendig gesetzt.« (HN I, 68)

Das bessere Bewußtseyn liegt »*hoch über alle Vernunft*« (HN I, 44). Es ist etwas sprachlich Unbenennbares, etwas Nicht-Personhaftes, ein Zustand bedürfnisloser Seligkeit. Es *weiß* nichts vom Absoluten, sondern *ist* das Absolute selbst, die »geistige Sonne des Platon« (HN I, 137).

Ein Hauptgedanke des später abgefaßten philosophischen Systems tritt hier schon prägnant hervor: Erlösung vom egoistischen Willen zum Leben durch Erkennen, durch eine Art selbstvergessenes, ichloses Erkennen. Schopenhauer stellt bereits 1814 die Alternative seines pessimistischen Denkens - »*wollend unseelig*« oder »*erkennend seelig*« (HN I, 166) - pointiert heraus: »Wären wir bloß wollend und nicht erkennend, so wären wir ewiger Verdamniß Preiß gegeben. Das Leben ist daher nur insofern eine Wohltat als wir *erkennend* sind: denn sofern wir *wollend* sind ist es eine Quaal: das *Erkennen* ist die Verheißung der Erlösung, ist das wahre Evangelium: das Wollen hingegen ist die Hölle selbst. Daher nun unsre Seeligkeit sofern wir uns als reines Subjekt des Erkennens finden: denn obwohl dies noch nicht die Seeligkeit, noch nicht das bessre Bewußtseyn selbst ist; so ist es doch die Bedingung, der Weg dazu, die Verheißung desselben: der Zustand des reinen Erkennens (der beim Anblick der Natur und der Kunstwerke eintritt) ist daher das wahre Evangelium, welches uns sagt: ›Du Wollender, (d. i. Unseeliger) bist aber auch Erkennender, und dies wird dich vom Wollen erlösen.‹«

(HN I, 167) - »Vom Wollen erlösen« heißt hier sehr radikal gedacht vom *Lebenwollen erlösen*, denn: »Das *Lebenwollen* [ist] die wahre Verdamniß.« (HN I, 118)
Schopenhauer spricht vom »reinen Subjekt des Erkennens«: Subjekt des Erkennens ist der Mensch immer, *reines* Subjekt des Erkennens nur dann, wenn er sich dem Gegenstand ganz hingibt, sich ganz in ihn verliert, wenn er das Unbedingte, das Ding an sich, nicht mehr unter dem Blickwinkel der Gesetze der Erscheinung betrachtet: wenn er die Ewigkeit nicht länger durch die Zeit auszumessen sucht (vgl. HN I, 84 f.).
Die Seligkeit des reinen Subjekts des Erkennens ist für Schopenhauer etwas greifbar Nahes. Er denkt dabei an den Anblick des Schönen in der Natur und in der Kunst. *Erkennen* meint in diesem Zusammenhang kein begrifflich abstraktes Erkennen, sondern ein anschauendes kontemplatives. Der Zustand des reinen Erkennens ist noch nicht die - mit dem Tod des Individuums verbundene - Seligkeit des besseren Bewußtseins, aber er kündet von einer überempirischen Wahrheit ganz eigener Art.
Der Mensch muß sich zwischen dem empirischen Bewußtsein und dem besseren Bewußtsein entscheiden: entweder - oder, beides geht nicht: »Das *bessre Bewußtseyn* ist vom *empirischen* durch eine Gränze ohne Breite, eine *mathematische Linie*, getrennt: das wollen wir meistens nicht einsehn und glauben vielmehr es sei eine *physische*, auf der sich wandeln ließe, mitten zwischen beiden Gebieten, und von der man nach beiden sehn könnte: d. h. wir wollen den Himmel verdienen, und dabei die Blumen der Erde pflücken. Das geht aber nicht: wie wir das eine Gebiet betreten, haben wir auch gleich das andre verlassen und verleugnet: zu vermitteln und zu verbinden ist nichts, nur zu wählen, für jeden Augenblick.« (HN I, 111)
Um dem besseren Bewußtsein treu zu sein, heißt es, dem empirischen zu »entsagen« und sich von ihm »loszureißen«: nicht durch Selbstmord, aber durch »Selbstertödtung« (HN I, 79).
↑ Reines Subjekt des Erkennens, Nichts, Selbstmord

Beste aller möglichen Welten Schopenhauer wendet sich entschieden gegen Leibniz (1646–1716), den Begründer des »systematischen *Optimismus*« (W II, Kap. 46, 668). Leibniz gibt 1710 in seiner *Theodizee* eine Rechtfertigung Gottes angesichts der Übel in der Welt. In dem Werk heißt es, »daß es unendlich viele mögliche Welten gibt, von denen Gott die beste gewählt haben muß, weil er nicht anders, als nach der höchsten Vernunft handelt« (ed. Gebhardt VI, S. 107). Gemessen an dieser vollkommenen, im Universum eingerichteten Ordnung sind die beanstandeten Übel für Leibniz beinahe nichts.

Schopenhauer hat im folgenden Zitat auch Leibniz im Blick, wenn er sich mit Nachdruck auf die *Anschauung* der Empirie sowie der literarischen Phantasie beruft, um die uneinsichtige Ignoranz des über den Wolken schwebenden Optimismus abzuweisen: »Wenn man den verstocktesten Optimisten durch die Krankenhospitäler, Lazarethe und chirurgische Marterkammern, durch die Gefängnisse, Folterkammern und Sklavenställe, über Schlachtfelder und Gerichtsstätten führen, dann alle die finstern Behausungen des Elends, wo es sich vor den Blicken kalter Neugier verkriecht, ihm öffnen und zum Schluß ihn in den Hungerthurm des Ugolino blicken lassen wollte; so würde sicherlich auch er zuletzt einsehn, welcher Art dieser *meilleur des mondes possibles* [die beste aller möglichen Welten] ist. Woher denn anders hat *Dante* den Stoff zu seiner Hölle genommen, als aus dieser unserer wirklichen Welt? Und doch ist es eine recht ordentliche Hölle geworden. Hingegen als er an die Aufgabe kam, den Himmel und seine Freuden zu schildern, da hatte er eine unüberwindliche Schwierigkeit vor sich; weil eben unsere Welt gar keine Materialien zu so etwas darbietet.« (W I, § 59, 383)

Die optimistische Geisteshaltung, die das Leiden verleugnet, verharmlost oder vergleichgültigt, ist eine »wahrhaft *ruchlose* Denkungsart«, ein »bitterer Hohn über die namenlosen Leiden der Menschheit« (W I, § 59, 385). Mit Empörung und Ablehnung begegnet Schopenhauer dem jüdischen, vom Christentum übernommenen Schöpfungsbericht des Alten Testaments, in dem Gott sein Werk betrachtet und sich selbst lobt (vgl. B, 290 ff.): »Gott sah alles, was er gemacht hatte, und fürwahr, es war sehr gut.« (1. Mos. 1, 31)

↑ Pessimismus, Moralische Weltordnung

Beweis der Idealität des Raumes Daß wir Dinge räumlich wahrnehmen, hängt von der Beschaffenheit unseres Intellekts bzw. unseres Gehirns ab. Unabhängig von unserer Erkenntnis gibt es keinen Raum. Schopenhauer knüpft in seiner Argumentation an Kants Erörterungen in der *Kritik der reinen Vernunft* (1781, ²1787) an (vgl. *Die transzendentale Ästhetik, Von dem Raume*, A 24/B 39). Obwohl die Thematik abstrakt und kompliziert ist - sie ist eng verbunden mit dem schwierigen Terminus *a priori* -, gelingt es Schopenhauer (auch durch anschauliche Vergleiche), dem Leser klar zu sagen, was gemeint ist und warum die Welt *Vorstellung* ist.

»Der einleuchtendeste und zugleich einfachste Beweis der *Idealität des Raumes* ist, daß wir den Raum nicht, wie alles Andere, in Gedanken aufheben können. Bloß ausleeren können wir ihn: Alles, Alles, Alles können wir aus dem Raume wegdenken, es verschwinden lassen, können uns auch sehr wohl vorstellen, der Raum zwischen den Fixsternen sei absolut leer, und dgl. m. Nur *den Raum selbst* können wir auf keine Weise los werden: was wir auch thun, wohin wir uns auch stellen mögen; er ist da und hat nirgends ein Ende: denn er liegt allem unserm Vorstellen zum Grunde und ist die erste Bedingung desselben. Dies beweist ganz sicher, *daß er unserm Intellekt selbst angehört*, ein integrirender Theil desselben ist und zwar der, welcher den ersten Grundfaden zum Gewebe desselben, auf welches danach die bunte Objekten-Welt aufgetragen wird, liefert. Denn er stellt sich dar, sobald ein Objekt vorgestellt werden soll, und begleitet nachher alle Bewegungen, Wendungen und Versuche des anschauenden Intellekts so beharrlich, wie die Brille, welche ich auf der Nase habe, alle Wendungen und Bewegungen meiner Person, oder wie der Schatten seinen Körper begleitet. Bemerke ich, daß etwas überall und unter allen Umständen bei mir ist, so schließe ich, daß es mir anhängt: so z. B. wenn ein besonderer Geruch, dem ich entgehn möchte, sich vorfindet, wohin ich auch komme. Nicht anders ist es mit dem Raume: was ich auch denken, welche Welt ich mir auch vorstellen möge; der Raum ist stets zuerst da und will nicht weichen. Ist nun derselbe, wie hieraus offenbar hervorgeht, eine Funktion, ja eine Grundfunktion meines Intellekts selbst; so erstreckt sich die hieraus folgende Idealität auch auf das Räumliche, d. h. alles darin sich Darstellende: dieses mag immerhin auch an sich selbst ein objektives Daseyn haben; aber sofern es *räumlich* ist, also sofern es Gestalt, Größe und Bewegung hat, ist es subjektiv bedingt. Auch die so

genauen und richtig zutreffenden astronomischen Berechnungen sind nur dadurch möglich, daß der Raum eigentlich in unserm Kopf ist. Folglich erkennen wir die Dinge nicht, wie sie an sich sind, sondern nur wie sie erscheinen. Dies ist des großen *Kants* große Lehre.« (P II, § 30, 47) – Analoges gilt für die *Zeit*.
↑ Idealität von Zeit und Raum, A priori, Vorstellung, Satz vom Grund

Bewußtsein »Wie die Welt trotz der Sonne finster bliebe, wenn keine Körper da wären, das Licht derselben zurückzuwerfen, oder wie die Vibration einer Saite der Luft und selbst irgend eines Resonanzbodens bedarf, um zum Klange zu werden; so wird der Wille erst durch den Zutritt der Erkenntniß sich seiner selbst bewußt: die Erkenntniß ist gleichsam der Resonanzboden des Willens und der dadurch entstehende Ton das Bewußtseyn.« (N, Pflanzen-Physiologie, 68)
↑ Grundwahrheit meiner Lehre, Gehirnfunktion, Dasein, Unbewußtes Sein, Transzendentalphilosophie

Bild/Gleichnis/Symbol »Die tiefsten, verborgensten Wahrheiten ist es uns nicht vergönnt anders zu erfassen als nur noch im Bilde, Gleichniß, Symbol.« (HN III, 392)
↑ Feldblume, Genie

Bildende Kunst In ihr geht es um den Zustand eines *ganz anderen* Sehens, um einen Zustand ohne Wollen und ohne Individualität. – Wie sieht ein beliebiges Ding aus, das so angesehen wird, als sei es *an sich*, also unbedingt, absolut? Was geht in dem Betrachter vor, der ein solches Sehen hat? Ein Sehen von einem Ding, mit dem er – weil es absolut ist – nichts Nützliches mehr anfangen kann? Die Werke der bildenden Kunst sind auf Absolutes gerichtet. Sie setzen dem Betrachter gleichsam andere Augen ein, mit denen er durch das Regelwerk der empirischen Realität, durch den Satz vom Grund, hindurchsehen kann. Denn wo der Satz vom Grund herrscht, der alles mit allem in Beziehung setzt und jedes durch jedes bedingt sein läßt, gibt es nur *relative* Dinge. Die bildende Kunst vermittelt die Erfahrung, daß die Dinge und die Individuen noch mehr, noch ganz anders sein können, als sie zu sein scheinen. Es ist ein Hinübergehen von

der »Vorstellung unterworfen dem Satz vom Grunde« zur »Vorstellung, unabhängig vom Satz vom Grunde«: von einem »Zustand« zu einem davon völlig verschiedenen.
Der Ausdruck »Platonische Idee« steht für dieses Mehrsein der Dinge wie die Ausdrücke »reines Subjekt des Erkennens« oder »Genie« für das Sehen dieses Mehrseins. In Schopenhauers Ausdrucksweise heißt dies knapp formuliert: Das Objekt der bildenden Kunst ist die Platonische Idee, ihr Subjekt ist das Genie. Ihr einziger Ursprung ist die (anschauliche) Erkenntnis der Ideen, ihr einziges Ziel Mitteilung dieser Erkenntnis durch Kunstwerke.
Schopenhauers Verständnis der bildenden Kunst läßt sich am Beispiel des *Stillebens* und der *Landschaftsmalerei* gut nachvollziehen. Wichtig ist, zuvor auf den Kontext zu achten, in den Schopenhauers gesamte Ästhetik eingebettet ist. Alle Kunstgattungen - sei es bildende Kunst, Poesie oder Musik - werden unter dem Blickwinkel der Entlastung vom Wollen, vom Leben, vom Leiden betrachtet. Erst durch diesen Blickwinkel, der für Schopenhauers Pessimismus steht, erschließt sich die große alternative Bedeutung, die die Kunst für das Leben hat.
Ausgangspunkt ist die Existenz des Menschen: sein unersättliches egoistisches Wollen und sein Leiden, sein Streben nach Glück und sein Scheitern, seine rastlose, vielfältige Sorge, aber auch seine Verstrickung in Schuld, Strafe und Qual, die er unabänderlich mit Gestalten der antiken Mythologie teilt: »Alles *Wollen* entspringt aus Bedürfniß, also aus Mangel, also aus Leiden. Diesem macht die Erfüllung ein Ende; jedoch gegen einen Wunsch, der erfüllt wird, bleiben wenigstens zehn versagt: ferner, das Begehren dauert lange, die Forderungen gehn ins Unendliche; die Erfüllung ist kurz und kärglich gemessen. Sogar aber ist die endliche Befriedigung selbst nur scheinbar: der erfüllte Wunsch macht gleich einem neuen Platz: jener ist ein erkannter, dieser ein noch unerkannter Irrthum. Dauernde, nicht mehr weichende Befriedigung kann kein erlangtes Objekt des Wollens geben: sondern es gleicht immer nur dem Almosen, das dem Bettler zugeworfen, sein Leben heute fristet, um seine Quaal auf Morgen zu verlängern. - Darum nun, solange unser Bewußtseyn von unserm Willen erfüllt ist, solange wir dem Drange der Wünsche, mit seinem steten Hoffen und Fürchten,

hingegeben sind, solange wir Subjekt des Wollens sind, wird uns nimmermehr dauerhaftes Glück, noch Ruhe. Ob wir jagen, oder fliehn, Unheil fürchten, oder nach Genuß streben, ist im Wesentlichen einerlei: die Sorge für den stets fordernden Willen, gleichviel in welcher Gestalt, erfüllt und bewegt fortdauernd das Bewußtseyn; ohne Ruhe aber ist durchaus kein wahres Wohlseyn möglich. So liegt das Subjekt des Wollens beständig auf dem drehenden Rade des Ixion, schöpft immer im Siebe der Danaiden, ist der ewig schmachtende Tantalus.« (W I, § 38, 230 f.)

Der Bezug auf mythologische Gestalten, auf ihre prototypischen, sich ewig wiederholenden Schicksale, ist nicht beiläufig. Er bedeutet mehr als eine gelungene literarische Abrundung. Schopenhauer greift hier zum stärksten Mittel der Bewahrheitung, das ihm zur Verfügung steht: zur Anschauung. Die Phantasie des Lesers soll lebhafte Bilder konkretisieren und bereitstellen, in deren *Gegenwärtigsein* der Schmerz des menschlichen Daseins in den Begriffen, im Denken, in der Philosophie präsent bleibt und durch Abstraktionen nicht verdrängt wird. Dies gehört zur philosophischen Bedeutung des bildhaften Denkens, des Metapherngebrauchs bei Schopenhauer.

Aus dem Zustand der Existenz, dem »endlosen Strohme des Wollens« (= Vorstellung, unterworfen dem Satz vom Grund), hebt die Kunst heraus und vermittelt einen ganz anderen Zustand (= Vorstellung, unabhängig vom Satz vom Grund). In ihm ist die Erkenntnis dem »Sklavendienste des Willens« entrissen, und die Dinge, denen die Erkenntnis ganz hingegeben ist, werden frei von ihrer Beziehung auf den Willen aufgefaßt. »Dieser Zustand ist aber eben der, welchen ich [...] beschrieb als erforderlich zur Erkenntniß der Idee, als reine Kontemplation, Aufgehn in der Anschauung, Verlieren ins Objekt, Vergessen aller Individualität, Aufhebung der dem Satz vom Grunde folgenden und nur Relationen fassenden Erkenntnißweise, wobei zugleich und unzertrennlich das angeschaute einzelne Ding zur Idee seiner Gattung, das erkennende Individuum zum reinen Subjekt des willenlosen Erkennens sich erhebt, und nun Beide als solche nicht mehr im Strohme der Zeit und aller andern Relationen stehn.« (W I, § 38, 231 f.) Das ist der schmerzlose Zustand, den Epikur als das höchste Gut und als den Zustand der Götter preist, die Ruhe der Seele, die vergleichbar ist mit der Ruhe des Meeres, wenn kein Wind weht. »Denn wir sind, für jenen Augenblick, des schnöden Willensdranges entledigt, wir feiern den Sabbath der Zuchthausarbeit des Wollens, das Rad des Ixion steht still.« (W I, § 38, 231)

Dieser Zustand kann z. B. durch ein Stilleben oder ein Landschaftsbild hervorgerufen werden. Ihre dargestellten Gegenstände gewähren, sofern sie *ideal*, also nicht empirisch-realistisch, nicht begehrlich, dargestellt sind, ein »Mitempfinden« der tiefen Geistesruhe des Malers: »Dies zeigen uns jene trefflichen Niederländer, welche solche rein objektive Anschauung auf die unbedeutendesten Gegenstände richteten und ein dauerndes Denkmal ihrer Objektivität und Geistesruhe im *Stilleben* hinstellten, welches der ästhetische Beschauer nicht ohne Rührung betrachtet, da es ihm den ruhigen, stillen, willensfreien Gemüthszustand des Künstlers vergegenwärtigt, der nöthig war, um so unbedeutende Dinge so objektiv anzuschauen, so aufmerksam zu betrachten und diese Anschauung so besonnen zu wiederholen: und indem das Bild auch ihn zur Theilnahme an solchem Zustand auffordert, wird seine Rührung oft noch vermehrt durch den Gegensatz der eigenen, unruhigen, durch heftiges Wollen getrübten Gemüthsverfassung, in der er sich eben befindet. Im selben Geiste haben oft Landschaftsmaler, besonders Ruisdael [1628–1682], höchst unbedeutende landschaftliche Gegenstände gemalt, und dadurch die selbe Wirkung noch erfreulicher hervorgebracht.« (W I, § 38, 232)

Die Bilder rufen den Zustand eines ganz anderen, eines allgemeinen, überindividuellen Sehens hervor: Es ist ganz einerlei und ohne alle Bedeutung, »ob der Baum den ich anschaute, grade dieser, oder ob es sein vor tausend Jahren blühender Vorfahr gewesen«. Es ist auch ganz einerlei, »ob ich, der Betrachter, dieses Individuum war, oder irgend ein andres das irgendwann und irgendwo gelebt hat« (VN III, Kap. 10, 117).

Der Höhepunkt der bildenden Kunst ist die Darstellung der menschlichen Schönheit in ihrer Vollkommenheit. Schopenhauer behandelt die Schönheit des Menschen in dem Paragraphen 45 der *Welt als Wille und Vorstellung* (W I), den sich Goethe als bedeutende Textstelle anstrich. Im klassischen Griechenland hat der geniale Grieche den Urtypus der menschlichen Gestalt gefunden und ihn als Kanon der Skulptur aufgestellt. Weil die

Schönheit dieses Urtypus – die Idee, das Ideal – durch keinen einzelnen Menschen wirklich repräsentiert wird, also empirisch gar nicht vorkommt, begnügt sich der Künstler nicht damit, die Natur realistisch in ihren Erscheinungen nachzuahmen, sondern vollendet sie »idealisch«. Der Künstler spricht aufgrund einer »ästhetischen Anticipation *a priori*« rein aus, »was sie nur stammelt« (VN III, Kap. 14, 152 f.). So drückt der Bildhauer die Schönheit der Form, die der Natur in tausend Versuchen mißlingt, dem harten Marmor auf, stellt sie der Natur gegenüber und ruft ihr gleichsam zu: »›Das war es, was du sagen wolltest!‹ und ›Ja, Das war es!‹ hallt es aus dem Kenner wider.« (W I, § 45, S. 262) – Die künstlerische Darstellung der menschlichen Schönheit reißt augenblicklich zum rein ästhetischen Anschauen hin, wobei uns ein »unaussprechliches Wohlgefallen ergreift und über uns selbst und Alles was uns quält hinaushebt« (W I, § 45, 260).

Eine Erlösung durch Kunst ist eingetreten, wenn auch nur eine uneigentliche, zeitweilige, noch keine endgültige. Die Welt als Vorstellung hat sich in uns von der Welt als Wille abgelöst. Es ist eine Erlösung aus der Individualität, aus dem Dasein als Individuum: »Glück und Unglück sind verschwunden: wir sind nicht mehr das Individuum, es ist vergessen, sondern nur noch reines Subjekt der Erkenntniß: wir sind nur noch da als das *eine* Weltauge, was aus allen erkennenden Wesen blickt.« (W I, § 38, 233)

↑ Platonische Idee, Reines Subjekt des Erkennens, Genie, Erhaben

Blinder Drang zum Dasein »Zum Ausgangspunkt, welcher der Erklärungsgrund alles Uebrigen werden soll, muß man das nehmen, was schlechterdings nicht weiter zu erklären, aber eben so wenig zu bezweifeln ist, das seinem Daseyn nach Gewisse, aber Unerklärliche. Dies ist *der Wille zum Leben*: und von welcher Seite man ihn betrachtet, bethätigt er sich als solches. So sehn wir nicht selten Menschen die alle Leiden des Alters, der Armuth und der Krankheit vereint tragen, deren Existenz daher ein dauernder Jammer ist: und doch sind sie ängstlich besorgt um ihr Leben, beten um Verlängerung desselben u. s. w.; wie könnte das seyn, wenn nicht eben das innre Wesen des Menschen und

aller Dinge bloßer *Wille zum Leben*, blinder Drang zum Daseyn wäre, etwas dessen sämmtliche wesentliche Prädikate dies Eine sind, daß er leben will. Nimmt man irgend etwas anderes zum Ausgangspunkt, so hat man diesen blinden Hang zum Leben daraus abzuleiten: und das wird nie gehn.« (HN III, 243)
↑ Wille/Wille zum Leben, Hunger und Geschlechtstrieb, Wollust und Furcht

Brief »Wer seine eigene aufrichtige Gesinnung gegen eine Person belauschen will, gebe Acht auf den Eindruck, den ein unerwarteter Brief, durch die Post, von ihr, bei seinem ersten Anblicke macht.« (P II, § 326, 627)
↑ Wille und Intellekt

Bruchstück der Natur Schopenhauer lebte von 1833 bis zu seinem Tod 1860 in Frankfurt am Main, deren Einwohner er auf offener Straße »Klötze« oder in Briefen die »Abderiten dieses Abdera« nennt. Die Frankfurter haben es ihm durch manche Anekdote in ihrer Mundart schmunzelnd heimgezahlt:
»Sobald der große Philosoph die Sonn uffgeh sah, nahm er ehrerbietigst sein Hut ab und hat sich vor err verbeugt. Mir Kinner wußte des un sinn drum immer steh gebliwwe un hawwe gewaart, bis er sei Komliment gemacht hatt.
Äämal, am e Januar-Morjen, stieg die Sonnescheib blutigrot hinner Offebach empor, wie er uns begegend is und in gewohnter Weis der Kenigin des Tags sei Reverenz gemacht hat. Die Resi, die jingst von de drei Mädercher, hielt den Äägeblick for geeigend, emal sein Puddel liewevoll zu streichele. Kaum awwer hat des der Weltweise bemerkt, hat er ääch schon drohend sein Stock erhowe un gerufe: ›Riehre den Mensch [so rief er seinen Pudel] nicht an, elend Bruchstück der Natur!‹« (Ge, 285)
Die Anekdote hat Adolf Stoltze (1842–1933), der Sohn des Frankfurter Mundartdichters Friedrich Stoltze (1816–1891), überliefert.
↑ Gift, Pudel

Bücher Als »papiernes Gedächtniß der Menschheit« (P II, § 254, 515) können Bücher die eigene Erfahrung nicht ersetzen. »Wie die Schichten der Erde die lebenden Wesen vergangener

Epochen reihenweise aufbewahren; so bewahren die Bretter der Bibliotheken reihenweise die vergangenen Irrthümer und deren Darlegungen, welche, wie jene Ersteren, zu ihrer Zeit, sehr lebendig waren und viel Lerm machten, jetzt aber starr und versteinert dastehn, wo nur noch der litterarische Paläontologe sie betrachtet.« (P II, § 293, 590)
↑ Schriftsteller; Klassiker; Die Kunst, nicht zu lesen

Buchstabenquadrat Schopenhauer wird das folgende magische Buchstabenquadrat zugeschrieben:

G	R	A	S
R	O	M	A
A	M	O	R
S	A	R	G

Die Wörter lassen sich vorwärts und rückwärts sowie von oben nach unten wie auch von unten nach oben lesen (vgl. 32. Schopenhauer-Jahrbuch 1945–1948, S. 198).
↑ Palindrome

Buddhismus 1832 notiert sich Schopenhauer: »Ich glaube, so paradox es scheint, daß ein geläuterter Buddhaismus *einst* über Europa kommen kann.« (HN IV 1, 127)
Carl Georg Bähr überliefert: »[Schopenhauer sagte] einiges über den Buddhismus, wobei er sich unter dem Ausdruck: ›wir Buddhisten‹ mit umfaßte.«(Ge, 244) Das Gespräch fand am 1. Mai 1858, zwei Jahre vor Schopenhauers Tod, statt.
↑ Moralische Weltordnung, Erinnerung an Schopenhauer

C

Camera obscura »Ist die ganze Welt als Vorstellung nur die Sichtbarkeit des Willens, so ist die Kunst die Verdeutlichung dieser Sichtbarkeit, die *Camera obscura* [Guckkasten], welche die Gegenstände reiner zeigt und besser übersehn und zusammen-

fassen läßt, das Schauspiel im Schauspiel, die Bühne auf der Bühne im ›Hamlet‹.« (W I, § 52, 315)
↑ Roman, Bildende Kunst

Chimären des Glücks »Es ist wirklich die größte Verkehrtheit, diesen Schauplatz des Jammers in einen Lustort verwandeln zu wollen und, statt der möglichsten Schmerzlosigkeit, Genüsse und Freuden sich zum Ziele zu stecken; wie doch so Viele thun. Viel weniger irrt wer, mit zu finsterm Blicke, diese Welt als eine Art Hölle ansieht und demnach nur darauf bedacht ist, sich in derselben eine feuerfeste Stube zu verschaffen. Der Thor läuft den Genüssen des Lebens nach und sieht sich betrogen: der Weise vermeidet die Uebel.« (P I, Aphorismen, Kap. 5, 433)
↑ Rausch, Heroischer Lebenslauf, Negativität des Glücks, Stachelschweine

Christus Frauenstädt überliefert folgendes Gespräch, aus dem der Geist der Aufklärung spricht: »In Hinsicht auf *Christus* stimmte Schopenhauer der Ansicht *Reimarus* [1694–1768] in dessen Buche ›vom Zweck Jesu und seiner Jünger‹ bei, wonach der urprünglich irdische Messias, als die politischen Erwartungen, die man von ihm hegte, nicht in Erfüllung gegangen waren, nach der Kreuzigung von den Aposteln in einen himmlischen umgeschaffen worden. Der historische Christus sei nur ein *Demagog* gewesen, der sich zum König der Juden habe machen wollen. *Messias* heisse *Gesalbter*, König; und nicht ohne Grund habe man über das Kreuz geschrieben: Jesus Nazarenus, rex Judaeorum. Später, als das Gehoffte fehlgeschlagen war, hätten Andere mit der Person Jesu buddhaistische Ideen verbunden, hätten buddhaistische Moral an seine Geschichte angeknüpft. Hienach sei dann Christus der Repräsentant der Verneinung des Willens zum Leben geworden, der uns nicht vom Zorn Gottes – diese Ansicht sei jüdisch – sondern von der Gewalt des Teufels, d. i. von der Bejahung des Willens zum Leben, erlöst habe. Der ethische Gehalt des Christenthums sei also buddhaistisch.
Als ich Schopenhauer hierauf fragte, wie es geschehen konnte, dass sich an die simple Geschichte eines jüdischen Demagogen solche überschwängliche Mythen und Legenden anknüpften,

wie die neutestamentlichen, führte er mir zur Erläuterung andere Mythenkreise an, die sich in der Geschichte an manche unbedeutende Personen und Begebenheiten geknüpft haben. Das Faktische dieser letzteren sei sehr verschieden von dem, was die Sage aus ihnen gemacht hat. So sei nach neuern Forschungen das den poetischen Sagen vom König Arthur zu Grunde liegende Historische ziemlich unbedeutend, und nicht minder unbedeutend, nicht minder geringfügig möchte wohl das eigentlich Historische vom Trojanischen Kriege sein, das der Ilias zum Grunde liegt.« (LF, 174 f.)
Das erwähnte Buch von Hermann Samuel Reimarus, *Von dem Zwecke Jesu und seiner Jünger*, wurde erst zehn Jahre nach dessen Tod von Lessing als siebtes und letztes der *Fragmente eines Wolfenbüttelschen Ungenannten* veröffentlicht. Mit ihm begann die liberale Leben-Jesu-Forschung, die im 19. Jahrhundert einen bedeutenden Höhepunkt erreichte.
↑ Dialog

D

Dasein »Die Wurzel unsers Daseyns liegt außer dem *Bewußtseyn*; aber unser Daseyn selbst liegt ganz im *Bewußtseyn*. Ein Daseyn ohne Bewußtseyn wäre für uns gar kein Daseyn.« (HN III, 115)
↑ Vorstellung, Ohne Bewußtsein, Leben

Deckel des Mumiensargs »*Worte* und *Begriffe* werden immer *trocken* seyn: denn das ist ihre Natur. Das wäre thörichte Hoffnung, wenn wir erwarten wollten, die Worte und der abstrakte Gedanke sollten das werden und leisten, was die lebendige Anschauung war und leistete, die den Gedanken hervorrief: er selbst ist nur ihre Mumie, und die Worte der Deckel des Mumiensarges. Hier ist die Gränze der geistigen Mittheilung: das Beste schließt sie aus.« (HN III, 20)
↑ Anschauung und Begriff, Genie, Wahre Philosophie

Denkendes Wesen ohne Gehirn »Im metaphysischen Sinn bedeutet *Geist* ein immaterielles, denkendes Wesen. Von so etwas zu reden, den Fortschritten der heutigen Physiologie gegenüber, die ein *denkendes Wesen ohne Gehirn* gerade so ansehn muß wie ein verdauendes Wesen ohne Magen, ist sehr dreist.« (HN IV 1, 265)
↑ Gehirnfunktion, Materialismus

Deutschland »Ich lege hier für den Fall meines Todes das Bekenntniß ab, daß ich die deutsche Nation wegen ihrer überschwenglichen Dummheit verachte, und mich schäme ihr anzugehören.« (HN IV 1, 19; vgl. Ge, 46)
↑ Vaterland

Dialog Schopenhauer hat da, wo der Gegenstand zwei ganz verschiedene Ansichten zuläßt, eine ganze Reihe meist kurzer Dialoge verfaßt. Dazu zwei Beispiele. Das erste findet sich im zweiten Band der *Parerga und Paralipomena* in dem Kapitel »Nachträge zur Lehre von der Bejahung und Verneinung des Willens zum Leben«. Der Weltgeist fängt mit dem Menschen ein rätselhaftes Gespräch an, durch das der Mensch überfordert ist. Mit der Personifizierung des Weltgeistes unterstreicht Schopenhauer die für seinen Pessimismus charakteristische Erfordernis, das Leben noch von einem ganz anderen, metaphysischen – den Willen zum Leben verneinenden – Standort aus zu betrachten und zu bewerten. Statt »Weltgeist« müßte Schopenhauer eigentlich seinen philosophischen Terminus »reines Subjekt des Erkennens« verwenden, der sich aber für die literarische Miniatur am Eingang der Metaphysik weniger gut eignet.

»*Weltgeist*. Hier also ist das Pensum deiner Arbeiten und deiner Leiden: dafür sollst du *daseyn*, wie alle andern Dinge da sind.
Mensch. Was aber habe ich vom Daseyn? Ist es beschäftigt, habe ich Noth; ist es unbeschäftigt, Langeweile. Wie kannst du mir für so viel Arbeit und so viel Leiden einen so kümmerlichen Lohn bieten?
Weltgeist. Und doch ist er ein Aequivalent aller deiner Mühen und aller deiner Leiden: und dies ist er gerade vermöge seiner Dürftigkeit.

Mensch. So?! Das freilich übersteigt meine Fassungskraft.
Weltgeist. Ich weiß es. – (bei Seite) Sollte ich Dem sagen, daß der Werth des Lebens gerade darin besteht, daß es ihn lehrt, es nicht zu wollen?! Zu dieser höchsten Weihe muß erst das Leben selbst ihn vorbereiten.« (P II, § 172, 340 f.)

Das zweite Beispiel ist ein satirisches Gespräch, das sich im Nachlaß findet. Der Atheist Schopenhauer hat es nicht veröffentlicht. Er hält die christliche Religion lediglich in einem allegorischen Sinn für wahr. Ihren moralischen Gehalt hält er – mit Einschränkungen – für vortrefflich. Entsprechende Stellen im Neuen Testament ließen sich auf 10–15 Seiten zusammenfassen. Den stellvertretenden Versöhnungstod Christi rechnet er aber zur »intrikaten, krausen, ja, knolligen *Mythologie des Christentums*«, zu den »Wundermährchen« des Neuen Testaments (vgl. HN IV 2, 30).

»Gespräch von *Anno 33*:
A. Wissen Sie schon das Neueste?
B. Nein, was ist passirt?
A. Die Welt ist erlöst!
B. Was Sie sagen!
A. Ja, der liebe Gott hat Menschengestalt angenommen und sich in Jerusalem hinrichten lassen: dadurch ist nun die Welt erlöst und der Teufel geprellt.
B. Ei, das ist ja ganz scharmant.« (HN IV 2, 21)

Neben diesen beiden kurzen Dialogen gibt es noch folgende weitere: ein Streitgespräch zwischen Subjekt und Materie (W II, Kap. 1, 20–22), über das Mißlingen der Philosophie (P II, Kap. 3, Anhang, 93–95), über den Geiz (P II, § 112, 220–222), über den Tod (Rudiment; P II, § 140, Fußnote, 296), über die Unzerstörbarkeit unseres wahren Wesens nach dem Tod (P II, § 141, 296–300), über Religion (P II, § 174, 343–382), Gespräch über Teleologie (HN I, 79 f.), Elementare Darstellung (HN III, 661–663), Dialog zwischen zwei Liebenden (HN IV 1, 144).
Der *geschriebene* Dialog als Form der Mitteilung philosophischer Gedanken ist für Schopenhauer nur da zweckvoll, wo der Gegenstand mindestens zwei verschiedene Ansichten zuläßt, über die

der Leser sich ein Urteil bilden kann oder die zusammengenommen sich zum vollständigen und richtigen Verständnis der Sache ergänzen. Generell vertritt Schopenhauer die Auffassung, daß philosophische Wahrheiten nie auf dem »Weg des gemeinschaftlichen Denkens« - durch *gesprochene* Dialoge - zutage gefördert werden (vgl. P II, § 6, 7f.). Gespräche sind aber sehr hilfreich zur Vorübung, zum »Aufjagen der Probleme« sowie zur nachträglichen eingehenden Prüfung und Kritik der gefundenen Lösungen. Die eigene »ernstliche Meditation« und »innige Betrachtung der Dinge« kann die Wechselrede nicht ersetzen.
↑ Reines Subjekt des Erkennens, Christus

Die ersten Menschen »Wir wollen es uns nicht verhehlen, daß wir [...] die ersten Menschen uns zu denken hätten als in Asien vom Pongo (dessen Junges Orang-Utan heißt) und in Afrika vom Schimpansen geboren, wiewohl nicht als Affen, sondern sogleich als Menschen.« (P II, § 91, 163)
↑ Anderer Mensch

Die Kunst, nicht zu lesen »Weil die Leute, statt des Besten aller Zeiten, immer nur *das Neueste* lesen, bleiben die Schriftsteller im engen Kreise der circulirenden Ideen, und das Zeitalter verschlammt immer tiefer in seinem eigenen Dreck.« (P II, § 295, 592)
↑ Frische Bücher, Klassiker, Roman, Bücher

Die Welt ist meine Vorstellung. Mit dieser These eröffnet Schopenhauer den ersten Band seines Hauptwerks *Die Welt als Wille und Vorstellung*. Die lapidaren Worte stellen prinzipiell heraus, daß wir trotz wissenschaftlicher Objektivität nur eine Welt kennen, wie sie in Abhängigkeit vom *menschlichen Bewußtsein*, d. h. in Abhängigkeit von der Beschaffenheit des menschlichen Intellekts bzw. Gehirns, sich *für uns* darstellt. Wichtig ist, daß bei dieser Abhängigkeit keine subjektiv-individuellen, psychologischen Faktoren gemeint sind, sondern allgemeingültige, für alle Menschen gleichermaßen geltende Bedingungen der Erkenntnis. Subjektiv-individuelle Faktoren können auf einer zweiten, sekundären Ebene außerdem noch hinzukommen.

Provokativ spitzt Schopenhauer seine These 1820 in seiner großen Berliner Vorlesung zu: »Man muß inne werden, daß die Welt nur als eine Erkenniß da ist und somit abhängig vom Erkennenden welches man selbst ist. Das Seyn der Dinge ist identisch mit ihrem Erkanntwerden. Sie sind, heißt: sie werden vorgestellt.« (VN I, Kap. 1, 126) Schopenhauer bringt den naheliegenden Einwand der verdutzten Studenten selbst ins Spiel: »Sie meinen, die Dinge der Welt wären doch da, auch wenn sie niemand sähe und vorstellte. Aber suchen Sie nur einmal sich deutlich zu machen was für ein Dasein der Dinge dies wäre. Sobald Sie das versuchen stellen Sie immer die Anschauung der Welt in einem Kopfe vor, nie aber eine Welt außer der Vorstellung. Sie sehn also daß das Seyn der Dinge in ihrem Vorgestelltwerden besteht.« (VN I, Kap. 1, 126)

Es geht Schopenhauer zunächst um einen einzigen Punkt, um eine einzige Evidenz: Es ist unmöglich, sich eine Welt unabhängig von unserer Vorstellung *vorzustellen*. »Vielleicht scheint Ihnen das paradox und es ist wohl noch Einer und der Andre von Ihnen, der ganz ehrlich meint: wenn auch der Brei aus allen Hirnkasten geschlagen würde; so blieben darum Himmel und Erde, Sonne, Mond und Sterne, Pflanzen und Elemente doch stehn. – Wirklich? – Besehn Sie doch die Sache etwas in der Nähe. Stellen Sie sich eine Welt *ohne erkennende* Wesen einmal anschaulich vor: – da steht die Sonne, die Erde rotirt um sie herum, Tag und Nacht, Jahreszeiten wechseln, das Meer schlägt Wellen, die Pflanzen vegetiren: – aber alles was Sie jetzt sich vorstellen, ist bloß ein Auge, das das alles sieht, ein Intellekt der es percipirt: also eben das *ex hypothesi* [der Voraussetzung nach] aufgehobene. Sie kennen ja keinen Himmel und Erde und Mond und Sonne so schlechthin, an und für sich: sondern Sie kennen bloß ein Vorstellen, in welchem das Alles vorkommt und auftritt.« (VN I, Exordium zur Dianoiologie, 66)

Es scheint zwar zunächst gewiß zu sein, daß die empirische Realität auch ohne ein erkennendes Subjekt existiert, weil es sich *in abstracto* denken läßt. Aber der Versuch, diesen Gedanken zu realisieren, also sich eine objektive, gegenständliche Welt ohne ein erkennendes Subjekt vorzustellen, muß scheitern, weil er das voraussetzt, was gerade ausgeschlossen werden soll: das erkennende Subjekt.

Mit diesem Ansatz ordnet sich Schopenhauer in die Philosophie der Neuzeit ein: Nach jahrtausendelangem objektivem Philosophieren entdeckt die neuzeitliche Philosophie den für sie charakteristischen Sachverhalt, daß das Dasein der Welt »an einem einzigen Fädchen hängt«, nämlich an dem »jedesmaligen Bewußtseyn, in welchem sie dasteht« (W II, Kap. 1, 4). So macht schon Descartes (1596–1650), der Vater der neueren Philosophie, den methodischen Zweifel an allem zum Ausgangspunkt seiner Philosophie. Im Zweifel wird das Ich seiner selbst gewiß: *cogito ergo sum*, ich denke, also bin ich. Damit ist der wahre Ausgangspunkt der Philosophie gefunden: *»das Subjektive, das eigene Bewußtseyn«* (W II, Kap. 1, 5). Berkeley (1685–1753) geht noch einen entscheidenden Schritt weiter und gelangt zum »eigentlichen Idealismus«, zur Erkenntnis, daß die objektive, materielle Welt nur in unserer Vorstellung existiert. Kant (1724–1804) schließlich stellt fest, daß zwischen den Dingen und uns der Intellekt steht, weshalb die *Dinge* nicht erkannt werden, wie sie *an sich* beschaffen sind, sondern nur, wie sie *für uns* aufgrund der Beschaffenheit des Intellekts – aufgrund der Beschaffenheit der »Maschinerie unsers Erkenntnißvermögens« (W I, Kant-Anhang, 497) – *erscheinen*. Schopenhauer weist darauf hin, daß die »Grundwahrheit« – die Welt ist Vorstellung – noch viel älter ist. Sie ist schon den Weisen im alten Indien bekannt und findet sich in der Vedantaphilosophie (vgl. W I, § 1, 4).
Diese idealistische Betrachtung der Welt ist aber noch ganz und gar unvollständig. Die Welt *als Vorstellung* erfaßt nur die eine Seite der Welt. Die andere Seite macht die Welt *als Wille* – das Reale, das von der Vorstellung Unabhängige, Unbedingte – aus. Denn die Welt ist »wie einerseits durch und durch *Vorstellung*, so andererseits durch und durch *Wille*« (W I, § 1, 5). Die Welt zerfällt also in die Welt als Vorstellung (Erscheinungswelt) und in die Welt als Wille (Ding an sich oder inneres Wesen).
↑ Transzendentalphilosophie, Verschiedene Betrachtungsweisen des Intellekts, Intellektualität der Anschauung

Ding an sich Ein Zentralbegriff der Philosophie Schopenhauers. Das Ding an sich wird als »Wille« bestimmt. Er ist gleichsam das, was die Welt im Innersten zusammenhält, ihr metaphysisches Wesen: ein blinder, universeller Drang, der

leben will. Schopenhauer spricht daher auch von »Wille zum Leben«.
Die Welt ist Vorstellung (Erscheinung) und zugleich Wille (Ding an sich). Dies besagt der Titel des Hauptwerks: *Die Welt als Wille und Vorstellung*. Der Titel hat die Bedeutung: die Welt als Ding an sich und als Erscheinung. Erscheinung meint ein *relatives* Dasein *für ein anderes* (ein Dasein für ein Bewußtsein, für einen Intellekt), Ding an sich dagegen wird unabhängig von etwas anderem - *an sich, absolut* - gedacht.
Es ist ein alter Streitpunkt, ob Schopenhauer Ding an sich und Wille wirklich gleichsetzt. Bei einer Klärung kommt erschwerend hinzu, daß Schopenhauer von verschiedenen Standorten aus philosophiert, was seiner Terminologie insgesamt - auch dem Begriff »Ding an sich« - eine Ambivalenz, etwas Schillerndes oder Schwankendes verleiht. Bei näherem Hinsehen läßt sich belegen, daß diese Gleichsetzung von Ding an sich und Wille von Schopenhauer sowohl verteidigt als auch problematisiert und mit erheblichen Einschränkungen versehen wird.
Zunächst sieht sich Schopenhauer falsch verstanden, wenn die innere Wahrnehmung vom eigenen Willen schon für die angemessene Erkenntnis des Dings an sich gehalten wird. Gleichwohl ist die Erfahrung vom eigenen Wollen, so wie sie sich im Selbstbewußtsein darstellt, die für uns deutlichste Erscheinung, »Offenbarung« oder »Sichtbarwerdung« des Dings an sich. Das eigene Wollen umfaßt nicht nur die Willensakte und die Entschlüsse, sondern auch alles Begehren, Streben, Wünschen, Verlangen, Hoffen, Lieben, Freuen, Jubeln usw. Es gilt aber: »Der Wille, so wie wir ihn in uns finden und wahrnehmen, ist nicht eigentlich das *Ding an sich*.« (VN II, Kap. 7, 101)
Aufschluß über die Vielschichtigkeit des Begiffs »Ding an sich« gibt das Kapitel »Von der Erkennbarkeit des Dinges an sich« (W II, Kap. 18; vgl. VN II, Kap. 7, 102 f.). In ihm findet sich eine wichtige Textstelle, die nicht leicht zu verstehen ist. Sie wird im Folgenden mit erläuternden Zwischenkommentaren wiedergegeben.
»Bei jedem Hervortreten eines Willensaktes aus der dunkeln Tiefe unsers Innern in das erkennende Berwußtseyn geschieht ein unmittelbarer Uebergang des außer der Zeit liegenden Dinges an sich in die Erscheinung. Demnach ist zwar der Willensakt

nur die nächste und deutlichste *Erscheinung* des Dinges an sich.« (W II, Kap. 18, 221) – Auch wenn die innere Wahrnehmung die deutlichste Erscheinung des Dings an sich ist, so bleibt sie doch immer noch Erscheinung. Wir haben keine *absolut* unmittelbare Erkenntnis des Dings an sich, sondern eine, die durch den Intellekt vermittelt ist. Jede Erkenntnis, auch die unmittelbare des eigenen Selbstbewußtseins, muß wenigstens die Form der Vorstellung, die Form von Subjekt und Objekt sowie die Form der Zeit annehmen, um für uns als Erkenntnis gelten zu können. So präsentiert der Intellekt den an sich zeitlosen Willen in der Erscheinung einzelner, sukzessiver Willensakte, die einzig in dieser zeitlichen Abfolge wahrnehmbar sind. Schopenhauer spricht wegen dieser Verzeitlichung im Akt des Erkennens, die dem Ding an sich gleichsam angedichtet wird, von »Erscheinung des Dinges an sich«. Er unterscheidet davon das »außer der Zeit liegende Ding an sich«.

Im Zitat heißt es weiter: »Doch folgt hieraus, daß wenn alle übrigen Erscheinungen eben so unmittelbar und innerlich von uns erkannt werden könnten, wir sie für eben Das ansprechen müßten, was der Wille in uns ist. In diesem Sinne also lehre ich, daß das innere Wesen eines jeden Dinges *Wille* ist, und nenne den Willen das Ding an sich.« (W II, Kap. 18, 221) – Könnten wir die übrigen Erscheinungen, die Dinge in der Natur, auch von innen heraus erkennen, so Schopenhauers kühner metaphysisch-spekulativer Gedanke, so stießen wir überall auf das, was uns intim und unmittelbar als unser Wille bekannt ist. Dieser Wille in allen Dingen soll »Ding an sich« heißen. Aber dieser Wille in anderen Dingen oder auch anderen Menschen kann von uns nicht unmittelbar und innerlich erkannt werden. Deshalb spricht Schopenhauer hier im Konjunktiv.

Der Kontext ist dieser: Die Erfahrung des eigenen Leibs gewährt sozusagen einen Blick hinter die Kulissen. Als einzige Gegebenheit in der Welt erfahren wir ihn auf *zweifache* Weise: von außen als gegenständliche Vorstellung und von innen als Wille. Würde ein Mensch sich selbst ausschließlich von außen als Ding unter Dingen wahrnehmen und begreifen müssen, erschiene ihm der Gedanke absurd, er habe überdies noch eine Innenseite – genau so, wie der Gedanke abwegig klingt, auch die ganze Natur habe noch eine vorstellungsabgewandte Innenseite. Dieser Mensch könnte einen menschlichen Leib bis in alle Fasern hinein sezieren, er würde wie bei der Zertrümmerung eines Steins nur Äußeres, Objektives, Meßbares finden - aber nichts, was einem Willen ähnlich wäre. - Wie kann dieser Gedanke von der doppelten Leiberfahrung für die Erkenntnis des Dings an sich genutzt werden?

Schopenhauer steht hier mitten in der Schmiede seiner Metaphysik. Er prüft die Werkzeuge. Womit läßt sich das Innere der Dinge aufschließen? Eine *unmittelbare* Erkenntnis der Innenseite der Natur kommt nicht in Frage, weil der Mensch über kein übersinnliches Erkenntnisvermögen verfügt. Nicht einmal ein Philosoph hat einen »sechsten Sinn der Fledermäuse« oder eine »intellektual anschauende Vernunft«, wie Schopenhauer an einer Stelle kritisch und spöttisch (gegen Schelling) bemerkt. (Vgl. W I, Kant-Anhang, 618. Der hier kritisierte Ausdruck »intellektual anschauende Vernunft« hat nichts zu tun mit dem gerade die Begrenztheit der Erkenntnis herausstellenden Ausdruck »Intellektualität der Anschauung«.) - Vom »Inneren« oder von der »Innenseite« der Natur zu sprechen ist eigentlich unstatthaft, weil es eine uneigentliche, räumlich-bildhafte Ausdrucksweise ist. Schopenhauer weiß dies. Gemeint ist mit »Innenseite« das, was unabhängig vom Bewußtsein, vom Intellekt ist, was also *an sich* ist: das Ding an sich.

Das Werkzeug, zu dem Schopenhauer greift, ist der Analogieschluß. Diese methodische Entscheidung gehört sicherlich zu den fragwürdigsten Seiten seiner Philosophie. Zunächst aber zeigt er dem Leser in aller Offenheit, wie er vorgeht, so daß sein Verfahren argumentativ überprüfbar bleibt und nicht etwa gläubig-dogmatisch gesetzt wird. Schopenhauer unterlegt der gesamten Natur - nach Analogie der eigenen doppelten Leiberfahrung - einen Willen. *So wie* mein Leib einerseits Vorstellung und andererseits Wille ist, *so* verhält es sich *auf analoge Weise* mit dem Rest der Natur. Schopenhauer setzt also die äußere Erfahrung mit der inneren in Verbindung und macht dabei die innere Erfahrung zum Interpretationsschlüssel für die äußere Erfahrung. Die Welt als Vorstellung hat - analog zum menschlichen Leib - noch eine andere Seite: die Welt als Wille. Wichtig ist: Der Analogieschluß unterlegt der Natur die »*Erscheinung* des Dinges an sich« als Ding an sich. Etwas anderes - insbesondere das

»außer der Zeit liegende Ding an sich« - kennt Schopenhauer eingestandenermaßen nicht, auch wenn er versucht, das Ding an sich in weiteren Überlegungen noch reiner, noch abstrakter, noch unbedingter zu fassen.
Schopenhauer sagt an einer anderen wichtigen Stelle (W I, § 22, 131 ff.), daß das Ding an sich mit einem Namen bezeichnet wird - mit »Wille« -, den es von der deutlichsten seiner Erscheinungen, vom menschlichen Willen, borgt. Er spricht von einer *»denominatio a potiori«*, also von einer Benennung nach dem Vorzüglicheren, nach dem, was bei der Namengebung den Vorzug erhält, weil es uns am bekanntesten ist. Durch die Übertragung des menschlichen Willens auf die Natur (z. B. auch auf die unorganische) erhält der Begriff »Wille« eine überraschend große Ausdehnung. Er ist, verglichen mit seinem herkömmlichen Gebrauch, der ihn nur unter der Leitung der Vernunft kennt, kaum wiederzuerkennen. Dieser in seiner Bedeutung erweiterte Begriff »Wille« umfaßt jetzt z. B. auch die Kraft, die die Pflanze treibt, die Kraft, die den Magneten zum Nordpol wendet, oder die Kraft, die den Stein zur Erde und die Erde zur Sonne zieht.
Wenn Schopenhauer sagt, der Wille ist das Ding an sich, so sind damit erhebliche Einschränkungen verbunden. Das Ding an sich bleibt zurückgebunden - wodurch es relativiert wird - an die empirische Wahrnehmung des eigenen Wollens, also an die deutlichste *»Erscheinung* des Dings an sich«. Der Wille wird verstanden als eine Art behelfsmäßige Benennung, eben als eine *denominatio a potiori*. Mit diesen Vorbehalten ist für Schopenhauer im Anschluß an Kants *Kritik der reinen Vernunft* Metaphysik als theoretisches Wissen vom Wesen der Welt wieder möglich. Kant hatte dem Wissen vom Ding an sich eine Absage erteilt. Schopenhauer gibt für seine Metaphysik den strengen Erkenntnisanspruch von Kant auf und verzichtet auf »apodiktische Gewißheit«, wie sie allein für eine Erkenntnis a priori möglich ist. Er findet dadurch eine mittlere Position zwischen Unerkennbarkeit und Erkennbarkeit des Dings an sich, zwischen Wissen und Nicht-Wissen. Diese Modifikation steht durchaus noch in der Tradition Kants, indem sie die grundsätzliche, unaufgebbare Bezogenheit auf den Intellekt auch für die innere Wahrnehmung erkenntniskritisch in Rechnung stellt.

Schopenhauer nennt sein Projekt eine »Metaphysik aus *empirischen* Erkenntnißquellen« (vgl. W II, Kap. 17, 200 f.).
Nach diesem Hinweis auf Kant fährt Schopenhauer in der wichtigen Textstelle, die weiterhin zitiert und kommentiert werden soll, fort, indem er jetzt die Problematik um die Erkennbarkeit des Dings an sich noch weiter zuspitzt: Es läßt »sich noch die Frage aufwerfen, was denn jener Wille, der sich in der Welt und als die Welt darstellt, zuletzt schlechthin an sich selbst sei? d. h. was er sei, ganz abgesehn davon, daß er sich als *Wille* darstellt, oder überhaupt *erscheint*, d. h. überhaupt *erkannt wird*. - Diese Frage ist *nie* zu beantworten: weil, wie gesagt, das Erkanntwerden selbst schon dem Ansichseyn widerspricht und jedes Erkannte schon als solches nur Erscheinung ist.« (W II, Kap. 18, 221) - Der Wille als Ding an sich ist für uns nur ein »relativ Letztes« (B, 220), nichts Absolutes. Ein Erkennen des Dings an sich im strengen Sinn ist schon darum unmöglich, weil das Erkennen wegfällt, wo das Ding an sich anfängt und alle Erkenntnis grundsätzlich bloß auf Erscheinungen geht (vgl. W II, Kap. 22, 311). Die Grundvoraussetzungen der Erkenntnis - daß wir leben, daß wir Bewußtsein haben, daß wir Menschen sind - lassen sich durch metaphysische Spekulationen nicht wirklich transzendieren.
Das Ding an sich stellt sich *uns* als Wille dar. Aber radikal gedacht ist der Wille *nicht* »das Ding an sich schlechthin und absolut«. Schopenhauer bringt am Schluß unseres Zitats seine Lehre von der »Verneinung des Willens zum Leben« (vgl. W I und W II jeweils 4. Buch) ins Spiel, seine Überlegungen vom Nichts oder vom Nirwana der Buddhisten. Hier vollzieht er einen extremen Standortwechsel und stellt die Frage, ob das Ding an sich auch etwas anderes sein könnte als Wille. Schopenhauer faßt also noch andere »Daseynsweisen« des Dings an sich - außer der, daß es Wille sei - ins Auge. Die Gleichsetzung von Ding an sich und Wille gilt eben nicht »schlechthin und absolut«.
Das Zitat fährt fort: »Aber die Möglichkeit dieser Frage zeigt an, daß das Ding an sich, welches wir am unmittelbarsten im Willen erkennen, ganz außerhalb aller möglichen Erscheinung, Bestimmungen, Eigenschaften, Daseynsweisen haben mag, welche für uns schlechthin unerkennbar und unfaßlich sind, und welche eben dann als das Wesen des Dinges an sich übrig bleiben, wann

sich dieses, wie im vierten Buche dargelegt wird, als *Wille* frei aufgehoben hat, daher ganz aus der Erscheinung herausgetreten und für unsere Erkenntniß, d. h. hinsichtlich der Welt der Erscheinungen, ins leere Nichts übergegangen ist. Wäre der Wille das Ding an sich schlechthin und absolut; so wäre auch dieses Nichts ein *absolutes*; statt daß es sich eben dort uns ausdrücklich nur als ein *relatives* ergiebt.« (W II, Kap. 18, 221 f.) – Der Ausblick auf das »Ding an sich schlechthin und absolut« eröffnet durch den Standortwechsel der Willensverneinung ansatzweise eine neue Metaphysik, in der das Ding an sich nicht mehr Wille, sondern Nicht-Wille – ein X – ist. »Nichts« oder »Nirwana« sind Ausdrücke für dieses X, für diese uns völlig unbekannte »Daseynsweise« des Dings an sich. Man könnte unterscheiden zwischen einer Metaphysik I (Ding an sich = Wille) und einer Metaphysik II (Ding an sich = Nicht-Wille = X). Schopenhauer macht diese Unterscheidung der Sache nach, bezeichnet sie aber nicht mit Metaphysik I und II. Er verwendet die Ausdrücke »Bejahung des Willens zum Leben« und »Verneinung des Willens zum Leben«.

Soweit die Wiedergabe und Erläuterung des Zitats. Zusammenfassend läßt sich festhalten: Schopenhauer sieht die Deutung des Dings an sich immer im Zusammenhang mit seiner Erscheinung. Das Ding an sich kann in seiner Deutung von der Erscheinung nicht losgerissen und als ein außerweltliches Wesen für sich betrachtet werden. Es wird in seinen Verhältnissen und Beziehungen zur Erscheinung verstanden, also letztlich immer nur als etwas *Relatives* gesehen. Die Frage, was das Ding an sich *außerhalb* dieses Verhältnisses sei, kann auf keine Weise beantwortet werden. Es gibt in Schopenhauers Philosophie strenggenommen keine unbedingte Erkenntnis eines Absolutums. Die Philosophie »bleibt daher immanent und wird nicht transscendent. Denn sie reißt sich von der Erfahrung nie ganz los, sondern bleibt die bloße Deutung und Auslegung derselben, da sie vom Dinge an sich nie anders, als in seiner Beziehung zur Erscheinung redet.« (W II, Kap. 17, 203; vgl. HN III, 432)

↑ Wolkenkuckucksheim, Metaphysisches Bedürfnis, Wille/ Wille zum Leben, Immanenter Dogmatismus, Grenzstein

Don Quijote Er »allegorisirt das Leben jedes Menschen, der nicht, wie die Andern, bloß sein persönliches Wohl besorgen will, sondern einen objektiven, idealen Zweck verfolgt, welcher sich seines Denkens und Wollens bemächtigt hat; womit er sich dann in dieser Welt freilich sonderbar ausnimmt« (W I, § 50, 284 f.).
↑ Roman, Genie, Bild/Gleichnis/Symbol

Doppeldeutigkeit
»Die Maus benagt den Käse
Maus ist eine Silbe
Eine Silbe benagt den Käse.« (VN I, Kap. 3, 315)
Der Gebrauch von zwei- oder mehrdeutigen Wörtern kann zu einem Fehlschluß führen.
↑ A = A

Dunkelheit des Lebens Vielleicht an keiner anderen Stelle seiner Werke spricht Schopenhauer so apodiktisch und unbedingt von der Dunkelheit des Lebens wie am Ende seiner *Philosophischen Vorlesungen*.
»Die *Dunkelheit*, welche über unser Daseyn verbreitet ist, in deren Gefühl Lukrez ausruft:
Qualibus in tenebris vitae, quantisque periclis
Degitur hocc' aevi quodcumque est!
[Ach, in welchem Dunkel des Seins, in wie großen Gefahren,/ Wird jedes Stück des Lebens verbracht!]
diese Dunkelheit, die eben das Bedürfniß der Philosophie herbeiführt und deren sich philosophische Geister in einzelnen Augenblicken mit einer solchen Lebhaftigkeit bewußt werden, daß sie den andern als beinahe wahnsinnig erscheinen können: diese Dunkelheit des Lebens also muß man sich nicht daraus zu erklären suchen, daß wir von irgend einem ursprünglichen Licht abgeschnitten wären, oder unser Gesichtskreis durch irgend ein äußeres Hinderniß beschränkt wäre, oder die Kraft unsers Geistes der Größe des Objekts nicht angemessen wäre; durch welche Erklärung alle jene Dunkelheit nur *relativ* wäre, nur in Beziehung auf uns und *unsre* Erkenntnißweise vorhanden. Nein, sie ist absolut und ursprünglich: sie ist daraus erklärlich, daß das innre und ursprüngliche Wesen der Welt nicht *Erkenntniß* ist,

sondern allein *Wille*, ein erkenntnißloses. Die Erkenntniß überhaupt ist sekundären Ursprungs, ist ein Accidentelles und Aeußeres: darum ist nicht jene Finsterniß ein zufällig beschatteter Fleck mitten in der Region des Lichtes; sondern die Erkenntniß ist ein Licht mitten in der grenzenlosen ursprünglichen Finsterniß, in welche sie sich verliert.« (VN IV, Kap. 9, 272 f., vgl. W II, Kap. 17, 206)
Mit diesen fast nihilistisch anmutenden Worten und dem Hinweis auf verschiedene Grade der diese Dunkelheit unterschiedlich gewahr werdenden Intelligenzen beschließt Schopenhauer seine große Vorlesung in Berlin und läßt seine Hörer wohl aufgerüttelt und sprachlos zurück.
↑ Unentdeckter Mensch, Unbewußtes Sein, Unter der Oberfläche

Durchschauung »Ich lehre, daß alle *Güte der Gesinnung* hervorgeht aus der *Erkenntniß*, nämlich aus der Durchschauung des *Princ: indiv:* [principium individuationis] und demnach Wiederfinden seines Selbst in allen Wesen.« (HN III, 22)
↑ Principium individuationis, Mitleid

E

Egoismus »Wenn dich der *Egoismus* ganz erfüllt und gefaßt hat, sey es als Freude, als Triumpf, als Begier, als Hoffnung, oder als wüthender Schmerz, als Aerger, als Zorn, als Furcht, als Mißtraun, als Eifer jeder Art; so bist du in des Teufels Klauen, und *wie* ist einerlei. – Daß du eilest herauszukommen thut Noth, und *wie* ist wieder einerlei.« (HN I, 109)
Diese Passage aus dem Jahr 1814 stammt aus der Frühphilosophie, die Schopenhauer selbst nicht veröffentlicht hat.
↑ Besseres Bewußtsein, Genie, Mitleid, Grundsatz der Ethik, Staat

Ein Wesen, ein Traum »Daß wir Alle in den selben Traum versenkt sind, ja, daß es Ein Wesen ist, welches ihn träumt.« (P II, § 29, 44)
↑ Ewige Gerechtigkeit, Leben und Traum

Eingeweide »Daß das schönste Denken, das lebendigste Anschauen nichts weiter ist als die physiologische Funktion eines Eingeweides, *des Gehirns*, ist gewiß: aber was ist dieses Gehirn, dessen physiologische Funktion ein solches Phänomen ist, wie Denken und Anschauen? was ist die Materie, die bis zu einem solchen Gehirnbrei potenzirt wird? was ist diese materielle Welt, in der eine gereizte Partikel derselben das Phänomen giebt vermöge dessen sie selbst erst ins objektive Dasein tritt?« (HN III, 220 f.)
↑ Materialismus, Objektität/Objektivation

Einheit der Welt »Der Zusammenhang, ja, die Einheit der menschlichen mit der thierischen und ganzen übrigen Natur, mithin des Mikrokosmos mit dem Makrokosmos, spricht aus der geheimnisvollen, räthselschwangern Sphinx, aus den Kentauren, aus der Ephesischen Artemis mit den, unter ihren zahllosen Brüsten angebrachten, mannigfaltigen Thiergestalten, eben wie aus den Aegyptischen Menschenkörpern mit Thierköpfen und dem indischen Ganesa.« (P II, § 198, 437)
Die metaphysische Einheit der Welt wird verdeckt durch die vordergründige Vielheit ihrer empirisch sichtbaren Erscheinungen, wie sie durch die Beschaffenheit des Erkenntnisvermögens hervorgezaubert wird. »Wie eine Zauberlaterne viele und mannigfaltige Bilder zeigt, es aber nur eine und die selbe Flamme ist, welche ihnen allen die Sichtbarkeit ertheilt; so ist in allen mannigfaltigen Erscheinungen, welche neben einander die Welt füllen, oder nach einander als Begebenheiten sich verdrängen, doch nur der *eine Wille* das Erscheinende, dessen Sichtbarkeit, Objektität das Alles ist, und der unbewegt bleibt mitten in jenem Wechsel: er allein ist das Ding an sich: alles Objekt aber ist Erscheinung, Phänomen, in Kants Sprache zu reden.« (W I, § 28, 182)
↑ Wille/Wille zum Leben, Objektität/Objektivation, Tat twam asi, Oupnekhat

Einsamkeit »Ueberhaupt aber kann Jeder *im vollkommensten Einklange* nur mit sich selbst stehn; nicht mit seinem Freunde, nicht mit seiner Geliebten: denn die Unterschiede der Individualität und Stimmung führen allemal eine, wenn auch geringe, Dis-

sonanz herbei. Daher ist der wahre, tiefe Friede des Herzens und die vollkommene Gemüthsruhe, dieses, nächst der Gesundheit, höchste irdische Gut, allein in der Einsamkeit zu finden und als dauernde Stimmung nur in der tiefsten Zurückgezogenheit. Ist dann das eigene Selbst groß und reich; so genießt man den glücklichsten Zustand, der auf dieser armen Erde gefunden werden mag.« (P I, Aphorismen, Kap. 5, 449)
↑ Stachelschweine

Eisenbahnen »Die *größte Wohltat der Eisenbahnen* ist, daß sie Millionen Zug-Pferden ihr jammervolles Daseyn ersparen.« (P II, § 177, 399)
↑ Tier und Mensch, Tierschutzgesellschaften

Eitelkeit »So unausbleiblich wie die Katze spinnt [schnurrt], wenn man sie streichelt, malt süße Wonne sich auf das Gesicht des Menschen, den man lobt.« (P I, Aphorismen, Kap. 4, 375)
↑ Abrichtung

Ende der Welt »Jeder hält das Ende seines Horizonts für das Ende der Welt, und das ist im Intellektuellen so unvermeidlich, wie im physischen Sehn der Schein, daß am Horizont der Himmel die Erde berührt.« (HN III, 191)
↑ Sich selbst sehen

Endloses Streben »In der That gehört Abwesenheit alles Zieles, aller Gränzen, zum Wesen des Willens an sich, der ein endloses Streben ist.« (W I, § 29, 195)
↑ Keiner weiß, Wille/Wille zum Leben, Leben

Erfahrung »Da ich selbst Kantianer bin, will ich hier mein Verhältniß zu ihm mit Einem Worte bezeichnen. Kant lehrt, daß wir über die Erfahrung und ihre Möglichkeit hinaus nichts wissen können: ich gebe Dies zu, behaupte jedoch, daß die Erfahrung selbst, in ihrer Gesammtheit, einer Auslegung fähig sei, und habe diese zu geben versucht, indem ich sie wie eine Schrift entzifferte, nicht aber wie alle früheren Philosophen, mittelst ihrer bloßen Formen über sie hinauszugehn unternahm, was eben Kant als unstatthaft nachgewiesen hatte.« (P I, 46)

Mit bloßen Formen meint Schopenhauer Raum, Zeit und Kausalität. Frühere Philosophen nahmen z. B. das Kausalitätsgesetz und sagten, die Welt als ganze hat eine Ursache, und die heißt Gott. Hier wird die Kausalität auf etwas außerhalb der Erfahrung Liegendes angewandt. Gott ist die Ursache, die Welt die Wirkung. Für Schopenhauer jedoch gelten im Anschluß an Kant Raum, Zeit und Kausalität nur *innerhalb* der Erfahrung, nur *innerhalb* der Welt als Vorstellung. Die Welt als ganze kann daher nicht kausal erklärt werden. Schopenhauer folgt Kant ein weites Stück Wegs, schlägt dann aber eine ganz andere, eine hermeneutische Richtung ein, indem er die Erfahrung wie eine unbekannte Schrift aus sich selbst heraus zu entziffern und zu *verstehen* sucht, um doch noch etwas mehr über das Wesen der Welt herauszufinden, als Kant es für möglich gehalten hat. Für Schopenhauers Selbstverständnis heißt dies, daß er über die in der Erfahrung gegebene Welt nicht hinausgeht.
↑ Geheimschrift, Immanenter Dogmatismus, Ding an sich

Erfindungen »Die *Erfindungen* geschehn meistens durch bloßes Tappen und Probiren: die Theorie einer jeden wird hinterher erdacht; eben wie zu einer erkannten *Wahrheit* der Beweis.« (P II, § 80, 135)
↑ Hypothese

Erhaben Das Erhabene ist eine Spielart des Schönen. Es ist ein Zustand der ästhetischen Anschauung, der Erkenntnis der Platonischen Ideen, bei dem die betrachteten Gegenstände etwas Bedrohliches, etwas Gefährliches, etwas Niederdrückendes haben. Der Eindruck des Erhabenen kann z. B. durch ein gewaltiges Naturerlebnis ausgelöst werden: »Die Natur in stürmischer Bewegung; Helldunkel, durch drohende schwarze Gewitterwolken; ungeheure, nackte, herabhängende Felsen, welche durch ihre Verschränkung die Aussicht verschließen; rauschende schäumende Gewässer; gänzliche Oede; Wehklage der durch die Schluchten streichenden Luft.« (W I, § 39, 241)
Es macht einen Unterschied, ob man einen Baum im Garten ästhetisch anschaut oder eine haushohe Welle im Sturm, die auf einen zurollt. Das Schöne kommt dem Künstlerblick freundlich entgegen. Die Gegenstände werden durch ihre bestimmte und

deutliche Gestalt leicht zu Repräsentanten ihrer Ideen, worin ihre Schönheit besteht. Beim Erhabenen dagegen stellt sich das reine Subjekt des Erkennens - »eine sehr innige und hingebende Betrachtung« - nicht ohne Widerstand ein, denn hier wird ein Gegenstand betrachtet, der dem Willen feindlich gegenübersteht. Reißt sich der Betrachter trotzdem von seinem Willen, seinen Lebensbedürfnissen los, um sich der vertieften Anschauung der gefährlichen Gegenstände ganz hinzugeben, allerdings in »steter Erinnerung an den Willen«, dann erfüllt ihn angesichts einer immensen Gewalt von Naturkräften oder einer unermeßlichen Größe in Raum und Zeit das »Gefühl des Erhabenen«. Schopenhauer unterscheidet zwischen einem »Dynamisch-Erhabenen« (Aspekt der Gewalt: z. B. lebenszerstörende Naturerscheinungen) und einem »Mathematisch-Erhabenen« (Aspekte der räumlichen und zeitlichen Größe: z. B. Peterskirche in Rom oder Pyramiden in Ägypten).

In seinen *Philosophischen Vorlesungen* berichtet Schopenhauer, er habe einmal überaus stark den Eindruck des Erhabenen von einem Gegenstand erhalten, den er bloß *hörte*, nicht aber sah. Es handelte sich um den großen *Canal du Languedoc* in Südfrankreich (vgl. VN III, Kap. 9, 106 f.).

Die bewegte Unbewegtheit des Erhabenen ist eng mit Schopenhauers Metaphysik verflochten: »Wenn wir uns in die Betrachtung der unendlichen Größe der Welt in Raum und Zeit verlieren, den verflossenen Jahrtausenden und den kommenden nachsinnen, - oder auch, wenn der nächtliche Himmel uns zahllose Welten wirklich vor Augen bringt, und so die Unermeßlichkeit der Welt auf das Bewußtseyn eindringt, - so fühlen wir uns selbst zu Nichts verkleinert, fühlen uns als Individuum, als belebter Leib, als vergängliche Willenserscheinung, wie ein Tropfen im Ocean, dahin schwinden, ins Nichts zerfließen. Aber zugleich erhebt sich gegen solches Gespenst unserer eigenen Nichtigkeit, gegen solche lügende Unmöglichkeit, das unmittelbare Bewußtseyn, daß alle diese Welten ja nur in unserer Vorstellung da sind, nur als Modifikationen des ewigen Subjekts des reinen Erkennens, als welches wir uns finden, sobald wir die Individualität vergessen, und welches der nothwendige, der bedingende Träger aller Welten und aller Zeiten ist. Die Größe der Welt, die uns vorher beunruhigte, ruht jetzt in uns: unsere

Abhängigkeit von ihr wird aufgehoben durch ihre Abhängigkeit von uns. – Dieses Alles kommt jedoch nicht sofort in die Reflexion, sondern zeigt sich als ein nur gefühltes Bewußtseyn, daß man, in irgend einem Sinne (den allein die Philosophie deutlich macht), mit der Welt Eines ist und daher durch ihre Unermeßlichkeit nicht niedergedrückt, sondern gehoben wird.« (W I, § 39, 242 f.)
Schopenhauer bekräftigt das metaphysische Eins-Sein mit der Welt durch einen Satz aus den indischen *Upanischaden*: »Alle diese Geschöpfe insgesamt bin ich, und außer mir ist kein anderes Wesen da.« (W I, § 39, 243) Die Größe der Welt steht uns nicht nur bedrohlich gegenüber, sondern wir selbst sind – vom Blickwinkel eines geänderten Standorts aus gesehen – diese Größe: die Welt als Wille und Vorstellung, die »Welt als Makranthropos«, die Welt als großer Mensch. (vgl. W II, Kap. 50, 739) Das ist die »Erhebung über das eigene Individuum«, das »Gefühl des Erhabenen«. Dieser Zustand ist so erhebend wie die Tragödie, die Darstellung der Welt als Mensch auf der Bühne. Denn: »Das Trauerspiel ist der Gipfel des Erhabenen.« (HN I, 255)
↑ Bildende Kunst, Reines Subjekt des Erkennens, Einheit der Welt, Poesie

Erinnerungen an Schopenhauer Julius Frauenstädt (1813 bis 1879) hat viele Gespräche mit Schopenhauer festgehalten. Sie sind in dem Buch Lindner/Frauenstädt, *Arthur Schopenhauer. Von ihm. Ueber ihn*, Berlin 1863, enthalten. Frauenstädt tritt in Aufsätzen und Büchern für Schopenhauers Lehre ein, weshalb ihn Schopenhauer »Erzevangelist« nennt. Er ist der literarische Nachlaßverwalter des Philosophen und der erste Herausgeber seiner sämtlichen Werke. Die folgende kleine Textauswahl gibt einen Eindruck von der persönlichen Beziehung beider, von der Art der Unterredungen und von der Vielfalt der Gesprächsthemen. Im Juli 1846 kommt es zu einer ersten Begegnung.
»Da ich nur einen Tag Zeit hatte, mich in Frankfurt aufzuhalten, so wollte ich mir diesen möglichst zu Nutze machen und ging daher schon Vormittags, gegen 11 Uhr zu Schopenhauer. Als ich auf dem Hausflur zu ebener Erde vor der Stubenthür des Philosophen stand, war ich in grosser Spannung, versprach mir aber, gestützt auf meine Verdienste um seine Philosophie, einen guten

Empfang und klopfte daher dreist an. Sofort schlug drinnen ein Hund laut an, und ein kräftiges Herein ertönte. Als ich eintrat, lag der Philosoph, bekleidet mit einem leichten grauen Hausrock auf dem Sopha, der Thür gegenüber, mit einem Buche in der Hand, sprang jedoch sogleich auf und bewillkommnete mich herzlich.« (LF, 136; vgl. Ge, 89 ff.)

»Die persönliche Erscheinung Schopenhauers war mir bei meiner ersten Bekanntschaft mit ihm weniger paradox, als seine Philosophie es gewesen war; denn nach dem Studium dieser erwartete ich schon eine ungewöhnliche Erscheinung, und diese trat mir hier auch, namentlich was den Kopf betrifft, entgegen. Schopenhauers Löwenhaupt liess auf den ersten Blick den gewaltigen *Ueberschuss des Intellekts* über das zum Dienste des Willens erforderliche Maass erkennen. Die Riesenarbeit, die dieser Kopf vollzogen, hatte ihre Spuren in denselben eingegraben. Schopenhauer, damals erst 58 Jahre alt, hatte doch schon weisses Haupt- und Barthaar. Aber, während das Haar schon den Greis ankündigte, war im Blick, im Mienenspiel, in den Gesten und in der Rede noch das Feuer eines Jünglings. Schopenhauers Gesichtszüge verriethen, namentlich durch einen sarkastischen Zug um den Mund, auf den ersten Blick den ›misanthropischen Weisen‹, und als solchen hätte ich ihn sofort erkannt, wenn ich ihn, ohne ihn vorher zu kennen, auf der Strasse getroffen hätte.« (LF, 137)

»Gegen 4 Uhr Nachmittags stellte ich mich, wie verabredet war, wieder bei dem Philosophen ein. Wir plauderten erst eine Weile auf dem Sopha neben einander über gleichgültige Gegenstände, dann aber schlug er mir vor, mit ihm einen Spaziergang ins Freie zu machen. Er war dazu schon bereit im Frack und weisser Halsbinde. Da ich seinen Vorschlag freudig annahm, so brachen wir sogleich auf. *Atma* – mit diesem Namen, welcher ›Weltseele‹ bedeutet, hatte Schopenhauer seinen damaligen schönen weissen Pudel getauft – begleitete uns und sprang lustig voran. Innerhalb der Stadt ging Schopenhauer sehr schnell und sah Niemanden an, als wollte er nur rasch die Stadt und die Menschen hinter sich haben. Als wir noch nicht weit von Hause weg waren, kam es vor, dass Einer der uns Entgegenkommenden, statt rechts auszuweichen, links auswich. Da wurde Schopenhauer grimmig und sagte so laut, dass es der Andere zum Theil noch hören konnte:

›Dass doch die Klötze nicht rechts ausweichen wollen! Jeder Engländer hält sich stets rechts.‹« (LF, 147)

»Auch die Schwerfälligkeit des Ganges mancher der uns Begegnenden gab Schopenhauer Stoff zur Satire, und allerdings konnte, was *Agilität* betrifft, nicht leicht Einer sich mit ihm messen. Er ahmte den schwerfälligen Gang der ›Klötze‹ köstlich nach und gab mir dazu eine ziemlich complicirte physiologische Erklärung dieses Phänomens [vgl. W II, Kap. 22, S. 321], worin er die Leicht- und Schwerfälligkeit in den Gliederbewegungen aus der Verschiedenheit der geistigen Begabung und, da diese vom *Gehirn* abhängt, aus der Verschiedenheit des Gehirnes ableitete.« (LF, 148)

»Doch mochte ich Anfangs dem Philosophen, so gern er mich auch in seiner Nähe wusste, in meiner Gier, ihn zu sehen und zu sprechen, etwas zu viel gethan haben, mochte ihm zu oft auf den Leib gerückt sein. Wenigstens kehrte er einstmals, als ich zu ihm kam, sein barsches Naturell gegen mich heraus und schreckte mich durch die etwas heftige Art, wie er mir zu verstehen gab, dass man nicht nach Belieben bei ihm Audienz habe, so ab, dass ich vorerst seine Schwelle nicht wieder betrat, sondern abwartete, ob er mir von selbst Audienz geben würde. Dieses blieb denn auch nicht aus. Ich erhielt ein freundliches Billet, worin er mir schrieb, es sei so schlimm nicht gemeint gewesen; ich solle nur wieder kommen. Und als ich dann wieder bei ihm eintrat, setzte er die Tage und Stunden in der Woche fest, wo ich zu ihm kommen dürfte. So gelangte ich dazu, wöchentlich ein bis zweimal fast den ganzen Nachmittag mit Schopenhauer zu verkehren und gewöhnlich ihn auf seinen Spaziergängen zu begleiten. Diese Stunden muss ich zu den schönsten und gehaltvollsten meines Lebens rechnen. Sie sind mir noch heute so frisch in der Erinnerung, als hätte ich sie erst ganz vor Kurzem durchlebt. Ich wurde in ihnen mit Schopenhauer so intim befreundet, und diese Freundschaft setzte sich später in seinen Briefen an mich und in seinem Vermächtniss so fort, dass ich wohl ohne Uebertreibung annehmen darf, Keiner habe ihn so nahe kennen gelernt, als ich, Keiner so tiefe Blicke in das *Wesen* seines Geistes und Charakters gethan, als ich.« (LF, 158)

»Wenn ich Nachmittags gegen 3 Uhr zu ihm kam, plauderten wir erst eine Weile auf dem Sopha, dann brachen wir in Begleitung

Atma's zum Spaziergang auf, entfernten uns rasch aus der Stadt, und liefen, das Wetter mochte sein wie es wollte, einmal sogar bei rauhestem Wind und Schneegestöber, $1^1/_2$ bis 2 Stunden, während des Laufens ununterbrochen sprechend, in der Umgegend Frankfurts spazieren.« (LF, 158 f.)

»Seine Erläuterungen machte Schopenhauer stets sehr *anschaulich*, indem er nicht bloss immer ein treffendes Gleichniss zur Hand hatte, um einen abstrakten Gedanken zu versinnlichen, sondern oft auch durch Körperbewegungen, Gesticulationen und Mienenspiel seine Gedanken veranschaulichte. So las er einst auf einem Spaziergange einen Stein auf und wog ihn in der Hand, um seinen Satz zu erläutern, dass das Wesen der Materie nur im *Wirken* bestehe, und die besonderen Eigenschaften eines Körpers nur die specifische Art sind, *wie* er wirkt. Ein anderes Mal, als wir des Abends im Englischen Hofe beim Schoppen Wein sassen, veranschaulichte er mir seinen Satz, dass die *Motivation* nur die *Kausalität von innen gesehen* sei, dass demnach der auf ein *Motiv* erfolgende Willensakt gleich nothwendig sei wie die auf eine *Ursache* folgende Bewegung eines Körpers, z. B. das Rollen einer Kugel auf erhaltenen Stoss, - er veranschaulichte mir, sage ich, dieses dadurch, dass er die Hand nach dem vor ihm stehenden Weinglase ausstreckte und das Weinglas (das Motiv) für die *necessitirende* Ursache seiner Handbewegung erklärte; wie ich dieses schon im fünfzehnten meiner ›Briefe über die Schopenhauersche Philosophie‹ [Leipzig 1854, S. 153] mitgetheilt habe. Schopenhauer war sich seines veranschaulichenden Darstellungstalentes auch selbst bewusst und glaubte, dass er durch dasselbe sehr zum Schauspieler befähigt gewesen wäre.« (LF, 161 f.)

»Wir sprachen vom Hunde. Der Hund, sagte Schopenhauer, ist eigentlich und ursprünglich ein Raubthier. Der Mensch hat ihn sich erst zu dem gezogen und gebildet, was er jetzt ist, zum zahmen Hausthier. Wenn es keine Hunde gäbe, fügte er hinzu, möchte ich nicht leben.« (LF, 170)

»Es war von den ›letzten Dingen‹ der Theologie die Rede. Schopenhauer sagte: ›Ewige Verdammniss - wie absurd! Für ein Leben von dreissig Jahren ewige Verdammniss!‹« (LF, 176)

»Wenn man, sagte Schopenhauer, den *Buddhaismus* aus seinen Quellen studirt, da wird es Einem hell im Kopfe; da ist gar nicht das dumme Gerede von der Welt, aus Nichts geschaffen, und von einem persönlichen Kerl, der sie gemacht hat. Pfui über diesen Schmutz!« (LF, 173)

»Theologie und Philosophie, sagte er, sind wie zwei Waagschalen. Je mehr die eine sinkt, desto mehr steigt die andere. Je grösser der Unglaube in unserer Zeit wird, desto stärker erwacht das Bedürfniss nach Philosophie, nach Metaphysik, und da müssen sie zu mir kommen.« (LF, 176)

»Ich sagte zu ihm: Das haben Sie nur nicht zu erwarten, dass Ihre Philosophie jemals populär sein wird. Er gab dies zu, meinte aber, das Menschengeschlecht werde stets eine Philosophie nöthig haben, denn das metaphysische Bedürfniss sei so unausrottbar, wie das physische.« (LF, 176)

»Dass sie jetzt wieder auf *Kant*, meinen Meister, zurückgehn und sich an ihm ›orientiren‹, sagte er, ist recht; aber dass wir bei Kant nicht stehen bleiben und mit dem von ihm Gefundenen uns nicht begnügen können, das muss man auch einsehen.« (LF, 176 f.)

»Ich fragte ihn, was er von Hegels Witz über die Kant'sche Kritik der reinen Vernunft denkt, der dieses Unternehmen mit dem jenes Scholastikus vergleicht, welcher nicht eher ins Wasser gehen wollte, als bis er schwimmen gelernt. Kants Unternehmen, sagte Schopenhauer, gleicht vielmehr dem eines Baumeisters, der einen Bauanschlag macht, ehe er zu bauen unternimmt. Es ist durchaus kein Grund vorhanden, dieses lächerlich zu machen.« (LF, 177)

»Er [zeigte] mir eines Tages das Buch des Johannes Secundus über die *Küsse*, welches er auf einer Auction erstanden hatte, und sprach mit mir über die verschiedenen Arten von Küssen.« (LF, 200)

»Seine *Eltern* betreffend, sah Schopenhauer in sich einen lebendigen Beleg für seine Lehre, dass der *Charakter*, die Neigungen und Leidenschaften, kurz das *Herz*, vom *Vater*, dagegen die *Intelligenz*, ihr Grad, ihre Beschaffenheit und Richtung, von der *Mutter* angeboren sei.« (LF, 204)

»Von seinem *Vater* sprach Schopenhauer mit grosser Dankbarkeit, theilte mir auch Manches über das vornehme Haus, das sein Vater gemacht, und das vornehme Leben, das sie auf Reisen geführt, mit, daran die Bemerkung knüpfend, dass es im

Kaufmannsstande, wie sich besonders bei der Bewirthung von Gästen und auch sonst zeige, nicht so knickerig hergehe, wie in anderen Ständen. Der Kaufmann sei im Allgemeinen weit freigebiger, splendider, als Leute aus andern Ständen.« (LF, 205)

»Mit geringerer Achtung und Anerkennung, als von seinem Vater, sprach er von seiner Mutter, von der er mir erzählte, welch glänzendes Leben sie geführt und wie sie in Weimar von Schöngeistern umschwärmt gewesen.« (LF, 207)

»Zu mir sagte Schopenhauer noch, er habe sich seiner Mutter und ihren Cirkeln gegenüber immer fremd und einsam gefühlt, und man sei deshalb auch in Weimar mit ihm unzufrieden gewesen. Ferner theilte er auch mir mit, was Gwinner erzählt, dass seine Mutter, als sie den Titel seiner Promotionsschrift ›über die vierfache Wurzel‹ [des Satzes vom zureichenden Grunde] gelesen, geäussert habe: ›dass sei wohl ein Buch für Apotheker‹. Dagegen habe er gerade durch diese Schrift zuerst *Goethe's* Aufmerksamkeit auf sich gelenkt und seine Gunst erworben.« (LF, 208)

»›Ueber mich‹, äusserte er einst, ›kann man wohl in der Breite, aber nicht in der Tiefe hinaus.‹« (LF, 155)

»Schopenhauer war kein *Heuchler*, sondern der wahrhaftigste Charakter, den es je gegeben hat. Eher hätte er sich todt schlagen lassen, als dass er gelogen und geheuchelt hätte. Wäre ich, sagte er einst zu mir, arm gewesen, hätte von der Philosophie leben und meine Lehre nach den Vorschriften der Regierung einrichten sollen, so hätte ich mir eine Kugel durch den Kopf gejagt.« (LF, 336)

»Ich fragte Schopenhauer einst, ob er nie an's Heirathen gedacht. Er erwiderte, es sei ihm wohl einige Male in seinem Leben nahe gelegt worden, zu heirathen, es sei aber immer nichts daraus geworden, und er rechne sich dieses zum Glücke an; denn im Joche der Ehe hätte er wohl schwerlich seine Werke schaffen können.« (LF, 357)

»Er war im Punkte der Geschlechtsliebe kein Heiliger, und hat es mir selbst gestanden, dass er arg nach den Weibern gewesen, dass er in Italien nicht blos *das* Schöne, sondern auch *die* Schönen genossen hat, u. s. w. Auch merkt man es seiner ›Metaphysik der Geschlechtsliebe‹ [W II, Kap. 44] hinlänglich an, dass er den Gegenstand derselben aus eigener Erfahrung und Praxis kannte.

Wie hätte er sonst auch dieses Kapitel schreiben können? Er selbst sagte einst im Scherze zu mir, ein ächter Philosoph müsse nicht bloss mit dem Kopfe, sondern auch mit - aktiv sein.« (LF, 270)

»Für mich ist Schopenhauer, trotz seiner menschlichen, fleischlichen Schwächen und Gebrechen, die ich durchaus nicht in Abrede stellen will, so wie er sie selbst nicht in Abrede gestellt, vielmehr offen zu mir bekannt und gesagt hat: ›Ich habe wohl gelehrt, was ein Heiliger ist, bin aber selbst kein Heiliger‹ - für mich, sage ich, ist Schopenhauer, trotz seiner Schwächen, einer der edelsten Menschen, die je gewesen sind.« (LF, 273)

»Ich habe schon gesagt, dass Schopenhauer zu jenen unter dem Eindruck der Gegenwart stehenden heftigen, leidenschaftlichen, stürmischen Charakteren gehörte, die leicht in Zorn, Empörung, Indignation gerathen. Ich habe ferner gesagt, dass er zu den Schwarzsehenden gehörte, die immer das Schlimmste befürchten. Seine lebhafte Phantasie malte ihm zu den wirklichen Uebeln noch eingebildete hinzu. So oft ihm der Briefträger einen Brief brachte - dies hat er mir selbst einmal gestanden - erschrak er. In seinen ›Cogitata‹ bekennt er: ›Wenn ich nichts habe, was mich ängstiget, so beängstigt mich eben dies, indem es mir ist, als müsste doch etwas daseyn, das mir nur eben verborgen bliebe.‹« (LF, 332)

»Da schimpfen sie in Einem fort auf die Regierungen, [sagte Schopenhauer,] als ob die Regierungen Schuld wären an allem Elend. Nein, das Elend folgt unvermeidlich aus der menschlichen Natur. Der Mensch ist durch seinen *Willen* zum Elend prädestinirt.« (LF, 198)

»Uebrigens sei es nicht wahr, dass das Menschengeschlecht nur immer fortschreite, sondern es gebe auch Rückschritte und es komme zu Zeiten auch Rückfall in die Barbarei vor.« (LF, 301)

↑ Tagesablauf, Lebenslauf, Pudel, Gott, Buddhismus, Metaphysisches Bedürfnis, Kant, Geschlechtstrieb, Staat

Erkenntnis und Erscheinung »Daher noch immer die Frage aufgeworfen werden kann, was denn zuletzt der *Wille* selbst *an sich sei*? d. h. was er sei, abgesehn davon, daß er sich als *Wille* darstellt, d. h. abgesehn davon, daß er überhaupt erscheint, also überhaupt *erkannt* wird. Diese Frage ist offenbar *nie* zu beant-

worten: da wie gesagt schon das Erkanntwerden dem Ding an sich widerstreitet und jedes Erkannte schon als solches Erscheinung ist.« (HN III, 36 f.)
↑ Wille/Wille zum Leben, Ding an sich, Dunkelheit des Lebens

Erkenntnisweisen »1) Jemand bemerkte mir ein Mal, in jedem Menschen stäke etwas sehr Gutes und Menschenfreundliches und eben so etwas sehr Böses und Feindseliges: und je nachdem er angeregt würde, träte das eine oder andre hervor. Ganz richtig.
2) Der Anblick fremder Länder erregt nicht nur bei verschiedenen, sondern auch bei einem und demselben Menschen, zu einer Zeit gränzenloses Mitleid, zur andern eine gewisse Befriedigung, die bis zur grausamsten Schadenfreude gesteigert werden kann.
3) Ich bemerke an mir selbst, daß ich zu einer Zeit auf alle Wesen mit herzlichem Mitleid blicke, zur andern Zeit mit der größten Gleichgültigkeit, auf Anlaß [mit] Haß, ja Schadenfreude. – Dies alles giebt deutliche Anzeige, daß wir 2 verschiedene ja einander grade widersprechende Erkenntnißweisen haben: die eine nach dem *principio individuationis*, diese zeigt uns alle Wesen als uns völlig fremd, als entschiedenes Nicht-Ich: wir können dann für sie nichts empfinden, als Gleichgültigkeit, *Neid*, Haß, Schadenfreude. Die andre Erkenntnißweise dagegen möchte ich nennen die nach dem *Tat-twam-asi*; sie zeigt uns alle Wesen als identisch mit unserm Ich: demnach ist es Mitleid und Liebe, die ihr Anblick in uns erregt.« (HN III, 370 f.)
↑ Durchschauung, Regel

Erschaffung Gottes »Den geängsteten Menschen drängt es sich niederzuwerfen und Hülfe anzuflehen: Damit also sein Wille die Erleichterung des Betens habe, muß der Intellekt ihm einen Gott schaffen, (meistens mehrere, wegen Verschiedenheit der Angelegenheiten): nicht umgekehrt, weil sein Intellekt einen Gott gefunden hat, betet er. Laßt ihn ohne Bedürfnisse seyn, etwa ein bloß theoretisches Wesen, und er braucht keinen Gott und macht auch keinen.« (HN III, 216)
↑ Gott, Wolkengebilde der Vernunft

Erscheinung des Willens »Der *Wille* ist nicht, wie man bisher annahm, eine Erscheinung des *Lebens* allein; sondern das *Leben* ist eine Erscheinung des Willens.« (HN III, 135)
↑ Wille/Wille zum Leben, Objektität/Objektivation

Erworbener Charakter Ihn besitzt, wer seine Charaktereigenschaften, gute wie schlechte, genau kennt und dadurch sicher weiß, was er sich zutrauen und zumuten darf und was nicht. Wer sich selbst kennt, wird sich hüten, das zu tun, was ihm doch nicht gelingt. Z. B. seinen intelligiblen bzw. empirischen Charakter - das metaphysisch vorgegebene individuelle, »unveränderliche Grund-Wollen« (VN II, Kap. 5, 84) - umschaffen zu wollen. »Da der ganze Mensch nur die Erscheinung seines Willens ist; so kann nichts verkehrter seyn, als, von der Reflexion ausgehend, etwas Anderes seyn zu wollen, als man ist: denn es ist ein unmittelbarer Widerspruch des Willens mit sich selbst.« (W I, § 55, 361) Was der Mensch »eigentlich und überhaupt« will, kann durch äußere Einwirkung auf ihn, zum Beispiel durch Belehrung, »nimmermehr« geändert werden. Mit Seneca sagt Schopenhauer: »Velle non discitur«, Wollen läßt sich nicht lernen (W I, § 55, 347).
Der erworbene Charakter »setzt uns in den Stand, die an sich ein Mal unveränderliche Rolle der eigenen Person, die wir vorhin regellos naturalisirten, jetzt besonnen und methodisch durchzuführen« (W I, § 55, 359).
↑ Intelligibler Charakter, Motiv

Essen »Die *große Mehrzahl der Menschen* ist so beschaffen, daß, ihrer ganzen Natur nach, es ihnen mit nichts Ernst seyn kann, als mit Essen, Trinken und sich Begatten. Diese werden Alles, was die seltenen erhabeneren Naturen, sei es als Religion, oder als Wissenschaft, oder Kunst in die Welt gebracht haben, sogleich als Werkzeuge zu ihren niedrigen Zwecken benutzen, indem sie meistens es zu ihrer Maske machen.« (P II, § 50, 73)
↑ Hunger und Geschlechtstrieb, Masken

Ewige Gerechtigkeit »Erheben wir uns auf den transcendentalen Standpunkt, so sehn wir nur Ein Wesen, das in allen Individuen erscheint: alle Leiden, wie alle Freuden, wie sie

auch an die Individuen vertheilt seyn mögen, treffen immer dieses selbe Wesen, das sich im fremden Individuo nicht wiedererkennt, hingegen auch im eigenen Individuo sich nicht kennt und eingeständlich sich selber fremd ist: von diesem geht das Böse aus, aber auch das Uebel kann nur dieses Wesen treffen: in der Erscheinung freilich ist etwas Uebeles erdulden und etwas Böses thun, sehr zweierlei, daher man oft das zweite ergreift um dem ersten zu entgehn: hingegen an sich, oder vom transscendentalen Standpunkt aus gesehn, ist beides gleich: denn eben das Wesen das das Böse thut, erduldet auch das Uebel. Der Wille zum Leben hat es immer nur mit sich selbst zu thun: darauf beruht die ewige Gerechtigkeit.« (VN IV, Kap. 7, 188) Oder, wie Schopenhauer kurz im metaphysischen Sinn sagt: »Der Quäler und der Gequälte sind Eines.« (W I, § 63, 419)
↑ All-Eins-Lehre, Einheit der Welt

F

Fabrikarbeit »Im Alter von fünf Jahren eintreten in die Garnspinnerei, oder sonstige Fabrik, und von Dem an erst 10, dann 12, endlich 14 Stunden täglich darin sitzen und die selbe mechanische Arbeit verrichten, heißt das Vergnügen, Athem zu holen, theuer erkaufen. Dies aber ist das Schicksal von Millionen, und viele andere Millionen haben ein analoges.« (W II, Kap. 46, 663)
↑ Sklaverei, Kettenhund

Feigen und Datteln »Eine Folge dieser späten Anerkennung der Werke des Genies ist, daß sie selten von ihren Zeitgenossen und demnach in der Frische des Kolorits, welche die Gleichzeitigkeit und Gegenwart verleiht, genossen werden, sondern, gleich den Feigen und Datteln, viel mehr im trockenen, als im frischen Zustande.« (W II, Kap. 31, 448)
↑ Genie

Feinde »Die Freunde nennen sich aufrichtig; die Feinde sind es: daher man ihren Tadel zur Selbsterkenntniß benutzen sollte, als eine bittere Arznei.« (P I, Aphorismen, Kap. 5, 490)
↑ Wille und Intellekt, Masken

Feldblume »Ich fand eine Feldblume, bewunderte ihre Schönheit, ihre Vollendung in allen Theilen, und rief aus: ›Aber alles Dieses, in ihr und Tausenden ihres Gleichen, prangt und verblüht, von niemanden betrachtet, ja, oft von keinem Auge auch nur gesehn.‹ – Sie aber antwortete: ›Du Thor! meinst du, ich blühe, um gesehn zu werden? Meiner und nicht der Andern wegen blühe ich, blühe, weil's mir gefällt: darin, daß ich blühe und bin, besteht meine Freude und meine Lust.‹« (P II, § 388, 687)
Weitere »Gleichnisse, Parabeln und Fabeln«, die Schopenhauer verfaßt hat, finden sich im letzten Kapitel der *Parerga und Paralipomena* (P II, §§ 379–396).

Fledermäuse Wenn »die Natur den Menschen zum Denken bestimmt hätte; so würde sie ihm keine Ohren gegeben, oder diese wenigstens, wie bei den Fledermäusen, die ich darum beneide, mit luftdichten Schließklappen versehn haben. In Wahrheit aber ist er, gleich den andern, ein armes Thier, dessen Kräfte bloß auf die Erhaltung seines Daseyns berechnet sind, weshalb es der stets offenen Ohren bedarf, als welche, auch unbefragt und bei Nacht wie bei Tage, die Annäherung des Verfolgers ankündigen.« (P II, § 271, 531)
↑ Lärm

Freundschaft »Entfernung und lange Abwesenheit thun jeder Freundschaft Eintrag; so ungern man es gesteht. Denn Menschen, die wir nicht sehn, wären es auch unsere geliebtesten Freunde, trocknen, im Laufe der Jahre, allmälig zu abstrakten Begriffen auf, wodurch unsere Theilnahme an ihnen mehr und mehr eine bloß vernünftige, ja traditionelle wird: die lebhafte und tiefgefühlte bleibt Denen vorbehalten, die wir vor Augen haben, und wären es auch nur geliebte Thiere. So sinnlich ist die menschliche Natur.« (P I, 489 f.) Schopenhauer unterstreicht den Gedanken mit einem Vers aus

Goethes *Tasso*: »Die Gegenwart ist eine mächt'ge Göttin.« (P I, 490)
↑ Stachelschweine

Frische Bücher »Das große Publikum meynt es sey mit den Büchern wie mit den Eiern: sie müssen frisch genossen werden; daher greift es stets nach dem Neuen.« (HN IV 1, 215)
↑ Die Kunst, nicht zu lesen

G

Ganzheit der Philosophie In seinen Berliner *Vorlesungen* erläutert Schopenhauer in einer Einleitung, warum er in *einem* Semester das *Ganze* der Philosophie – Erkenntnislehre, Metaphysik der Natur, Metaphysik des Schönen, Metaphysik der Sitten – zusammenfassend vortragen möchte.
»Der Grund, warum ich in Eines verknüpfe, was man sonst trennt, und mir dadurch die zu *einer* Zeit zu leistende Arbeit sehr häufe, liegt nicht in meiner Willkühr, sondern in der Natur der Philosophie. In Gemäßheit nämlich der Resultate zu denen mich mein Studium und meine Forschungen geführt haben, hat die Philosophie eine Einheit und innern Zusammenhang wie durchaus keine andre Wissenschaft, alle ihre Theile gehören so zu einander wie die eines organischen Leibes und sind daher, eben wie diese, nicht von dem Ganzen zu trennen, ohne ihre Bedeutung und ihre Verständlichkeit einzubüßen und als *lacera membra* [zerstückelte Glieder], die außer dem Zusammenhang einen widerwärtigen Eindruck machen, dazuliegen. Denken Sie sich ein erkennendes Wesen, das nie einen menschlichen Leib gesehn hätte, und dem nun die Glieder eines solchen Leibes einzeln und nach einander vorgelegt werden; könnte ein solches wohl eine richtige Vorstellung erhalten vom ganzen menschlichen Leibe, ja nur von irgend einem einzigen Gliede desselben? wie sollte es die Bedeutung und den Zweck der Hand verstehn, ohne sie am Arm, oder des Armes, ohne ihn an der Schulter gesehn zu haben? u. s. w. – Grade so nun ist es mit der Philoso-

phie. - Sie ist eine Erkenntniß vom eigentlichen Wesen dieser Welt, in der wir sind und die in uns ist; eine Erkenntniß davon im Ganzen und Allgemeinen, deren Licht, wenn sie gefaßt ist, nachher auch alles Einzelne, das Jedem im Leben vorkommen mag, beleuchtet und ihm dessen innere Bedeutung aufschließt. Diese Erkenntniß läßt sich daher nicht zerstückeln und theilweise geben und empfangen.« (VN I, Exordium über meinen Vortrag und dessen Methode, 87 f.)
Vereinfacht gesagt: Schopenhauer sucht Methode und Gegenstand seines Denkens aufeinander abzustimmen. Die Methode ist ein intendierter Gedankenorganismus. Das »eigentliche Wesen dieser Welt, in der wir sind und die in uns ist«, soll organisch, soll möglichst im lebendigen Zusammenhang erfaßt werden. Im zweiten Band der Welt als Wille und Vorstellung heißt es, die Welt sei ein »Makranthropos« (W II, Kap. 50, 739), also ein großer Mensch. Wichtige Hinweise zu Schopenhauers methodischem Anliegen finden sich in der Vorrede zur ersten Auflage des Hauptwerks (W I, VII ff., vgl. W I, §§ 53 und 54, 320 bzw. 337).
↑ All-Eins-Lehre, Standort wechseln, Verschiedene Betrachtungsweisen des Intellekts, Organischer Zusammenhang

Gebet eines Skeptikers
»Gott, - wenn du bist, errette aus dem Grabe
Meine Seele, - wenn ich eine habe.« (HN III, 190)
↑ Gehirnfunktion

Gedächtnis »Unser *Gedächtniß* gleicht einem Siebe, dessen Löcher, Anfangs klein, wenig durchfallen lassen, jedoch immer größer werden und endlich so groß, daß das Hineingeworfene fast Alles durchfällt.« (HN IV 2, 18)
↑ Identität, Wahnsinn, Geschichte, Bücher

Gedankenmörder Mehrmals, in jungen wie in späteren Jahren, hat sich Schopenhauer über »Lerm und Geräusch« geäußert, in denen er ein sicheres Indiz für Mangel an Zivilisierung erblickt (vgl. W II, Kap. 3, 36; LF, 292). Im zweiten Band seiner *Parerga und Paralipomena* widmet er dem Thema ein ganzes Kapitel, in dem er - mit literarischer Brillanz - Gift und Galle spuckt. Das

Kapitel vermittelt auch etwas Atmosphärisches von der Geschäftigkeit nahe dem Fluß und Hafen in Frankfurt am Main um 1850, wo Schopenhauer wohnte und arbeitete.
»Ich [habe], als den unverantwortlichsten und schändlichsten Lerm, das wahrhaft infernale Peitschenklatschen, in den hallenden Gassen der Städte, zu denunciren, welches dem Leben alle Ruhe und alle Sinnigkeit benimmt. Nichts giebt mir vom Stumpfsinn und der Gedankenlosigkeit der Menschen einen so deutlichen Begriff, wie das Erlaubtseyn des Peitschenklatschens. Dieser plötzliche, scharfe, hirnlähmende, alle Besinnung zerschneidende und gedankenmörderische Knall muß von Jedem, der nur irgend etwas, einem Gedanken Aehnliches im Kopfe herumträgt, schmerzlich empfunden werden: jeder solcher Knall muß daher Hunderte in ihrer geistigen Thätigkeit, so niedriger Gattung sie auch immer seyn mag, stören: dem Denker aber fährt er durch seine Meditationen so schmerzlich und verderblich, wie das Richtschwerdt zwischen Kopf und Rumpf. Kein Ton durchschneidet so scharf das Gehirn, wie dieses vermaledeite Peitschenklatschen: man fühlt geradezu die Spitze der Peitschenschnur im Gehirn, und es wirkt auf dieses wie die Berührung auf die *mimosa pudica*; auch eben so nachhaltig. Bei allem Respekt vor der hochheiligen Nützlichkeit sehe ich doch nicht ein, daß ein Kerl, der eine Fuhr Sand oder Mist von der Stelle schafft, dadurch das Privilegium erlangen soll, jeden etwan aufsteigenden Gedanken, in successive zehn Tausend Köpfen (eine halbe Stunde Stadtweg) im Keime zu ersticken. Hammerschläge, Hundegebell und Kindergeschrei sind entsetzlich; aber der rechte Gedankenmörder ist allein der Peitschenknall. Jeden guten, sinnigen Augenblick, den etwan hier und da irgend Einer hat, zu zermalmen ist seine Bestimmung. Nur wenn, um Zugthiere anzutreiben, kein anderes Mittel vorhanden wäre, als dieser abscheulichste aller Klänge, würde er zu entschuldigen seyn. Aber ganz im Gegentheil: dieses vermaledeite Peitschenklatschen ist nicht nur unnöthig, sondern sogar unnütz. [...] Die Sache stellt demnach sich eben dar als reiner Muthwille, ja, als ein frecher Hohn des mit den Armen arbeitenden Theiles der Gesellschaft gegen den mit dem Kopfe arbeitenden. Daß eine solche Infamie in Städten geduldet wird ist eine grobe Barbarei und eine Ungerechtigkeit; um so mehr, als es gar leicht zu besei-

tigen wäre, durch polizeiliche Verordnung eines Knotens am Ende der Peitschenschnur. Es kann nicht schaden, daß man die Proletarier auf die Kopfarbeit der über ihnen stehenden Klassen aufmerksam mache: denn sie haben vor aller Kopfarbeit eine unbändige Angst. Daß nun aber ein Kerl, der mit ledigen Postpferden, oder auf einem losen Karrengaul, die engen Gassen einer volkreichen Stadt durchreitend, oder gar neben den Thieren hergehend, mit einer klafterlangen Peitsche aus Leibeskräften unaufhörlich klatscht, nicht verdiene, sogleich abzusitzen, um fünf aufrichtig gemeinte Stockprügel zu empfangen, Das werden mir alle Philanthropen der Welt, nebst den legislativen, sämmtliche Leibesstrafen, aus guten Gründen, abschaffenden Versammlungen, nicht einreden. Aber etwas noch Stärkeres, als Jenes, kann man oft genug sehn, nämlich so einen Fuhrknecht, der allein und ohne Pferde, durch die Straßen gehend, unaufhörlich klatscht: so sehr ist diesem Menschen der Peitschenklatsch zur Gewohnheit geworden, in Folge unverantwortlicher Nachsicht. Soll denn, bei der so allgemeinen Zärtlichkeit für den Leib und alle seine Befriedigungen, der denkende Geist das Einzige seyn, was nie die geringste Berücksichtigung, noch Schutz, geschweige Respekt erfährt? Fuhrknechte, Sackträger, Eckensteher u. dgl. sind die Lastthiere der menschlichen Gesellschaft; sie sollen durchaus human, mit Gerechtigkeit, Billigkeit, Nachsicht und Vorsorge behandelt werden: aber ihnen darf nicht gestattet seyn, durch muthwilligen Lerm dem höhern Bestreben des Menschengeschlechts hinderlich zu werden. Ich möchte wissen, wie viele große und schöne Gedanken diese Peitschen schon aus der Welt geknallt haben. Hätte ich zu befehlen, so sollte in den Köpfen der Fuhrknechte ein unzerreißbarer *nexus idearum* [Gedankenzusammenhang] zwischen Peitschenklatschen und Prügelkriegen erzeugt werden.« (P II, § 378, 680 ff.)

Völlig im Kontrast hierzu steht Schopenhauers kontemplative Kunstbetrachtung, der Platonische Ruhepunkt in der Schau der Ideen, das Vergessen aller Individualität, der Zustand des reinen Subjekts der Erkenntnis - herbeigeführt z .B. durch den Anblick eines Stillebens.

↑ Lärm, Reines Subjekt des Erkennens

Gegenwart »In der Vergangenheit hat kein Mensch gelebt, und in der Zukunft wird nie einer leben; sondern die *Gegenwart* allein ist die Form alles Lebens, ist aber auch sein sicherer Besitz, der ihm nie entrissen werden kann. Die Gegenwart ist immer da, sammt ihrem Inhalt: Beide stehn fest, ohne zu wanken; wie der Regenbogen auf dem Wasserfall. Denn dem Willen ist das Leben, dem Leben die Gegenwart sicher und gewiß.« (W I, § 54, 328)
Was Schopenhauer unter »Gegenwart« versteht, übersteigt die Vorstellung. Empirisch aufgefaßt ist sie das Flüchtigste von allem. Der metaphysischen Spekulation stellt sie sich als das allein Beharrende dar. Schopenhauer nennt die in metaphysischer Hinsicht aufgefaßte Gegenwart in Anlehnung an mittelalterliche Scholastiker das *»Nunc stans«* (W I, § 54, 329), also die »beständige Gegenwart« oder auch das »ewige Jetzt«. Mit einer großen Metapher spricht er vom *»Nunc stans* im Mittelpunkt des Rades der Zeit« (W II, Kap. 41, 550). Es ist unsere Art des Erfassens (Apprehension), die die Zeit zur Form hat und die das zeitlose Nunc stans in ein zeitliches Nacheinander zerlegt. Das Wesen an sich der Dinge existiert bleibend und beharrend im Nunc stans der Gegenwart, von der es im metaphysischen Sinn heißt: »Die Quelle und der Träger ihres Inhalts ist der Wille zum Leben, oder das Ding an sich,– welches wir sind.« (W I, § 54, 329)
Für das Verständnis wichtig ist, was Schopenhauer hinter den Gedankenstrich setzt: »– welches wir sind«. Quelle und Träger der ewigen Gegenwart sind weder Gott noch Natur, sondern »Wir« sind das.
↑ Idealität von Zeit und Raum, Principium individuationis

Geheimschrift Schopenhauers Metaphysik – die Metaphysik der Natur, die Metaphysik des Schönen, die Metaphysik der Sitten – ist eine Deutung und Auslegung der Welt als Vorstellung. Das, was sich in der sichtbaren Welt zum Ausdruck bringt, soll verstanden werden. »Uns nun aber genügt es nicht zu wissen daß wir Vorstellungen haben, daß sie solche und solche sind und zusammenhängen nach diesen und jenen Gesetzen, deren allgemeiner Ausdruck allemal zuletzt der Satz vom Grund ist. Wir wollen die *Bedeutung* jener Vorstellung wissen.« (VN II, Kap. 2,

66) Die Metaphysik faßt die Natur als eine Erscheinung auf, in der ein von ihr verschiedenes Wesen, das Ding an sich, sich darstellt. »Die ganze Natur ist eine große Hieroglyphe, die einer Deutung bedarf.« (VN II, Kap. 2, 64)
Metaphysik ist, pointiert gesagt, die »Entzifferung der Welt« (HN III, 156). Schopenhauer vergleicht sie mit der »Ablesung bis dahin räthselhafter Charaktere einer unbekannten Schrift« (P II, § 21, 19). Die Entzifferung muß sich aus sich selbst bewähren. Sie muß in sich stimmig sein. »Das Ganze der Erfahrung gleicht einer Geheimschrift, und die Philosophie der Entzifferung derselben, deren Richtigkeit sich durch den überall hervortretenden Zusammenhang bewährt. Wenn dieses Ganze nur tief genug gefaßt und an die äußere die innere Erfahrung geknüpft wird; so muß es aus sich selbst *gedeutet, ausgelegt* werden können.« (W II, Kap. 17, 202 f.)
Wichtig in diesem Zusammenhang ist: Schopenhauer findet den Schlüssel für die Geheimschrift im Willen. Das Wesen der Welt ist Wille. Aber dieser Wille ist kein neutraler Sachverhalt. Die Welt hat in metaphysischer Hinsicht eine *moralische* Bedeutung, die bei der Entzifferung der Geheimschrift mitverstanden werden muß.
↑ Metaphysisches Bedürfnis, Ding an sich, Traumdeutung, Moralische Weltordnung

Gehirn »Nicht wer grimmig, sondern wer klug dareinschaut sieht furchtbar und gefährlich aus: – so gewiß des Menschen Gehirn eine furchtbarere Waffe ist, als die Klaue des Löwen.« (P I, Aphorismen, Kap. 5, 506)
↑ Glaubensstreitigkeit, Menschenverachtung

Gehirnfunktion »Im Tode geht allerdings das Bewußtseyn unter; hingegen keineswegs Das, was bis dahin dasselbe hervorgebracht hatte. Das Bewußtseyn nämlich beruht zunächst auf dem Intellekt; dieser aber auf einem physiologischen Proceß. Denn er ist augenscheinlich die Funktion des Gehirns [...]. Ein *individuelles Bewußtseyn*, also überhaupt ein Bewußtseyn, läßt sich an einem *unkörperlichen Wesen* nicht denken; weil die Bedingung jedes Bewußtseyns, die Erkenntniß, nothwendig Gehirnfunktion ist.« (P II, § 139, 290)

Bei Schopenhauer lösen sich die großen traditionellen Koordinaten des europäischen Denkens - Gott, Seele, Welt - in ihrer substantiellen Selbständigkeit auf. »Das wäre freilich allerliebst, wenn mit dem Tode nicht der Intellekt untergienge: da brächte man das Griechisch, was man in dieser Welt gelernt hat, ganz fertig in die andere mit.« (P II, § 139, 291) Nunmehr existiert weder ein personaler Gott noch eine unsterbliche, individuelle Seele, noch eine an sich seiende gegenständliche Welt. Die neuen Koordinaten heißen Wille und Vorstellung. Dies ist Schopenhauers »noch nie dagewesener Gedanke«: »daß diese Welt, in der wir leben und sind, ihrem ganzen Wesen nach, durch und durch *Wille* und zugleich durch und durch *Vorstellung* ist« (W I, § 29, 193).
↑ Materialismus, Grundwahrheit meiner Lehre

Geilheit »Das fortwährende Daseyn des *Menschengeschlechts* ist bloß ein Beweis der Geilheit desselben.« (HN IV 1, 312)
↑ Geschlechtstrieb, Verliebtheit

Geisterstunde »Schopenhauer war gestorben, wir beschlossen, abwechselnd, immer zu zweien, bis zum Morgen, bei seiner Leiche zu wachen. Er lag in einem großen dunklen Zimmer. Zwei Kerzen brannten auf dem Nachttische. Um Mitternacht übernahm ich mit einem meiner Gefährten die Wache. Die beiden Freunde, die wir ersetzten, gingen fort, und wir nahmen am Fuße des Bettes Platz. Das Gesicht war nicht verändert. Es lachte. Im Mundwinkel zeigte sich die Falte, die wir so gut kannten, und es schien uns, als wollte er die Augen öffnen, sich bewegen, sprechen. Seine Gedanken waren um uns; wir fühlten uns mehr als je in der Atmosphäre seines Genies, von ihm festgehalten, besessen. Jetzt, wo er tot war, schien uns seine Herrschaft sogar unumschränkter. Etwas Geheimnisvolles mischte sich mit der Macht dieses unvergleichlichen Geistes. Der Körper solcher Menschen verschwindet, aber sie selbst bleiben; und in der Nacht, die dem Stocken ihres Herzschlages folgt, sind sie schrecklich. Wir sprachen ganz leise von ihm und erinnerten uns gegenseitig an seine Worte, an seine Glaubensformen, an jene überraschenden Bemerkungen, in welchen er mit wenigen Worten die Finsternis des unbekannten Lebens hell erleuchtete. ›Ich glaube, daß er sprechen will!‹ sagte mein Freund. Und mit einer an Furcht grenzenden Unruhe betrachteten wir das unbewegliche und immer lächelnde Gesicht. Allmählich fühlten wir uns ungewöhnlich bedrückt, schwach. ›Ich weiß nicht, was mir ist, aber ich glaube, daß ich krank bin.‹ Mein Freund machte den Vorschlag, daß wir in das Nebenzimmer gehen und die Tür offen lassen sollten; ich war damit einverstanden. Ich nahm eine der Kerzen, die auf dem Nachttische brannten, und wir setzten uns im Nebenzimmer nieder, und zwar so, daß wir von unserem Platze aus das Bett und den Toten in voller Beleuchtung sehen konnten. Aber er quälte uns noch immer. Es war, als ob sein unkörperliches, losgelöstes, freies, allmächtiges und herrschendes Wesen um uns schwebte. Plötzlich ging ein Schauer durch unsere Glieder: ein Geräusch, ein unbedeutendes Geräusch war aus dem Sterbezimmer gekommen. Wir richteten sofort unsere Blicke auf ihn, und wir sahen, ja, mein Herr, wir sahen genau, mein Freund und ich, etwas Weißes über das Bett laufen, zur Erde fallen und verschwinden. Wir waren unwillkürlich aufgesprungen, von törichter Furcht ergriffen, zur Flucht bereit. Wir waren entsetzlich bleich. Unsere Herzen pochten so heftig, daß sich der Stoff unserer Kleidungsstücke hob. Ich nahm zuerst das Wort: ›Hast du gesehen?‹ – ›Ja, ich habe gesehen.‹ – ›Sollte er vielleicht nicht tot sein?‹ – ›Aber er geht ja schon in Fäulnis über!‹ – ›Was sollen wir tun?‹ Mein Freund sprach zögernd: ›Wir müssen nachsehen.‹ Ich nahm unsere Kerze, trat zuerst ein und durchsuchte mit dem Auge das ganze große Zimmer mit den schwarzen Winkeln. Nichts bewegte sich, und ich näherte mich dem Bette. Aber vor Schreck und Staunen blieb ich wie festgewurzelt stehen. Schopenhauer lächelte nicht mehr. Er verzerrte das Gesicht in schrecklicher Weise, der Mund war geschlossen, die Wangen tief eingefallen. Ich stammelte: ›Er ist nicht tot!‹ Und ich bewegte mich nicht mehr und sah ihn fest an, als sähe ich eine Erscheinung. In diesem Augenblick nahm mein Freund die andere Kerze und bückte sich. Dann berührte er meinen Arm, ohne ein Wort zu sprechen. Ich folgte seinem Blicke und sah auf dem Fußboden, unter dem Sessel neben dem Bette, ganz weiß auf dem dunklen Teppich, Schopenhauers Gebiß, wie zum Beißen geöffnet. Die fortschreitende Zersetzung des Körpers hatte die Kinnlade locker gemacht, so daß das Gebiß aus dem Munde fiel. Ich hatte damals wirklich Furcht, mein Herr!« (Scho-

penhauers Anekdotenbüchlein, hrsg. von Arthur Hübscher, Frankfurt am Main 1981, S. 78 ff.)
Die kleine Geschichte mit dem Originaltitel »Auprès d'un mort« stammt von Guy de Maupassant (1850–1893), der sie zuerst im *Gil Blas* vom 30. 1. 1883 unter dem Pseudonym Maufrigneuse veröffentlicht hatte. Ihr liegt ein Zeitungsbericht des *Frankfurter Beobachters* vom 22. 9. 1880 zugrunde, der im wesentlichen der Wahrheit entsprechen soll. In der Zeitung steht abweichend: »Eine Täuschung war unmöglich; das Klappergeräusch war zu deutlich; das Sinken des großen Kopfes erfolgte wirklich. Da hätte auch ein Mutiger die Geistesgegenwart verloren. Eins, zwei, drei stößt unser Held den Laden auf, ein riskierter Sprung – und er ist auf der Straße. Sein College erwachte und stürzte sich ohne Besinnen hinter ihm her. Draußen stehen beide leichenblaß.«
Maupassant ist ein Beispiel für die durchschlagende Rezeption der Philosophie Schopenhauers auch von seiten der Schriftsteller und Künstler seit etwa 1850. Tief beeindruckt fügt er in »Auprès d'un mort« noch hinzu: »Unwillkürlich verglich ich den naiven, noch beinahe religiösen Sarkasmus Voltaires mit der unwiderleglichen Ironie des deutschen Philosophen, dessen Einfluß seither nicht mehr auszulöschen ist. Ob man ihm widerspricht, sich erregt, ereifert oder empört: Schopenhauer hat die Menschheit mit dem Kainsmal seiner Verachtung und seines Skeptizismus gezeichnet.
Er, der selber ein enttäuschter Genießer war, hat Glaube, Hoffnung, Poesie, jeden schönen Schein vernichtet, das Vertrauen der Seelen ausgerottet, die Liebe getötet, den idealisierenden Kult der Frau zu Fall gebracht, alle Illusionen abgewürgt; er hat das Ungeheuerlichste an Skeptizismus vollendet, das jemals unternommen worden ist. Er hat mit seinem Hohn alles durchpflügt und alles ausgehöhlt. Und heute noch leben im Geist selbst derer, die ihn schmähen, seine Gedanken fort.« (Über Arthur Schopenhauer, hrsg. von Gerd Haffmans, Zürich [2]1978, S. 215 f.)
↑ Erinnerungen an Schopenhauer

Gelehrte »Schon die Kinder haben meistens den unsäligen Hang, statt die Sache verstehn zu wollen, sich mit den Worten zu begnügen und diese auswendig zu lernen, um sich vorkommen-

den Falls damit heraus zu helfen. Dieser Hang bleibt nachher und macht, daß das Wissen vieler Gelehrten ein bloßer Wortkram ist.« (P II, § 373, 666) Diese Gelehrte haben sich dumm gelesen.
↑ Abrichtung, Wolkengebilde der Vernunft

Gemüt »Das menschliche Gemüth hat Tiefen, Dunkelheiten und Verwickelungen, welche aufzuhellen und zu entfalten, von der äußersten Schwierigkeit ist.« (W I, § 69, 476; vgl. W II, Kap. 19, 268)
↑ Theaterdirektor meiner Träume, Unter der Oberfläche, Wahnsinn

Genie Hinter dem Terminus »Genie« steht die Theorie eines alternativen Erkennens, das nicht im Dienst der neuzeitlichen Naturbeherrschung und Welteroberung steht. Es bedarf einiger Anstrengung, die ursprüngliche Lebendigkeit von Erfahrung und Denken, die dieser Begriff versammelt, wieder freizulegen. Genie ist ein ins Extrem gesteigerter Gegenbegriff zu einem verdinglichenden, seinen Gegenstand vereinnahmenden Denken.
»Alles Urdenken geschieht in Bildern: darum ist die Phantasie ein so nothwendiges Werkzeug desselben.« (W II, Kap. 7, 77; vgl. Kap. 31, 433) Das Genie erschaut intuitiv im bildhaften Urdenken, das durch Phantasie vertieft und gesteigert wird, die Platonischen Ideen. Es erblickt in ihnen das, was an den anschaubaren Erscheinungen der Welt das Ewige und Bleibende ist. Aus dieser *vorrationalen, vorbegrifflichen* »anschauenden Erkenntniß«, in der der Intellekt sich vom Willen zeitweilig befreit, entspringen alle »ächten« Werke der bildenden Künste, der Poesie und der Philosophie (zur Sonderrolle der Musik vgl. W I, § 52, 302 ff.). Der durchschnittliche Mensch wird durch sein subjektiv-egoistisches, vorwiegend plattes Nützlichkeitsdenken bestimmt, der geniale sieht (mit Einschränkungen) das Objektive, die Dinge an sich selbst. Dort, im Individuum, im Egoismus, sind alle Vorstellungen dem Satz vom Grund unterworfen; hier, im überindividuellen Blick, ist die Vorstellung unabhängig von dieser verendlichenden, alles relativierenden Erkenntnisweise. »Während dem gewöhnlichen Menschen sein Erkenntnißvermögen die Laterne ist, die seinen Weg beleuchtet, ist es dem

Genialen die Sonne, welche die Welt offenbar macht.« (W I, § 36, 221)

Die Fähigkeit des Genies wurzelt nicht im abstrakten, diskursiven, sondern im anschauenden Erkennen. Die Anschauung ist nicht nur die Quelle aller Erkenntnis, sondern sie ist die Erkenntnis schlechthin. Sie allein ist die »unbedingt wahre, die ächte, die ihres Namens vollkommen würdige Erkenntniß« (W II, Kap. 7, 83). »Eine *anschauliche* Auffassung ist allemal der Zeugungsproceß gewesen, in welchem jedes ächte Kunstwerk, jeder unsterbliche Gedanke, den Lebensfunken erhielt. [...] Aus *Begriffen* hingegen entspringen die Werke des bloßen Talents, die bloß vernünftigen Gedanken, die Nachahmungen und überhaupt alles auf das gegenwärtige Bedürfniß und die Zeitgenossenschaft allein Berechnete.« (W II, Kap. 31, 432 f.) Abstrakte Gedanken, die keinen anschaulichen Kern haben, gleichen »Wolkengebilden ohne Realität« (W II, Kap. 7, 77).

Schopenhauer geht es zunächst um eine Verdeutlichung: Die meisten Bücher sind nicht aus der »Urquelle aller Erkenntniß« geschöpft, weshalb sie mittelmäßig und langweilig, wenn nicht gar unverständlich oder nichtssagend sind. Der jeweilige Verfasser hat zwar, wenn sie nicht ganz schlecht sind, gedacht, aber nicht geschaut. Er hat aus der Reflexion, nicht aus der Intuition (Anschauung) geschrieben: »Ich will«, schreibt Schopenhauer, »den hier berührten Unterschied durch ein ganz leichtes und einfaches Beispiel erläutern. Jeder gewöhnliche Schriftsteller wird leicht das tiefsinnige Hinstarren, oder das versteinernde Erstaunen, dadurch schildern, daß er sagt: ›Er stand wie eine Bildsäule‹; aber *Cervantes* sagt: ›wie eine bekleidete Bildsäule: denn der Wind bewegte seine Kleider.‹ (Don Quijote, B. 6, Kap. 19.) Solchermaaßen haben alle große Köpfe stets *in Gegenwart der Anschauung gedacht* und den Blick unverwandt auf sie geheftet, bei ihrem Denken.« (W II, Kap. 7, 78) – Schopenhauer gewährt an dieser Stelle zugleich einen Blick in seine Denk- und Schreibwerkstatt. Er selbst sucht durchweg »in Gegenwart der Anschauung« zu denken, den Begriff aus der Anschauung zu bereichern. Sein gesamtes Werk ist gespickt mit Metaphern, mit bildhaften Vergleichen und Veranschaulichungen. Gerade hierin, im Urdenken in Bildern, wie er es glänzend und beispielhaft auch im Kapitel »Vom Genie« (W II, Kap. 31) vorführt, sieht

Schopenhauer ein Charakteristikum von Genialität: »Allein, während Begriffe mit Begriffen zu vergleichen so ziemlich Jeder die Fähigkeit hat, ist Begriffe mit Anschauungen zu vergleichen eine Gabe der Auserwählten: sie bedingt, je nach dem Grade ihrer Vollkommenheit, Witz, Urtheilskraft, Scharfsinn, Genie.« (W II, Kap. 7, 77)

Entscheidend ist: Es geht beim Genie nicht nur um den Vorrang der Anschauung gegenüber dem Begriff. Dieser Vorrang gilt bei Schopenhauer für jede Erkenntnis. Es geht um den »Grad der Schärfe, Richtigkeit und Tiefe«, mit dem angeschaut wird, sowie um die Erzeugung schöner, bedeutender Werke. Ausschlaggebend ist, ob im einzelnen Ding das Allgemeine, die Gattung, die Platonische Idee geschaut (nicht gedacht) wird und ob diese Idee ihre adäquate Mitteilung im künstlerischen oder philosophischen Werk findet. – Auch wenn Schopenhauer häufig von »Erkenntniß« der Idee spricht, so meint er doch damit vorrangig die *anschauliche* Auffassung der Welt. Ein begrifflich vermitteltes Reflektieren über diese »Erkenntniß« ist von *zweitrangiger* Natur. Der Begriff gleicht einem toten Behältnis, die Idee einem lebendigen Organismus.

Das Genie wird bei seiner »Erkenntniß« zum »reinen Subjekt des Erkennens«. Das eigene Individuum, das »individuale Ich«, der eigene Wille, ist vergessen. Die Dinge werden nicht mehr unter dem Blickwinkel des begehrenden Willens betrachtet. Das ganze Bewußtsein wird eingenommen durch die Kontemplation des gerade gegenwärtigen Gegenstandes, sei es eine Landschaft, ein Baum, ein Fels. Das Genie ist »vollkommenste Objektivität« (W I, § 36, 218). Es ist, als ob der Gegenstand allein da wäre, ohne jemanden, der ihn wahrnimmt. Dieses so aufgefaßte Bild des Gegenstands ist seine Idee. »Das *punctum saliens* jedes schönen Werkes, jedes großen oder tiefen Gedankens, ist eine ganz objektive Anschauung. Eine solche aber ist durchaus durch das völlige Schweigen des Willens bedingt, welches den Menschen als reines Subjekt des Erkennens übrig läßt. Die Anlage zum Vorwalten dieses Zustandes ist eben das Genie.« (W II, Kap. 30, 424)

In diesem Zustand der »Vollkommenheit und Energie der *anschauenden* Erkenntniß« (W II, Kap. 31, 430), dem Zustand der völligen Entäußerung als »klares Weltauge«, verharrt das Genie, »so anhaltend und mit so viel Besonnenheit, als nöthig

ist, um das Aufgefaßte durch überlegte Kunst zu wiederholen« (W I, § 36, 219).
Normalerweise beschränkt sich das menschliche Erkennen – wie auch das der Tiere – auf die Befriedigung materieller Bedürfnisse wie »Essen, Trinken und sich Begatten« sowie auf lebenspraktische Erfordernisse jeder Art. Dieser subjektive, von Interessen geleitete Gebrauch des Intellekts ist der natürliche. Der Kopf ist in der Regel ein »Diener des Bauches«, ein »Sklave der Nothdurft« (vgl. P II, § 50, 72 ff.) oder grundsätzlicher gesagt: Der Intellekt ist eine Funktion des Willens zum Leben.
Auch das Genie ist in diesen Funktionsrahmen der Natur eingeordnet, sprengt ihn aber durch ein »abnormes Uebermaß des Intellekts«, durch einen »Ueberschuß« an »vorstellender Kraft des Gehirns« (W II, Kap. 31, 431) auf. Um die Sache faßlich – anschaubar – zu machen, spricht Schopenhauer (in einem nicht exakt wörtlich zu verstehenden Sinn) davon, daß der Normalmensch aus $^2/_3$ Wille und $^1/_3$ Intellekt besteht, das Genie dagegen aus $^2/_3$ Intellekt und $^1/_3$ Wille. Hinzu kommt beim Genie noch die Begabung zur Phantasie, die stets frische Nahrung aus der »Urquelle aller Erkenntniß, dem Anschaulichen« (W II, Kap. 31, 433), schöpfen läßt und die Beweglichkeit und Unabhängigkeit des Intellekts fördert. Zum Phantasiebegabten verhält sich der Phantasielose »wie zum freibeweglichen, ja geflügelten Thiere die an ihren Felsen gekittete Muschel, welche abwarten muß, was der Zufall ihr zuführt. Denn ein Solcher kennt keine andere, als die wirkliche Sinnesanschauung: bis sie kommt, nagt er an Begriffen und Abstraktionen, welche doch nur Schaalen und Hülsen, nicht der Kern der Erkenntniß sind. Er wird nie etwas Großes leisten« (W II, Kap. 31, 433).
Aufgrund dieser Voraussetzungen kommt es beim Genie zeitweilig zur »völligen Ablösung des Intellekts von seiner Wurzel, dem Willen« (W II, Kap. 31, 438). Das Genie emanzipiert sich kurzfristig vom Dienst des Willens. Dies gibt ihm den »Anstrich großer, gleichsam überirdischer Heiterkeit«, zumal es sonst wegen seiner gesteigerten Sensibilität besonders schwer an seinen irdischen Ketten zu tragen hat. Genie und Werk sind entfesselt. »Was man das Regewerden des Genius, die Stunde der Weihe, den Augenblick der Begeisterung nennt, ist nichts Anderes, als das Freiwerden des Intellekts, wann dieser, seines Dien-

stes unter dem Willen einstweilen enthoben, jetzt nicht in Unthätigkeit oder Abspannung versinkt, sondern, auf eine kurze Weile, ganz allein, aus freien Stücken, thätig ist. Dann ist er von der größten Reinheit und wird zum klaren Spiegel der Welt: denn, von seinem Ursprung, dem Willen, völlig abgetrennt, ist er jetzt die in *einem* Bewußtseyn koncentrirte Welt als Vorstellung selbst. In solchen Augenblicken wird gleichsam die Seele unsterblicher Werke erzeugt. Hingegen ist bei allem absichtlichen Nachdenken der Intellekt nicht frei, da ja der Wille ihn leitet und sein Thema ihm vorschreibt.« (W II, Kap. 31, 434 f.) »Der *gute Wille* ist in der *Moral* Alles; aber in der *Kunst* ist er nichts.« (W II, Kap. 31, 439)

Die Werke des Genius gehen nicht aus Absicht oder Willkür hervor, sondern aus einer »instinktartigen Nothwendigkeit«. Sie sind, was die »künstlerische Urerkenntniß« angeht, charakterisiert durch das »Unvorsätzliche, Unabsichtliche, ja, zum Theil Unbewußte und Instinktive« (P II, § 206, 446). Die Produktionen des Genies dienen keinen nützlichen Zwecken. »Es werde musicirt, oder philosophirt, gemalt, oder gedichtet; – ein Werk des Genies ist kein Ding zum Nutzen. Unnütz zu seyn, gehört zum Charakter der Werke des Genies: es ist ihr Adelsbrief. Alle übrigen Menschenwerke sind da zur Erhaltung, oder Erleichterung unserer Existenz; bloß die hier in Rede stehenden nicht: sie allein sind ihrer selbst wegen da, und sind, in diesem Sinn, als die Blüthe, oder der reine Ertrag des Daseyns anzusehn. Deshalb geht beim Genuß derselben uns das Herz auf: denn wir tauchen dabei aus dem schweren Erdenäther der Bedürftigkeit auf.« (W II, Kap. 1, 444)

Genialität ist das Freiwerden des Intellekts vom Willen. Das Genie tritt geradezu aus der Welt der alltäglichen Zwänge und Leidenschaften heraus und tanzt über sie in eigener Regie hinweg, nimmt gleichsam in den Rängen der Götter Platz und genießt, frei von Qual, das große Schauspiel der Welt: Schopenhauer drückt dies in einem Bild mit großer geistesgeschichtlicher Tradition aus, das zugleich als Allegorie seiner Kunstphilosophie, wenn nicht gar seines Hauptwerks, der *Welt als Wille und Vorstellung*, insgesamt gelesen werden kann: »Der Intellekt des Normalmenschen, streng an den Dienst seines Willens gebunden, mithin eigentlich bloß mit der Aufnahme der

Motive beschäftigt, läßt sich ansehn als der Komplex von Drahtfäden, womit jede dieser Puppen auf dem Welttheater in Bewegung gesetzt wird. Hieraus entspringt der trockene, gesetzte Ernst der meisten Leute, der nur noch von dem der Thiere übertroffen wird, als welche niemals lachen. Dagegen könnte man das Genie, mit seinem entfesselten Intellekt, einem unter den großen Drahtpuppen des berühmten Mailändischen Puppenthaters mitspielenden, lebendigen Menschen vergleichen, der unter ihnen der Einzige wäre, welcher Alles wahrnähme und daher gern sich von der Bühne auf eine Weile losmachte, um aus den Logen das Schauspiel zu genießen: - das ist die geniale Besonnenheit.« (W II, Kap. 31, 442)

Im Alltag dagegen tut sich das Genie schwer. Für das praktische Leben ist es oft ungeeignet. Im Vergleich mit der »großen Mehrzahl der Menschen«, die geschickt auf ihren Vorteil achten, steht es auf der Verliererseite. »Man kann Beide [das Genie und den Durchschnittsmenschen] vergleichen mit zwei Schachspielern, denen man, in einem fremden Hause, ächt chinesische, überaus schön und künstlich gearbeitete Schachfiguren vorgesetzt hätte. Der Eine verliert, weil die Betrachtung der Figuren ihn stets abzieht und zerstreut; der Andere, ohne Interesse für so etwas, sieht in ihnen bloße Schachfiguren und gewinnt.« (P II, § 50, 73)

Bei Schopenhauers Versuch, das Wesen des Genies zu erfassen, Einsicht in die teilweise unbewußte, schöpferisch-»erkennende« Ursprünglichkeit des Menschen zu gewinnen, spielen Vergleiche, Gleichnisse und vor allem *Metaphern* - als Verdichtungen von Gleichnissen - eine wichtige Rolle. In seine rationale Sprache, die die Aussagen argumentativ begründet, ist bei näherem Hinsehen eine eher dichterische Sprache eingeschrieben. Welche Bedeutung haben die Metaphern bei Schopenhauer?

In der europäischen Tradition, die Schopenhauer gut kennt, ist eine Metapher (griech. *metaphora*, lat. *translatio*) zunächst einmal eine »Übertragung« der Bedeutung eines Wortes auf ein anderes Wort. Beispielsweise das Wort »Adler« als Metapher für die Macht, für das Herrschen. Eine Metapher ist ein uneigentlicher sprachlicher Ausdruck, eine übertragene bildhafte Bedeutung eines Wortes. Wesentlich für eine Metapher ist die Ersetzung eines Ausdrucks durch einen anderen aufgrund einer gesehenen Gemeinsamkeit. Aristoteles sagt in seiner *Poetik*: »Bei weitem das Größte ist es, Gleichnisse zu finden. Denn dieses allein kann man nicht von einem andern lernen, sondern es ist ein Zeichen einer genialen Natur. Denn um gute Gleichnisse zu bilden, muß man das Gleichartige erkennen.« (1459 a 7) Und in seiner *Rhetorik* heißt es: »Auch in der Philosophie das Gleichartige, auch in Weitauseinanderliegendem, zu finden, ist ein Zeichen von Scharfsinn.« (1412 a 13) Schopenhauer kennt diese Stellen (vgl. P II, §289, 585) und viele andere Quellen dieser Art. Von dem Spanier Baltasar Gracián (1601–1658), den er im Original liest (und sogar übersetzt), besitzt er z. B. das Werk *Agudeza y arte de ingenio*.

Dadurch daß Schopenhauer viele Metaphern verwendet, kann er den von ihm proklamierten Vorrang der Anschauung gegenüber dem Begriff zur Geltung bringen. Seine dichterische Sprache sorgt durch lebhafte Bilder für das *Gegenwärtigsein* der Anschauung während seines eigenen Philosophierens, während des Denkens mit abstrakten Begriffen. Allem Anschein nach sind die Metaphern bei Schopenhauer kein äußerlich hinzukommendes, lediglich schmückendes Stilmittel, auf das ebensogut verzichtet werden könnte. Sie stellen vielmehr durch ihre Verwiesenheit auf Anschauung sowie auf das Sehen von Gleichartigem selbst eine Art ursprüngliche, vorrational-vorbegriffliche Hervorbringung, Konzeption oder Generierung von Bedeutungen dar. Sie decken etwas auf, was vorher noch nicht gesehen wurde, und ermöglichen neue Gedanken, Einfälle, Ergänzungen, Blickwechsel.

Schopenhauer selbst legt der Metapher – Metapher hier in einem weiten Sinn verstanden – eine grundsätzliche *philosophische* (und nicht nur literarische) Bedeutung bei. Dies geht aus folgender Äußerung in seinem Alterswerk hervor: »*Gleichnisse* sind von großem Werthe; sofern sie ein unbekanntes Verhältniß auf ein bekanntes zurückführen. Auch die ausführlicheren Gleichnisse, welche zur Parabel, oder Allegorie anwachsen, sind nur die Zurückführung irgend eines Verhältnisses auf seine einfachste, anschaulichste und handgreiflichste Darstellung. – Sogar beruht alle Begriffsbildung im Grunde auf Gleichnissen; sofern sie aus dem Auffassen des Aehnlichen, und Fallenlassen des Unähnlichen in den Dingen erwächst.« (P II, §289, 584) –

Friedrich Nietzsche radikalisiert diesen Gedanken erkenntnis- und moralkritisch in seiner kleinen Schrift *Über Wahrheit und Lüge im außermoralischen Sinn,* die u. a. den scheinbar festen Boden der Begriffe zum Einsturz zu bringen sucht.
Auch die speziellen Metaphern, die Schopenhauer in seinen Werken benutzt, um Wesentliches über das Genie – gleichsam selbst mit Genie – herauszufinden, sind fast unüberschaubar. Um das Ausmaß einmal wirklich angemessen würdigen zu können, sind im Folgenden eine ganze Reihe von Beispielen aufgezählt. Schopenhauer vergleicht das Genie mit einem »Diamanten« (W II, Kap. 31, 444; N, 32), einer »Eiche« (P I, 170; P II, § 387, 687), einem »Fixstern« (E, XXIX; P II, § 237, 483), einem »Fürsten« (W I, § 49, 276), einer Gartenrose« (HN I, 478), einem »großen Gebäude« auf »engem Platz« (P II, § 242, 505), einem »Speer« (W II, Kap. 31, 447), einem »Insekt« (P II, § 60, 92), einem »Karfunkel« (P II, § 56, 81), einem »Kinde« (W II, Kap. 31, 451ff.; P II, § 210, 451), einem »Klavier« (P I, 451), einem »Kometen« (W II, Kap. 31, 447), der abgeschossenen »Kugel« einer »Pistole« (LF, 186), »Memnons Säule« (W II, Kap. 3, 34), einer »Oase« (P II, § 390, 688), einem vornehmen »Reisenden« (P II, § 57, 85), einem »Reiter« (W II, Kap. 15, 162), der »Schweiz« (P II, § 380, 684), dem »Stern-Teleskop« (W II, Kap. 15, 161; P II, § 60, Anhang, 95), einem »edlen Staatsgefangenen unter gemeinen Verbrechern« (P II, § 156, 322), einer schönen »geschmückten Vase« (W II, Kap. 31, 444), dem »Wahnsinn« (W I, § 36, 224 und 225; P II, § 206, 446 f.).
Auch der »Montblanc« dient als Vergleich: »Die so häufig bemerkte trübe Stimmung hochbegabter Geister hat ihr Sinnbild am *Montblanc,* dessen Gipfel meistens bewölkt ist: aber wann bisweilen, zumal früh Morgens, der Wolkenschleier reißt und nun der Berg vom Sonnenlichte roth, aus seiner Himmelshöhe über den Wolken, auf *Chamouni* herabsieht; dann ist es ein Anblick, bei welchem Jedem das Herz im tiefsten Grunde aufgeht.« (W II, Kap. 31, 438 f.)
↑ Anschauung und Begriff, Reines Subjekt des Erkennens, Bildende Kunst, Wille und Intellekt

Genuß und Schmerz »Wer die Behauptung, daß, in der Welt, der Genuß den Schmerz überwiegt, oder wenigstens sie einander die Waage halten, in der Kürze prüfen will, vergleiche die

Empfindung des Thieres, welches ein anderes frißt, mit der dieses andern.« (P II, § 149, 310)
↑ Beste aller möglichen Welten, Täuschung und Enttäuschung

Geschichte Die Geschichte steht rangmäßig unter der Dichtkunst, die im endlosen Wirrwarr der Veränderungen das Allgemeine und Bleibende, das Wesentliche der Menschheit besser erkennt. Gleichwohl hat sie ein ganz eigentümliches Gebiet, auf dem sie höchst ehrenvoll dasteht, denn was die Vernunft dem Individuum bedeutet, das bedeutet die Geschichte dem menschlichen Geschlecht.
«Ein Volk, das seine eigene Geschichte nicht kennt, [ist] auf die Gegenwart der jetzt lebenden Generationen beschränkt: daher versteht es sich selbst und seine eigene Gegenwart nicht; weil es sie nicht auf eine Vergangenheit zu beziehn und aus dieser zu erklären vermag; noch weniger kann es die Zukunft anticipiren. Erst durch die Geschichte wird ein Volk sich seiner selbst vollständig bewußt. Demnach ist die Geschichte als das vernünftige Selbstbewußtseyn des menschlichen Geschlechtes anzusehn, und ist diesem Das, was dem Einzelnen das durch die Vernunft bedingte, besonnene und zusammenhängende Bewußtseyn ist, durch dessen Ermangelung das Thier in der engen, anschaulichen Gegenwart befangen bleibt. Daher ist jede Lücke in der Geschichte wie eine Lücke im erinnernden Selbstbewußtseyn eines Menschen [...]. In diesem Sinne also ist die Geschichte anzusehn als die Vernunft, oder das besonnene Bewußtseyn des menschlichen Geschlechts, und vertritt die Stelle eines dem ganzen Geschlechte unmittelbar gemeinsamen Selbstbewußtseyns, so daß erst vermöge ihrer dasselbe wirklich zu einem Ganzen, zu einer Menschheit, wird. Dies ist der wahre Werth der Geschichte; und dem gemäß beruht das so allgemeine und überwiegende Interesse an ihr hauptsächlich darauf, daß sie eine persönliche Angelegenheit des Menschengeschlechts ist.« (W II, Kap. 38, 509)
↑ Yukatan, Wahnsinn

Geschissene Scheiße In einer privaten Notiz von 1838 heißt es: »Nur die *eigenen Gedanken* haben Wahrheit und Leben; denn nur die eigenen Gedanken versteht man ganz. Fremde, gelesene Gedanken sind geschissene Scheiße.« (HN IV 1, 255)

1844 nimmt Schopenhauer diesen Gedanken in einer moderaten und nicht auf ihn selbst anwendbaren Form in sein Hauptwerk auf: »Meine Gedanken verscheuchen, um denen eines Buches Platz zu machen, käme mir vor, wie was Shakespeare an den Touristen seiner Zeit tadelt, daß sie ihr eigen Land verkaufen, um Anderer ihres zu sehn.« (W II, Kap. 7, 85)
↑ Mit eigenen Augen

Geschlechtstrieb Die Sexualität ist der unsichtbare Mittelpunkt der Menschenwelt. Überall guckt das »Geschlechtsverhältniß« trotz allen ihm übergeworfenen Schleiern hervor. »Es ist die Ursache des Krieges und der Zweck des Friedens, die Grundlage des Ernstes und das Ziel des Scherzes, die unerschöpfliche Quelle des Witzes, der Schlüssel zu allen Anspielungen und der Sinn aller geheimen Winke, aller unausgesprochenen Anträge und aller verstohlenen Blicke, das tägliche Dichten und Trachten der Jungen und oft auch der Alten, der stündliche Gedanke des Unkeuschen und die gegen seinen Willen stets wiederkehrende Träumerei des Keuschen, der allezeit bereite Stoff zum Scherz, eben nur weil ihm der tiefste Ernst zum Grunde liegt. Das aber ist das Pikante und der Spaaß der Welt, daß die Hauptangelegenheit aller Menschen heimlich betrieben und ostensibel möglichst ignorirt wird. In der That aber sieht man dieselbe jeden Augenblick sich als den eigentlichen und erblichen Herrn der Welt, aus eigener Machtvollkommenheit, auf den angestammten Thron setzen und von dort herab mit höhnenden Blicken der Anstalten lachen, die man getroffen hat, sie zu bändigen, einzukerkern, wenigstens einzuschränken und wo möglich ganz verdeckt zu halten, oder doch so zu bemeistern, daß sie nur als eine ganz untergeordnete Nebenangelegenheit des Lebens zum Vorschein komme. – Dies Alles aber stimmt damit überein, daß der Geschlechtstrieb der Kern des Willens zum Leben, mithin die Koncentration alles Wollens ist; daher eben ich im Texte die Genitalien den Brennpunkt des Willens genannt habe. Ja, man kann sagen, der Mensch sei konkreter Geschlechtstrieb; da seine Entstehung ein Kopulationsakt und der Wunsch seiner Wünsche ein Kopulationsakt ist, und dieser Trieb allein seine ganze Erscheinung perpetuirt und zusammenhält.« (W II, Kap. 42, 588)

In den *Philosophischen Vorlesungen* heißt es ergänzend und noch prägnanter als im ersten Band des Hauptwerks: »Die Genitalien [sind] der eigentliche *Brennpunkt des Willens* und daher der entgegengesetzte Pol des Gehirns, welches der Repräsentant der Erkenntniß ist, der andern Seite der Welt, der Welt als Vorstellung. Der Trieb zur Wollust brennt fortwährend in uns, weil er die Aeußerung der Basis unsers Lebens, des Radikalen unsers Daseyns ist, des Willens: er muß fortwährend durch die Vorstellung unterdrückt und verdrängt werden, wenn wir nur im Zustand des klaren Bewußtseyns bleiben wollen, d. h. des dem Wollen entgegengesetzten Zustandes der Erkenntniß: jener Trieb ergreift aber jede Gelegenheit um hervorzutreten: wie ein wildes Thier stets aus dem Käfig hervorzubrechen bestrebt ist. Die Genitalien sind das lebenerhaltende, der Zeit endloses Leben zusichernde Princip: die Erkenntniß dagegen giebt die Möglichkeit der Aufhebung des Wollens, der Erlösung durch Freiheit, der Vernichtung der Welt.« (VN IV, Kap. 5, 141; vgl. W I, § 60, 390)
↑ Essen, Geilheit, Automaten, Leben

Gesundheit des Geistes »Die vollkommne Gesundheit des Geistes besteht in der deutlichen und ganz gleichmäßig zusammenhängenden Rückerinnerung des eignen Lebenslaufs und seiner Erfahrungen.« (VN I, Kap. 3, 396 f.)
↑ Wahnsinn

Gewalt Ursprünglich herrscht nicht das Recht, sondern die Gewalt auf Erden, weshalb sie sich nie annullieren und wirklich aus der Welt schaffen läßt. »Das Recht an sich selbst ist machtlos: von Natur herrscht die Gewalt. Diese nun zum Rechte hinüber zu ziehn, so daß mittelst der Gewalt das Recht herrsche, Dies ist das Problem der Staatskunst. Und wohl ist es ein schweres. Man wird Dies erkennen, wenn man bedenkt, welch ein gränzenloser Egoismus fast in jeder Menschenbrust nistet, zu welchem meistens noch ein angehäufter Vorrath von Haß und Bosheit sich gesellt, so daß ursprünglich [...] [der Streit die Liebe] bei Weitem überwiegt; und nun dazu nimmt, daß viele Millionen so beschaffener Individuen es sind, die in den Schranken der Ordnung, des Friedens, der Ruhe und Gesetzlichkeit gehalten werden sollen, während doch ursprünglich Jeder das

Recht hat, zu Jedem zu sagen ›was Du bist, bin ich auch!‹ Dies wohl erwogen, muß man sich wundern, daß es im Ganzen noch so ruhig und friedlich, rechtlich und ordentlich in der Welt hergeht, wie wir es sehn; welches doch die Staatsmaschine allein zu Wege bringt.« (P II, § 127, 266)
↑ Staat

Gewisse Worte »Bei gewissen Worten, wie da sind Recht, Freiheit, das Gute, das Seyn (dieser nichtssagende Infinitiv der Kopula) u. a. m. wird dem Deutschen ganz schwindlich, er geräth alsbald in eine Art Delirium und fängt an, sich in nichtssagenden, hochtrabenden Phrasen zu ergehn.« (P II, § 120, 256)
Das ist noch nicht alles: »Dem Deutschen, wenn man ihm von Ideen redet (zumal wenn man [sie wie Hegel schwäbisch] Uedähen ausspricht), fängt an, der Kopf zu schwindeln, alle Besonnenheit verläßt ihn, ihm wird, als solle er mit dem Luftballon aufsteigen.« (G, § 34, 113)
↑ Sein, Anschauung und Begriff, Wolkenkuckucksheim

Gift Unter den Schopenhauer-Anekdoten finden sich viele, die den Philosophen zusammen mit seinem Hund aufs Korn nehmen. Sie sind oft frei erfunden oder phantasievoll ausgeschmückt, treffen aber immer wieder etwas Charakteristisches, z. B. Schopenhauers Liebe zu seinen Hunden. Friedrich Stoltzes »Erinnerungen an Arthur Schopenhauer« (*Frankfurter Latern*, 25. Februar 1888) sind hierfür ein gutes Beispiel:
Schopenhauer passierte etwas mit seinem Pudel, den er bisweilen zur Provokation seiner Mitmenschen »Mensch« rief, »aber etwas ganz Unmenschliches und zwar in meinem Garten [. . .] Ich hatte mir, um den ›Mensch‹ aus dem unteren Garten zu verjagen, wo er unter meinen Hühnern und Enten Unheil anrichten konnte, eine Peitsche geholt und knallte damit schon im oberen Garten. Schopenhauer eilte herbei, kam an den Garten und frug mich, ob sein Hund noch immer im Garten sei.
›Freilich, Herr Professor‹, sagte ich, und dachte dabei: Na warte, er soll sobald nicht wiederkommen! ›Freilich, Herr Professor, und leider, denn im unteren Garten, wo er sich befindet, ist Gift gelegt für die Marder, denn neulich erst war einer im Hühnerhaus, im Entenhaus und im Taubenschlag.‹

›Gift? Um Gottes willen! Atma! Atma! Atma! Atma komm hier! Willst du gleich kommen!‹ rief der Professor in den unteren Garten hinab.
Atma kam, und man sah es seiner Schnauze an, daß er etwas gefressen hatte.
›Da haben wir's!‹ sagte ich, ›da haben wir's! Er hat richtig von dem Gift gefressen. Ich sehe es an dem Stückchen Papier, das ihm noch an dem Maule klebt. In solches Papier war das mit Arsenik vergiftete rohe Fleisch gewickelt!‹
›Arsenik? Armer Atma! Haben Sie für Geld und gute Worte keine Milch, so viel als Sie im Hause haben!‹
›Gewiß, Herr Professor. Es geschieht aus *Menschenpflicht*.‹
Er lächelte schmahl. Ich aber rief meiner Frau: ›Mary, bringe doch gleich einen Kumpen voll Milch!‹
Meine Frau brachte einen Kumpen voll Milch.
›Der Hund des Herrn Professor hat Gift gefressen‹, sagte ich.
›Gift? Danach sieht der Hund aber gar nicht aus; er ist ja ganz vergnügt und munter. Wo soll er denn das Gift gefressen haben?‹
›Da unten im Garten‹, sagte der Herr Professor ganz tonlos.
Meine Frau sah mich an und schüttelte den Kopf. Mittlerweile hatte der Pudel mit großer Begierde und mit fortwährendem Schwänzeln den Kumpen schon halb leer gesoffen. Da zog ich erschrocken den Kumpen weg, schüttete ihn aus und sagte zu meiner Frau: ›Mary, du hast dich vergriffen! Du hast Kalkmilch gebracht, Kalkbrühe, mit welcher ich die Obstbaumstämme anstreichen wollte, die so von den Raupen heimgesucht werden!‹
›Kalkbrühe!‹ rief der Professor. ›Auch das noch! Haus des Unglücks! Garten der Hölle! Fort, Atma, fort!‹
Und fort eilte er zum Garten hinaus und sein Pudel sprang munter neben ihm her.« (Ge, 284 f.)
↑ Pudel, Haushälterin

Gläserne Hohlkugel »Sobald wir [...] in uns gehn und uns, indem wir das Erkennen nach innen richten, ein Mal völlig besinnen wollen; so verlieren wir uns in eine bodenlose Leere, finden uns gleich der gläsernen Hohlkugel, aus deren Leere eine Stimme spricht, deren Ursache aber nicht darin anzutreffen ist, und indem wir so uns selbst ergreifen wollen, erhaschen wir,

mit Schaudern, nichts, als ein bestandloses Gespenst.« (W I, § 54, 327)
↑ Subjekt und Objekt

Glaubensstreitigkeit »Man bedenke, wohin es mit den Anmaaßungen der Priesterschaft jeder Religion kommen würde, wenn der Glaube an ihre Lehren so fest und blind wäre, wie jene eigentlich wünscht. Man sehe dabei zurück auf alle Kriege, Unruhen, Rebellionen und Revolutionen in Europa vom achten bis zum achtzehnten Jahrhundert: wie wenige wird man finden, die nicht zum Kern, oder zum Vorwand, irgend eine Glaubensstreitigkeit, also metaphysische Probleme, gehabt haben, welche der Anlaß wurden, die Völker auf einander zu hetzen. Ist doch jenes ganze Jahrtausend ein fortwährendes Morden, bald auf dem Schlachtfeld, bald auf dem Schafott, bald auf den Gassen,– in metaphysischen Angelegenheiten!« (W II, Kap. 17, 208 f.)
Je mehr einer zu wissen glaubt, desto dümmer und gefährlicher kann er sein. Schopenhauer begegnet dem allgemeinen Töten nicht nur mit seiner Ethik des Mitleids, sondern auch mit einer Art wissendem Nichtwissen, das in seine Philosophie eingeschrieben ist und in das sie ausläuft: skeptisches Denken gegen fundamentalistisches (vgl. z. B. Schluß von VN IV sowie W II, Kap. 17, 206).
↑ Metaphysisches Bedürfnis, Dunkelheit des Lebens, Leidensgefährte

Glückseligkeit »Das *Geld* ist die menschliche Glücksäligkeit *in abstracto*; daher, wer nicht mehr fähig ist, sie *in concreto* zu genießen, sein ganzes Herz an dasselbe hängt.« (P II, § 320, 624)
↑ Reichtum

Glühende Kohlen »Vergleichen wir das Leben einer Kreisbahn aus glühenden Kohlen, mit einigen kühlen Stellen, welche Bahn wir unablässig zu durchlaufen hätten; so tröstet den im Wahn Befangenen die kühle Stelle, auf der er jetzt eben steht, oder die er nahe vor sich sieht, und er fährt fort die Bahn zu durchlaufen. Jener aber, der das *principium individuationis* durchschauend, das Wesen der Dinge an sich und dadurch das Ganze erkennt, ist solchen Trostes nicht mehr empfänglich: er sieht sich an allen

Stellen zugleich, und tritt heraus. – Sein Wille wendet sich, bejaht nicht mehr sein eigenes, sich in der Erscheinung spiegelndes Wesen, sondern verneint es.« (W I, § 68, 448 f.)
↑ Resignation, Principium individuationis

Gott Über Gott gibt es viele Äußerungen von Schopenhauer, den man getrost einen Atheisten nennen darf, auch wenn er diese Bezeichnung nicht schätzt. Der personhaft gedachte jüdisch-christliche Schöpfergott ist ihm schon aus moralischen Gründen eine unerträgliche Zumutung: »Wenn ein Gott diese Welt gemacht hat, so möchte ich nicht der Gott seyn: ihr Jammer würde mir das Herz zerreißen.« (HN III, 57) Nicht besser kommen die pantheistischen Gottesvorstellungen weg, die Gott und Welt zusammenfallen lassen: »*Pantheismus*? – Das wäre ein sauberer *Gott*, der verkörpert nichts Besseres darstellte, als diese zappelnde, leidende, blutende, sterbende Welt, deren Wesen eines das andre fressen und nur dadurch bestehn. Eine herrliche *Theophanie*!« (HN IV 1, 142) Karl von Holtei berichtet in seinem Buch *Nachlese. Erzählungen und Plaudereien* (Breslau 1870) von religiösen Streitigkeiten zwischen Schopenhauer und Ludwig Tieck: »Als Tieck [...] von Gott gesprochen, war Schopenhauer, wie von der Tarantel gestochen, aufgesprungen, sich gleich einem Brummkreisel umherdrehend und mit höhnischem Gelächter wiederholend: ›Was? Sie brauchen einen Gott?‹ Ein Ausruf, den Ludwig Tieck bis an's Ende seiner Tage nicht vergessen konnte.« (Ge, 53)
↑ Weltschöpfung, Wolkenkuckucksheim

Grausamkeit »Der Mensch ist das einzige Thier, welches Andern Schmerz verursacht, ohne weitern Zweck, als eben diesen.« (P II, § 114, 228)
↑ Teuflischer Charakter, Grundsatz der Ethik

Grenzstein »Diesen Willen habe ich zwar für das Ding an sich erklärt, jedoch nicht schlechthin, sondern nur sofern das Ding an sich nach seiner unmittelbarsten Erscheinung zu benennen sei und danach im Willen der äußerste Gränzstein unsrer Erkenntniß liege. Wenn ich nachher diesen Willen sich selbst aufheben lasse; so habe ich dabei ausdrücklich bestimmt, daß das

alsdann für uns übrigbleibende Nichts nur ein relatives, kein absolutes sey: worin offenbar genug liegt, daß das, was sich als Wille aufhebt, noch ein andres, unsrer Erkenntniß völlig unzugängliches Daseyn haben müsse, welches sodann das Daseyn des Dinges an sich schlechthin wäre.« (HN III, 546)
↑ Ding an sich, Erkenntnis und Erscheinung

Grobheit »Wann aber gar Einer geradezu grob wird, da ist es, als hätte er die Kleider abgeworfen und stände *in puris naturalibus* [splitterfasernackt] da. Freilich nimmt er sich dann, wie die meisten Menschen in diesem Zustande, schlecht aus.« (P I, Aphorismen, Kap. 5, 494)
↑ Masken

Großes leisten »Wer *etwas Großes leisten* will, darf bei seinem Werke Niemandem als sich selber genügen und gefallen wollen: sobald er nach fremdem Beifall angelt,- wird es nichts Großes. Was hätte *Shakespeare* geleistet, wenn er auf die Fassungskraft und den Beifall Andrer Rücksicht genommen?« (HN IV 1, 250)
↑ Kindertrompete, Genie

Grundfehler des Christentums Ein »nicht weg zu erklärender und seine heillosen Folgen täglich manifestirender Grundfehler des Christenthums ist, daß es widernatürlicherweise den Menschen losgerissen hat von der *Thierwelt*, welcher er doch wesentlich angehört, und ihn nun ganz allein gelten lassen will, die Thiere geradezu als *Sachen* betrachtend« (P II, § 177, 393). Schopenhauer empfiehlt, sich wieder in Erinnerung zu bringen, daß nicht nur jeder Hund von seiner Mutter gesäugt worden ist. Alle natürlichen Verrichtungen der Tiere, die sie mit uns gemeinsam haben und womit sie unsere gemeinsame Natur bekunden, wie beispielsweise Essen, Trinken, Schwangersein, Gebären und Sterben, durch ganz andere Worte, durch Schimpfnamen, herabzusetzen - dies ist ein niederträchtiger Kunstgriff der europäischen Pfaffenschaft. Eine derartige Duplizität der Ausdrücke kennen die alten Sprachen nicht. Unter der Verschiedenheit der Worte bleibt die vollkommene Identität der Sache versteckt.
↑ Tier und Mensch, Materialismus

Grundsatz der Ethik »*Neminem laede; imo omnes, quantum potes, juva.*« (E, §6, 137). Verletze niemanden; vielmehr hilf allen, soweit du kannst.
Schopenhauer unterscheidet zwischen dem Grundsatz (Prinzip) der Ethik und dem Fundament der Ethik. Der Grundsatz bringt die Handlungen, die moralischen Wert haben, auf eine zusammenfassende Formel. Er sagt, was Moral ist und in aller Welt als solche gilt. Das Fundament dagegen nennt den metaphysisch entzifferten Grund, weshalb jenen Handlungen moralischer Wert zugeschrieben wird. Die Unterscheidung soll dazu dienen, den Grundsatz der Ethik, der eine bloße abstrakte Formulierung ist, nicht schon als ihr Fundament auszugeben.
Was ist das Fundament des Grundsatzes, und wie ist dieses Fundament metaphysisch zu deuten? Was ist es, das der Forderung des Grundsatzes Kraft erteilt? »Dies ist das alte, schwere Problem, welches auch heute uns wieder vorliegt. Denn von der andern Seite schreiet mit lauter Stimme der Egoismus: *Neminem juva, imo omnes, si forte conducit, laede* [Hilf niemandem, sondern vielmehr verletze alle, wenn es dir gerade nützt]: ja, die Bosheit giebt die Variante: *Imo omnes, quantum potes, laede* [Vielmehr verletze alle, so sehr du kannst]. Diesem Egoismus, und der Bosheit dazu, einen ihnen gewachsenen und sogar überlegenen Kämpen entgegen zu stellen,– das ist das Problem aller Ethik. *Heic Rhodus, heic salta!* [Hier ist Rhodus, hier springe, hier zeig' was du kannst!]« (E, §7, 158)
Das Fundament der Ethik, das man wie den »Stein der Weisen« seit Jahrtausenden sucht, sieht Schopenhauer im Mitleid, in der Erkenntnis, daß wir alle ein und dasselbe Wesen sind.
↑ Mitleid, Principium individuationis, Durchschauung

Grundwahrheit meiner Lehre Schopenhauer gibt in seiner kleinen naturphilosophischen Schrift *Ueber den Willen in der Natur* (1836) an zwei Stellen sehr gute, sehr kappe Zusammenfassungen seines geistesgeschichtlich revolutionären Ansatzes. Die erste Stelle findet sich in der Einleitung:
»Kern und Hauptpunkt meiner Lehre, die eigentliche Metaphysik derselben, [ist] jene paradoxe Grundwahrheit, daß Das, was *Kant* als das *Ding an sich* der bloßen *Erscheinung*, von mir entschiedener *Vorstellung* genannt, entgegensetzte und für

schlechthin unerkennbar hielt, daß, sage ich, dieses *Ding an sich,* dieses Substrat aller Erscheinungen, mithin der ganzen Natur, nichts Anderes ist, als jenes uns unmittelbar Bekannte und sehr genau Vertraute, was wir im Innern unsers eigenen Selbst als *Willen* finden; daß demnach dieser *Wille,* weit davon entfernt, wie alle bisherigen Philosophen annahmen, von der *Erkenntniß* unzertrennlich und sogar ein bloßes Resultat derselben zu seyn, von dieser, die ganz sekundär und spätern Ursprungs ist, grundverschieden und völlig unabhängig ist, folglich auch ohne sie bestehn und sich äußern kann, welches in der gesammten Natur, von der thierischen abwärts, wirklich der Fall ist; ja, daß dieser Wille, als das alleinige Ding an sich, das allein wahrhaft Reale, allein Ursprüngliche und Metaphysische, in einer Welt, wo alles Uebrige nur Erscheinung, d. h. bloße Vorstellung, ist, jedem Dinge, was immer es auch seyn mag, die Kraft verleiht, vermöge deren es daseyn und wirken kann; daß demnach nicht allein die willkürlichen Aktionen thierischer Wesen, sondern auch das organische Getriebe ihres belebten Leibes, sogar die Gestalt und Beschaffenheit desselben, ferner auch die Vegetation der Pflanzen, und endlich selbst im unorganischen Reiche die Krystallisation und überhaupt jede ursprüngliche Kraft, die sich in physischen und chemischen Erscheinungen manifestirt, ja, die Schwere selbst,- an sich und außer der Erscheinung, welches bloß heißt außer unserm Kopf und seiner Vorstellung, geradezu identisch sind mit Dem, was wir in uns selbst als *Willen* finden, von welchem *Willen* wir die unmittelbarste und intimste Kenntniß haben, die überhaupt möglich ist; daß ferner die einzelnen Aeußerungen dieses Willens in Bewegung gesetzt werden bei erkennenden, d. h. thierischen Wesen durch Motive, aber nicht minder im organischen Leben des Thieres und der Pflanze durch Reize, bei Unorganischen endlich durch bloße Ursachen im engsten Sinne des Worts; welche Verschiedenheit bloß die Erscheinung betrifft; daß hingegen die Erkenntniß und ihr Substrat, der Intellekt, ein vom Willen gänzlich verschiedenes, bloß sekundäres, nur die höhern Stufen der Objektivation des Willens begleitendes Phänomen sei, ihm selbst unwesentlich, von seiner Erscheinung im thierischen Organismus abhängig, daher physisch, nicht metaphysisch, wie er selbst; daß folglich nie von Abwesenheit der

Erkenntniß geschlossen werden kann auf Abwesenheit des Willens; vielmehr dieser sich auch in allen Erscheinungen der erkenntnißlosen, sowohl der vegetabilischen, als der unorganischen Natur nachweisen läßt; also nicht, wie man bisher ohne Ausnahme annahm, Wille durch Erkenntniß bedingt sei; wiewohl Erkenntniß durch Wille.« (N, 2 f.)
Die zweite, kurze Zusammenfassung des »Grundzugs meiner Lehre« findet sich in dem Kapitel »Physiologie und Pathologie« (vgl. N, 19–21).
↑ Ding an sich, Wille und Intellekt, Unbewußtes Sein

Güte des Herzens Eine Eigenschaft des Charakters. Sie besteht in einem tief gefühlten universellen Mitleid mit allem, was Leben hat. Die Güte des Herzens identifiziert alle Wesen mit dem eigenen. Sie ist eine metaphysische Gegebenheit, die unverfügbar und die mit Absicht nicht zu erlangen oder zu erlernen ist. Der gute Charakter, der gute Wille kann durch Erziehung und Belehrung zu einer vollkommeneren Äußerung seines Wesens gebracht, aber nicht hervorgebracht werden. »Dem Boshaften ist seine Bosheit so angeboren, wie der Schlange ihre Giftzähne und Giftblase; und so wenig wie sie kann er es ändern.« (E, § 20, 249)
Gegenüber der »Herzensgüte«, die jede Art von Egoismus durchbricht, verblassen alle anderen Wertschätzungen, selbst die allerhöchsten. »Denn wie Fackeln und Feuerwerk vor der Sonne blaß und unscheinbar werden, so wird Geist, ja Genie, und ebenfalls die Schönheit, überstrahlt und verdunkelt von der Güte des Herzens. Wo diese in hohem Grade hervortritt, kann sie den Mangel jener Eigenschaften so sehr ersetzen, daß man solche vermißt zu haben sich schämt. Sogar der beschränkteste Verstand, wie auch die groteske Häßlichkeit, werden, sobald die ungemeine Güte des Herzens sich in ihrer Begleitung kund gethan, gleichsam verklärt, umstrahlt von einer Schönheit höherer Art, indem jetzt aus ihnen eine Weisheit spricht, vor der jede andere verstummen muß. Denn die Güte des Herzens ist eine transscendente Eigenschaft, gehört einer über dieses Leben hinausreichenden Ordnung der Dinge an und ist mit jeder andern Vollkommenheit inkommensurabel. Wo sie in hohem Grade vorhanden ist, macht sie das Herz so groß, daß es die Welt um-

faßt, so daß jetzt Alles in ihm, nichts mehr außerhalb liegt; da sie ja alle Wesen mit dem eigenen identificirt. Alsdann verleiht sie auch gegen Andere jene gränzenlose Nachsicht, die sonst Jeder nur sich selber widerfahren läßt. Ein solcher Mensch ist nicht fähig, sich zu erzürnen: sogar wenn etwan seine eigenen, intellektuellen oder körperlichen Fehler den boshaften Spott und Hohn Anderer hervorgerufen haben, wirft er, in seinem Herzen, nur sich selber vor, zu solchen Aeußerungen der Anlaß gewesen zu seyn, und fährt daher, ohne sich Zwang anzuthun, fort, Jene auf das liebreichste zu behandeln, zuversichtlich hoffend, daß sie von ihrem Irrthum hinsichtlich seiner zurückkommen und auch in ihm sich selber wiedererkennen werden.« (W II, Kap. 19, 261 f.)
↑ Mitleid, Intelligibler Charakter, Teuflischer Charakter

H

Handeln »Wie der Mensch ist, so muß er handeln.« (P II, § 118, 252)
↑ Operari sequitur esse

Haushälterin Margarethe Schnepp, Schopenhauers Haushälterin, war eine treue Seele und hatte einiges auszuhalten. Sie sollte ihren Dienst perfekt verrichten, stets präsent sein, gleichwohl immer unsichtbar und unhörbar bleiben, vor allem in den Morgenstunden. Verschiedene Quellen berichten darüber.
Die Magd »gab meistens vor, recht große Eile zu haben, weil ihr Herr so schlecht allein fertig zu werden vermöchte. Ihre längere Abwesenheit vom Hause sähe er überdies nicht gern, und vor allem könne er es nicht leiden, wenn sie einmal mit anderen Frauen spräche [...] Häufig klagte sie, daß sie bei Schopenhauer so wenig verdiene und daß sie sich manchmal recht kränklich fühle; aber davon dürfe sie ihrem Herrn nichts sagen, der so große Angst vor Ansteckung habe und bei jeder Unpäßlichkeit gleich an Pest und Cholera denke. Wenn sie Schopenhauer um mehr Lohn bäte, sagte sie des öfteren, dann werde sie von ihm

immer mit dem Versprechen vertröstet, sie tunlichsterweise mit einem nennenswerten Legat zu bedenken, aber nur dann, wenn sie bei seinem Tode noch in seinen Diensten stünde. Er betonte dabei aber stets, sie solle sich ja nicht einbilden, daß er nun ihr zuliebe schon morgen oder übermorgen stürbe [...]
Obwohl er ihr in seinem oft grundlosen Zorn häufig gar mächtig drohe und dabei auch gelegentlich nach einem Gegenstand greife, als wollte er damit nach ihr werfen, [sei er] hinterher doch wieder außerordentlich freundlich zu ihr, wie wenn es ihn reue, was er getan. In solcher Gemütsverfassung halte er auch mit allerlei hübschen Geschenken nicht zurück, wie er sich überhaupt bestrebe, sie bei passenden Gelegenheiten, etwa zum Geburtstage, zu Weihnachten, vor allem aber zu Ostern durch niedliche Gaben zu erfreuen.« (Ge, 175)

»In einer Ecke seines Zimmers thronte auf einer Marmorconsole die vergoldete Statuette Buddhas. Als er diese 1856 von Paris erhalten hatte und nach Entfernung des schwarzen Lacks, mit dem sie überzogen gewesen, in Gegenwart seiner strengkatholischen Dienerin, die sich in ihrer Stube ein mit gemachten Blumen reichgeschmücktes Altärchen errichtet hatte, sehr befriedigt betrachtete, bemerkte diese mit dem, gemeinen Leuten eigenen plumpen Gelächter: ›Der sitzt ja wie ein Schneider da!‹ worauf sie Schopenhauer mit den Worten zurechtwies: ›Sie grobe Person, so spricht sie von dem Siegreich-Vollendeten! Habe ich jemals ihren Herrgott gelästert?‹« (Ge, 176)

»Die Behandlung, die er seiner alten Dienstmagd angedeihen läßt, ist wahrhaft empörend: bei dem geringsten Anlaß gerät er in maniakalischen Zorn und überhäuft sie mit Schimpfworten: Tier, Biest etc.« (Ge, 176)

»Von seiner Haushälterin rühmte er, daß sie gewitzigt sei, seine Gewohnheiten genau kenne und Bescheid wisse, welche Besuche er gern empfange, welche nicht. Bisweilen mochte sie wol durch sein ungestümes Wesen zu leiden haben und von ihm etwas barsche Zurechtweisungen erfahren. Nach einer solchen äußerte sie einmal in ihrem Unmuth zu ihm: ›Ich weiß nit, Herr Doctor, was die Leut' an ihne habe, daß sie immer hierher komme und Sie sehe wolle; ich hab' genug an Ihne!‹« (Ge, 176 f.)

»Die langjährige Wirtschafterin Arthur Schopenhauers wollte einmal für eine Woche aufs Land reisen. Da sie die Empfindlichkeit ihres Herrn – der den Kutschern vor seinem Hause einst für unnötiges Schreien und Peitschenknallen Stockhiebe angedroht hatte – kannte, hatte sie alles genau vorbereitet, damit der Philosoph während ihrer Abwesenheit keine Störung in seinen Lebensgewohnheiten verspüren solle. Endlich brachte sie ihr Anliegen vor. Schopenhauer nickte nur zustimmend mit dem Kopfe, als die Haushälterin ihm die Notwendigkeit ihres Verwandtenbesuches darzustellen suchte.

›[...] und damit der Herr Doktor alles zur richtigen Zeit bekommt und die Sachen immer auf dem Platz liegen, wo sie hingehören, und überhaupt Ordnung nicht mangelt, habe ich der Nachbarin genau erzählt, wie Sie alles gerne haben wollen, so daß über nichts zu klagen sein wird.‹

›Ja natürlich!‹ brauste Schopenhauer, der bis jetzt geduldig gewesen war, auf. ›Das gerade fehlt mir noch! Daß mir die ungebildete Frauensperson zur Unzeit mit ihren Putzlappen überall im Hause herumfährt und mit ihrem Getrampel einem denkenden Menschen – das Leben unmöglich macht!‹

›Aber nein, Herr Doktor‹, versuchte die Wirtschafterin ihren Herrn zu beschwichtigen, ›die Frau wird alles genau zu derselben Zeit besorgen wie ich, und gewiß werden Sie sie ebensowenig hören wie mich.‹

›Was?‹ schrie da der Philosoph, bis zum Äußersten gebracht, ›*ich* soll jemanden nicht hören? Ich werde ihr schon *auflauern*!‹« (Ge, 177)

Die Schilderungen sind mehr oder weniger anekdotisch gefärbt. Keine Anekdote aber ist, daß Schopenhauer seiner Haushälterin wie versprochen eine Leibrente und den größten Teil seines Mobiliars vererbt (Hugo Busch, *Das Testament Arthur Schopenhauers*, Wiesbaden 1950, S. 68 f.). Margarethe Schnepp nimmt nach dem Tod Schopenhauers den Pudel zu sich und pflegt ihn bis an sein Ende.

↑ Tagesablauf

Heilige Ausdrücke Der Kompositionslehrer und Musikschriftsteller Schnyder von Wartensee (1786–1868) erinnert sich an Schopenhauer: »Nun will ich Ihnen nur noch erzählen, wie wir auseinander kamen. Wir waren miteinander in einer Streitigkeit über einen musikalischen Gegenstand begriffen, als der servi-

rende Kellner schon eine Weile neben Schopenhauer mit einer Schüssel stand, ihm Rindfleisch anbietend, ohne daß dieser es in der Hitze des Polemisirens merkte. Da sagte ich zu ihm: nun so nehmen Sie doch einmal *a priori*, daß ich dann *a posteriori* auch nehmen kann. Mit einem Blick von unsäglicher Wuth und Verachtung schrie mich Schopenhauer an: das sind heilige Ausdrücke, die Sie jetzt gebrauchten, die man nicht so profaniren darf, und deren Wichtigkeit Sie nicht begreifen. Ich bemerkte ihm, daß ich diese Ausdrücke schon lange vorher kannte ehe ich wußte, daß es einen Menschen in der Welt gäbe, der Schopenhauer hieße. In seinem heiligen Zorn mag er das überhört haben und zürnte mir noch zu: sprechen Sie nicht mehr mit mir; ich bin Ihnen viel zu gelehrt - viel, viel zu gelehrt. Auf dieses sagte ich ihm ruhig: Ihren Wunsch, Hr. Sch., kann ich leicht, und will ich gern gewähren, sehr gern. Von diesem Augenblick an sagte ich kein, kein Wort mehr zu ihm. Er wollte verschiedene Male ein Gespräch mit mir anfangen, allein ich blieb stumm.« (Ge, 62 f.)
↑ Erinnerungen an Schopenhauer

Heiterkeit »Wer eben fröhlich ist hat allemal Ursache es zu seyn: nämlich eben diese, daß er es ist. Nichts kann so sehr, wie diese Eigenschaft, jedes andere Gut vollkommen ersetzen; während sie selbst durch nichts zu ersetzen ist. Einer sei jung, schön, reich und geehrt; so frägt sich, wenn man sein Glück beurtheilen will, ob er dabei heiter sei: ist er hingegen heiter; so ist es einerlei, ob er jung oder alt, gerade oder pucklich, arm oder reich sei; er ist glücklich.« (P I, Aphorismen, Kap. 2, 344)
Jedoch: »Die sehr heitern Gemüther sind nur von oberflächlichen Geisteskräften.« (HN III, 599)
↑ Lachen, Tummelplatz

Heroischer Lebenslauf »Ein *glückliches Leben* ist unmöglich: das höchste, was der Mensch erlangen kann, ist ein *heroischer Lebenslauf*. Einen solchen führt Der, welcher, in irgend einer Art und Angelegenheit, für das Allen irgendwie zu Gute Kommende, mit übergroßen Schwierigkeiten kämpft und am Ende siegt, dabei aber schlecht oder gar nicht belohnt wird. Dann bleibt er, am Schluß, wie der Prinz im *Re corvo* des Gozzi, versteinert, aber in edler Stellung und mit großmüthiger Gebärde stehn. Sein

Andenken bleibt und wird als das eines *Heros* gefeiert; sein *Wille*, durch Mühe und Arbeit, schlechten Erfolg und Undank der Welt, ein ganzes Leben hindurch, mortificirt, *erlischt* in dem *Nirwana*.« (P II, § 172, 342)
Etliche Aspekte, die zum heroischen Lebenslauf gehören, hat Schopenhauer im 5. Kapitel der *Aphorismen zur Lebensweisheit* (P I) versammelt. Hier thematisiert er vor allem die Grundbedingung der *Einsamkeit* und spricht z. B. vom Verhältnis Einsamkeit und Gesellschaft (Geselligkeit), vom Leben als »ganzer Mensch«, von der »geistigen Aristokratie«.
An einer anderen Stelle heißt es resigniert: »Jeder *Heros* ist ein *Samson*: der Starke erliegt den Ränken der Schwachen und Vielen: verliert er endlich die Geduld, so erdrückt er sie und sich. Oder er ist bloß ein Gulliver unter den Liliputanern, deren übergroße Anzahl ihn zuletzt doch überwältigt.« (P II, § 242, 500 f.)
↑ Stachelschweine, Nichts

Hierarchie der Intelligenzen »Die richtige *Skala* zur Abmessung der *Hierarchie der Intelligenzen* liefert der Grad, in welchem sie die Dinge bloß *individuell* oder aber mehr und mehr *allgemein* auffassen. Das Thier erkennt nur das Einzelne als solches, bleibt also ganz in der Auffassung des Individuellen befangen. Jeder Mensch aber faßt das Individuelle in Begriffe zusammen, darin eben der Gebrauch seiner Vernunft besteht, und diese Begriffe werden immer allgemeiner, je höher seine Intelligenz steht. Wenn diese Auffassung des Allgemeinen nun auch in die *intuitive* Erkenntniß dringt und nicht bloß die Begriffe, sondern auch das Angeschaute unmittelbar als ein Allgemeines erfaßt wird; so entsteht die Erkenntniß der (Platonischen) *Ideen*: sie ist ästhetisch, wird, wenn selbstthätig, genial und erreicht den höchsten Grad, wenn sie philosophisch wird, indem alsdann das Ganze des Lebens, der Wesen und ihrer Vergänglichkeit, der Welt und ihres Bestandes, in seiner wahren Beschaffenheit intuitiv aufgefaßt hervortritt und in dieser Form sich als Gegenstand der Meditation dem Bewußtseyn aufdrängt. Es ist der höchste Grad der Besonnenheit. – Also zwischen diesem und der bloß thierischen Erkenntniß liegen unzählige Grade, die sich durch das immer allgemeiner Werden der Auffassung unterscheiden.« (P II, § 50, 77)

Philosophische Besonnenheit tritt ein, wenn die Wahrheit »Die Welt ist meine Vorstellung« in das reflektierte, abstrakte Bewußtsein gebracht wird.
↑ Metaphysisches Bedürfnis, Genie

Himmel »Vielleicht hat noch nie ein Thier den gestirnten Himmel ins Auge gefaßt.« (N, 75)

Hindernisse »Unser ganzes *Leben* ist ein unausgesetzter Kampf mit Hindernissen, die am Ende den Sieg davon tragen.« (HN IV 1, 101)

Höflichkeit »Die Höflichkeit nämlich ist die konventionelle und systematische Verleugnung des Egoismus in den Kleinigkeiten des täglichen Verkehrs und ist freilich anerkannte Heuchelei: dennoch wird sie gefordert und gelobt; weil was sie verbirgt, der Egoismus, so garstig ist, daß man es nicht sehn will, obschon man weiß, daß es da ist: wie man widerliche Gegenstände wenigstens durch einen Vorhang bedeckt wissen will.« (E, § 14, 198)
Die Höflichkeit, diese »chinesische Kardinaltugend«, ist eine stillschweigende Übereinkunft, gegenseitig die moralisch und intellektuell elende Beschaffenheit voneinander zu ignorieren. Die gewöhnliche Höflichkeit ist nur eine »grinzende Maske«, ihre Verwendung aber Klugheit, die das Beisammensein der Menschen erleichtert. »Wie das Wachs, von Natur hart und spröde, durch ein wenig Wärme so geschmeidig wird, daß es jede beliebige Gestalt annimmt; so kann man selbst störrische und feindsälige Menschen, durch etwas Höflichkeit und Freundlichkeit, biegsam und gefällig machen. Sonach ist die Höflichkeit dem Menschen, was die Wärme dem Wachs.« (P I, Aphorismen, Kap. 5, 493)
↑ Masken, Stachelschweine

Hölle »Die Welt ist eben die *Hölle*, und die Menschen sind einerseits die gequälten Seelen und andererseits die Teufel darin.« (P II, § 156, 319)
↑ Jammer des Lebens, Pessimismus

Hunger und Geschlechtstrieb »Inzwischen muß man sich wundern, wie, in der Menschen- und Thierwelt, jene so große, mannigfaltige und rastlose Bewegung hervorgebracht und im Gange erhalten wird durch die zwei einfachen Triebfedern, Hunger und Geschlechtstrieb, denen allenfalls nur noch die Langeweile ein wenig nachhilft, und daß diese es vermögen, das *primum mobile* [erste Antriebsmoment] einer so komplicirten, das bunte Puppenspiel bewegenden Maschine abzugeben.« (P II, § 144, 303)
Das Grundthema aller mannigfaltigen Willensakte ist »Erhaltung des Individuums und Fortpflanzung des Geschlechts«. Dies macht im wesentlichen die »Bejahung des Willens« aus, die auch »Bejahung des Leibs« genannt werden kann (W I, § 60, 385).
↑ Leben, Wollust und Furcht

Hypothese »Eine gefaßte Hypothese giebt uns Luchsaugen für alles sie Bestätigende, und macht uns blind für alles ihr Widersprechende.« (W II, Kap. 19, 244)
Dies ist ein Beispiel für die Herrschaft des Willens über den Intellekt.
↑ Wille und Intellekt

I

Ich Auch bei der Betrachtung des Ich gilt es, den Standpunkt zu wechseln, um Einseitigkeiten auszugleichen. »Demzufolge nun ist es z. B. wahr, wenn ich mich selbst betrachte als ein bloß zeitliches, entstandenes und dem gänzlichen Untergange bestimmtes Naturprodukt,– etwan in der Weise des Koheleth [des Predigers Salomo]: aber es ist zugleich wahr, daß Alles, was je war und je seyn wird, Ich bin und außer mir nichts ist.« (P II, § 13, 13)
Schon 1817 sagt Schopenhauer: »Was jederzeit ist, und jederzeit war und jederzeit seyn wird, bin ich.« (HN I, 458)
Dieses gegenüber dem empirischen Ich ganz andere, metaphysische »Ich« ist der große Mensch, der »Makranthropos« (W II, Kap. 50, 739).
↑ Mitleid, Oupnekhat, All-Eins-Lehre

Idealistische Grundansicht Gemeint ist die Auffassung, daß alles, was für die Erkenntnis da ist, also die ganze anschauliche, in Raum und Zeit sich ausbreitende und nach dem Satz vom Grund verknüpfte Welt, nur Objekt in Beziehung auf das Subjekt ist, Anschauung des Anschauenden, mit einem Wort: *Vorstellung*. Die idealistische Grundansicht besagt, daß diese Welt kein absolutes, unbedingtes, sondern nur ein relatives, bedingtes Dasein hat, daß sie also nicht *Ding an sich*, sondern bloß *Erscheinung* ist. Nachdem man jahrtausendelang die angeschaute Welt für real, d. h. für unabhängig vom vorstellenden Subjekt gehalten hat, hat der Idealismus zum Bewußtsein gebracht, »daß, so unermeßlich und massiv sie auch seyn mag, ihr Daseyn dennoch an einem einzigen Fädchen hängt: und dieses ist das jedesmalige Bewußtseyn, in welchem sie dasteht. Diese Bedingung, mit welcher das Daseyn der Welt unwiderruflich behaftet ist, drückt ihr, trotz aller *empirischen* Realität, den Stämpel der *Idealität* und somit der bloßen *Erscheinung* auf« (W II, Kap. 1, 4). Die Welt ist dadurch mit dem Traum verwandt.
↑ Transzendentalphilosophie, Vorstellung, Subjekt und Objekt, Außenwelt, Wirklichkeit, Gehirnfunktion

Idealität von Zeit und Raum »Man ist mit Einem Male, zu seiner Verwunderung, da, nachdem man, zahllose Jahrtausende hindurch, nicht gewesen, und, nach einer kurzen Zeit, eben so lange wieder nicht zu seyn hat. - Das ist nimmermehr richtig, sagt das Herz: und selbst dem rohen Verstande muß aus Betrachtungen dieser Art eine Ahndung der Idealität der Zeit aufgehn. Diese aber, nebst der des Raumes, ist der Schlüssel zu aller wahren Metaphysik; weil durch dieselbe für eine ganz andere Ordnung der Dinge, als die der Natur ist, Platz gewonnen wird. Daher ist Kant so groß.« (P II, § 143, 301 f.)
Idealität bedeutet Abhängigkeit von der Gesetzlichkeit des Intellekts bzw. des Gehirns. *Zeit und Raum* sind keine Bestimmungen des Dings an sich (»einer ganz anderen Ordnung der Dinge«), sondern kommen nur der Erscheinung zu.
↑ Satz vom Grund, Beweis der Idealität des Raumes, Vorstellung, Principium individuationis, Idealistische Grundansicht

Identität »Worauf beruht die *Identität der Person*? – Nicht auf der Materie des Leibes: sie ist nach wenigen Jahren eine andere. Nicht auf der Form desselben: sie ändert sich im Ganzen und in allen Theilen; bis auf den Ausdruck des Blickes, an welchem man daher auch nach vielen Jahren einen Menschen noch erkennt; welches beweist, daß trotz allen Veränderungen, die an ihm die Zeit hervorbringt, doch etwas in ihm davon völlig unberührt bleibt: es ist eben Dieses, woran wir, auch nach dem längsten Zwischenraume, ihn wiedererkennen und den Ehemaligen unversehrt wiederfinden; eben so auch uns selbst: denn wenn man auch noch so alt wird; so fühlt man doch im Innern sich ganz und gar als den selben, der man war, als man jung, ja, als man noch ein Kind war. Dieses, was unverändert stets ganz das Selbe bleibt und nicht mitaltert, ist eben der Kern unsers Wesens, welcher nicht in der Zeit liegt. – Man nimmt an, die Identität der Person beruhe auf der des Bewußtseyns. Versteht man aber unter dieser bloß die zusammenhängende Erinnerung des Lebenslaufs; so ist sie nicht ausreichend. Wir wissen von unserm Lebenslauf allenfalls etwas mehr, als von einem ehemals gelesenen Roman; dennoch nur das Allerwenigste. Die Hauptbegebenheiten, die interessanten Scenen haben sich eingeprägt: im Uebrigen sind tausend Vorgänge vergessen, gegen einen, der behalten worden. Je älter wir werden, desto spurloser geht Alles vorüber. Hohes Alter, Krankheit, Gehirnverletzung, Wahnsinn, können das Gedächtnis ganz rauben. Aber die Identität der Person ist damit nicht verloren gegangen. Sie beruht auf dem identischen *Willen* und dem unveränderlichen Charakter desselben. Er eben auch ist es, der den Ausdruck des Blicks unveränderlich macht. Im *Herzen* steckt der Mensch; nicht im Kopf. Zwar sind wir, in Folge unserer Relation mit der Außenwelt, gewohnt, als unser eigentliches Selbst das Subjekt des Erkennens, das erkennende Ich, zu betrachten, welches am Abend ermattet, im Schlafe verschwindet, am Morgen mit erneuerten Kräften heller strahlt. Dieses ist jedoch die bloße Gehirnfunktion und nicht unser eigenstes Selbst. Unser wahres Selbst, der Kern unsers Wesens, ist Das, was hinter jenem steckt und eigentlich nichts Anderes kennt, als wollen und nichtwollen, zufrieden und unzufrieden seyn, mit allen Modifikationen der Sache, die man Gefühle, Affekte und Leidenschaften nennt. Dies ist Das, was

jenes Andere hervorbringt; nicht mitschläft, wann jenes schläft, und eben so, wann dasselbe im Tode untergeht, unversehrt bleibt.« (W II, Kap. 19, 269 f.; vgl. HN IV 1, 137 f.)
Das Zitat kennzeichnet Schopenhauers philosophischen Neuansatz insgesamt. Die Identität der Person, das was dem Bewußtsein Einheit und Zusammenhang gibt, ist nicht selbst durch das Bewußtsein bedingt, sondern durch dessen »Wurzel«, den *Willen*. »Er allein ist unwandelbar und schlechthin identisch, und hat, zu seinen Zwecken, das Bewußtseyn hervorgebracht. [...] Von ihm ist im Grunde die Rede, so oft ›Ich‹ in einem Urteil vorkommt. Er also ist der wahre, letzte Einheitspunkt des Bewußtseyns und das Band aller Funktionen und Akte desselben: er gehört aber nicht selbst zum Intellekt, sondern ist nur dessen Wurzel, Ursprung und Beherrscher.« (W II, Kap. 15, 153)
Schopenhauers Antwort auf die Frage nach der Identität beinhaltet zugleich eine radikale Kritik an Kants Transzendentalphilosophie (vgl. W II, Kap. 15, 153; Kap. 20, 284 und Kap. 22, 307–331).
↑ Ich, Traumdeutung, Ding an sich, Intelligibler Charakter

Idolatrie »Ob man sich ein *Idol* macht aus Holz, Stein, Metall, oder es zusammensetzt aus abstrakten Begriffen, ist einerlei: es bleibt *Idolatrie*, sobald man ein persönliches Wesen vor sich hat, dem man opfert, das man anruft, dem man dankt. Es ist auch im Grunde so verschieden nicht, ob man seine Schaafe, oder seine Neigungen opfert. Jeder Ritus oder Gebet zeugt unwidersprechlich von *Idolatrie*.« (P II, § 178, 401 f.)
↑ Metaphysisches Bedürfnis

Illusion »Ich weiß wohl, daß jeder denkende Mensch seine Zeit für die allererbärmlichste hält: aber ich muß gestehn, daß ich von der Illusion nicht frei bin.« (HN IV 1, 198)

Im Alter »Von der Venus entlassen, wird man gern eine Aufheiterung beim Bakchus suchen.« (P I, Aphorismen, Kap. 6, 526)

Immanenter Dogmatismus Der erste Band der *Parega und Paralipomena* enthält ein Kapitel »Fragmente zur Geschichte der

Philosophie«. Es endet mit dem Abschnitt »Einige Bemerkungen über meine eigene Philosophie« (§ 14), in dem Schopenhauer sein System als »immanenten Dogmatismus« charakterisiert.

»Man könnte mein System bezeichnen als *immanenten Dogmatismus*: denn seine Lehrsätze sind zwar dogmatisch, gehn jedoch nicht über die in der Erfahrung gegebene Welt hinaus; sondern erklären bloß *was diese sei*, indem sie dieselbe in ihre letzten Bestandtheile zerlegen. Nämlich der alte, von *Kant* umgestoßene Dogmatismus (nicht weniger die Windbeuteleien der drei modernen Universitäts-Sophisten [Fichte, Hegel, Schelling]) ist *transscendent*; indem er über die Welt hinausgeht, um sie aus etwas Anderm zu erklären: er macht sie zur Folge eines Grundes, auf welchen er aus ihr schließt. Meine Philosophie hingegen hub mit dem Satz an, daß es allein *in* der Welt und unter Voraussetzung derselben Gründe und Folgen gebe; indem der Satz vom Grunde, in seinen vier Gestalten, bloß die allgemeinste Form des Intellekts sei, in diesem aber allein, als dem wahren *locus mundi* [Ort der Welt], die objektive Welt dastehe.« (P I, 139)

Dem Abschnitt liegt die Unterscheidung zwischen transzendenter und immanenter Erkenntnis zugrunde. *Transzendente Erkenntnis* ist die, die über alle Möglichkeit der Erfahrung hinausgeht und das Wesen der Dinge, wie sie an sich selbst sind, zu bestimmen sucht. *Immanente Erkenntnis* ist dagegen die, die sich innerhalb der Schranken der Möglichkeit der Erfahrung hält und daher auch nur von Erscheinungen reden kann. Schopenhauer beansprucht - auch in seiner Metaphysik -, nie eigentlich über die Erfahrung hinauszugehen, sondern die *in ihr* vorliegende Welt zu verstehen. Die Metaphysik »reißt sich von der Erfahrung nie ganz los, sondern bleibt die bloße Deutung und Auslegung derselben, da sie vom Dinge an sich nie anders, als in seiner Beziehung zur Erscheinung redet« (W II, Kap. 17, 203).

↑ Ding an sich, Wolkenkuckucksheim

Indirektes Selbstlob »Jeder [...] muß den Ruhm, welchen er einem Andern seines, oder eines verwandten Faches ertheilt, im Grunde sich selber entziehn: er kann nur auf Kosten seiner eigenen Geltung rühmen. Demzufolge sind schon an und für sich die Menschen zum Loben und Rühmen gar nicht geneigt und aufgelegt, wohl aber zum Tadeln und Lästern, als durch welches sie indirekt sich selbst loben.« (P II, § 242, 494)

Individualität »Aus seiner Individualität kann Keiner heraus.« (P I, Aphorismen, Kap. 1, 337)
↑ Nivellierung

Individuum Schopenhauer tut sich mit dem Begriff »Individuum« schwer. Zunächst faßt er das Individuum als bloße Erscheinung auf, später bringt er es mit dem Ding an sich in Verbindung.
Eine Notiz von 1816 lautet: »Das Individuum ist nicht Ding an sich, sondern Erscheinung: es beruht auf dem *principio Individuationis*, d. i. Zeit und Raum, der Form der Erscheinung.« (HN I, 384)
1851 heißt es einschränkend: »Daß die *Individualität* nicht allein auf dem pricipio individuationis beruht und daher nicht durch und durch bloße *Erscheinung* ist; sondern daß sie im Dinge an sich, im Willen des Einzelnen, wurzelt: denn sein Charakter selbst ist individuell. Wie tief nun aber hier ihre Wurzeln gehn, gehört zu den Fragen, deren Beantwortung ich nicht unternehme.« (P II, § 116, 242)
↑ Principium individuationis

Inneres Wesen der Dinge
»Das innerste Wesen der Welt ist kein erkennendes.« (VN IV, Kap. 9, 272)
↑ Primat des Willens, Grundwahrheit meiner Lehre

Intellekt »Der *Intellekt* ist eine Eigenschaft des Thiers, ist also wesentlich animalisch, nur so und nicht anders ist er uns bekannt.« (HN III, 366)
Der Mensch ist aus der Perspektive des Tiers zu verstehen, nicht aus der fiktiven eines Gottes. Die Annahme eines göttlichen Intellekts ist ein Hirngespinst.
↑ Verschiedene Betrachtungsweisen des Intellekts

Intellektualität der Anschauung Der Ausdruck bezeichnet einen grundlegenden, vielschichtigen Sachverhalt der Erkenntnistheorie Schopenhauers. Die empirische Anschauung, das, was wir als gegenständliche Welt sehen (wahrnehmen), ist etwas, das der Intellekt (das Gehirn) aufgrund seiner Tätigkeit und Ausstattung produziert. Der Terminus »Intellektualität der Anschauung« stellt heraus, daß die empirische Realität, so wie wir sie erkennen, kein Abbild, sondern die *Konstitution einer Wirklichkeit* ist. Schopenhauer nennt das Produkt dieser Konstitution durch und für den Intellekt auch die *Welt als Vorstellung*. Sie ist eine anschaubare, gesetzmäßige Erscheinung, kein bloßer Schein, aber eben auch keine vom Intellekt unabhängige, an sich seiende Wirklichkeit, also kein Ding an sich. Soweit der Grundgedanke.

Näher betrachtet ist es der Verstand, der die Anschauung herstellt. Der Vorgang selbst dieser Herstellung wird nicht mitwahrgenommen. Der Verstand wandelt mit einem Schlag noch vor jeder bewußten Reflexion das amorphe Material von Sinnesempfindungen um in Anschauungen. Die nichtgegenständlichen Empfindungen werden dabei zu Vorstellungen von Gegenständen umgeformt. Hierbei kommt das »Gesetz der Kausalität«, das ist der »Satz vom zureichenden Grund des Werdens« (physiologisch materialistisch gesagt: eine Gehirnfunktion), so unmittelbar und unwillkürlich zur Anwendung, daß es den Anschein hat, als würde die anschaubare empirische Realität auch ohne die Tätigkeit des Verstandes existieren. - Schopenhauer sieht in dem Vermögen des Verstandes kein begrifflich urteilendes Denkvermögen, sondern ein animalisches, physiologisch vermitteltes vorbegriffliches Anschauungsvermögen.

Das begriffliche Denken behält Schopenhauer allein der menschlichen Vernunft vor. Auch Tiere haben Verstand, aber keine Vernunft. Die Vernunft kann nur auf das bereits vorgeformte Produkt des Verstandes - die Anschauungen - zurückgreifen und dieses zu Begriffen, das sind »Vorstellungen von Vorstellungen«, weiterverarbeiten. Mit anderen Worten: Das einzige Fundament, das der Vernunft Halt und Inhalt gibt, ist die Intellektualität der Anschauung. Wenn Schopenhauer wiederholt von der Anschauung als der »Urquelle aller Erkenntniß« spricht, dann ist damit also etwas gemeint, das der Mensch durch die ursprünglichen, unverfügbaren Tiefen seiner Erkenntnis selbst geschaffen hat.

Die empirische Realität kann also nicht fertig gegeben sein, sondern ist Resultat eines konstitutiven Erkenntnisprozesses. »Erst wenn der Verstand,- eine Funktion, nicht einzelner zarter Nervenenden, sondern des so künstlich und räthselhaft gebauten, drei, ausnahmsweise aber bis fünf Pfund wiegenden Gehirns,- in Thätigkeit geräth« (G, §21, 52), kommt »das Gehirnphänomen der gegenständlichen Welt« (G, §21, 71) zustande. »Demnach hat der Verstand die objektive Welt erst selbst zu schaffen: nicht aber kann sie, schon vorher fertig, durch die Sinne und die Oeffnungen ihrer Organe, bloß in den Kopf hineinspazieren. Die Sinne nämlich liefern nichts weiter, als den rohen Stoff, welchen allererst der Verstand, mittelst der angegebenen einfachen Formen, Raum, Zeit und Kausalität, in die objektive Auffassung einer gesetzmäßig geregelten Körperwelt umarbeitet. Demnach ist unsere alltägliche, *empirische Anschauung eine intellektuale.*« (G, §21, 53; vgl. F, §1 und C, Kap. 2)

↑ Die Welt ist meine Vorstellung, Anschauung und Begriff

Intelligibler Charakter Aufgrund seines unwandelbaren Charakters ändert sich der Mensch nie. Jedem Menschen liegt auf unerinnerlicher Weise ein ursprünglicher, außerzeitlicher, unteilbarer »Objektivationsakt des Willens« (W I, §28, 188), ein »unveränderliches Grund-Wollen« (VN II, Kap. 5, 84) zugrunde. Schopenhauer nennt diesen metaphysischen Willensakt im Anschluß an Platon die »Idee« des einzelnen Menschen, seinen »individuellen Willen« oder auch in Anlehnung an Kant »intelligiblen Charakter«. - »Intelligibel« ist ein Gegenbegriff zu »empirisch«.

Schopenhauer unterscheidet zwischen dem intelligiblen Charakter und dem empirischen Charakter. Der intelligible Charakter läßt sich nur nach und nach aus den Erfahrungen des eigenen Lebenslaufs erkennen. Der empirische Charakter ist die zeitliche Entfaltung des außerzeitlichen intelligiblen Charakters, also des *einen* metaphysisch vorgegebenen Aktes des Willens als Ding an sich. Durch diesen Akt, durch diese Vorentscheidung ist der moralische Gehalt des gesamten Lebenswandels ein für allemal festgelegt. Der Mensch handelt zwar immer nur so, wie er will, aber er tut dies mit Notwendigkeit, weil er in seinem »ganzen Seyn und Wesen (existentia et essentia)« - durch seinen intelligiblen Charakter - schon *»ist«*, was er will (vgl. E, Kap. 5, 97). Über dieses »ist«, über dieses *Sein*, über diesen ursprünglichen metaphysischen Willensakt hat das konkrete Handeln keine Verfügung, keine Freiheit. Den intelligiblen Charakter umschaffen zu wollen gleicht dem Vorhaben, Blei in Gold zu verwandeln.

Die Frage nach der Freiheit des Willens erfährt bei Schopenhauer eine pointierte Zuspitzung: »Kannst du auch *wollen*, was du willst?« (E, Kap. 1, 6) Er verneint diese Frage mit aller Entschiedenheit. Da die Freiheit im *Operari*, im Handeln, nicht anzutreffen ist, muß sie so gedacht werden, als läge sie im *Esse*, im Sein. *Esse* steht hier für den Willen als Ding an sich. »Die *Freiheit* ist also durch meine Darstellung nicht aufgehoben, sondern bloß hinausgerückt, nämlich aus dem Gebiete der einzelnen Handlungen, wo sie erweislich nicht anzutreffen ist, hinauf in eine höhere, aber unserer Erkenntniß nicht so leicht zugängliche Region: d. h. sie ist transscendental.« (E, Kap. 5, 98) - »Transzendental« hat hier die Bedeutung von »transzendent«, d. h. über die Grenzen der Erfahrung, des Bewußtseins hinausgehend. Schopenhauer sagt mit Malebranche: La liberté est un mystère: Die Freiheit ist ein Mysterium.

Auch der Metaphysiker Schopenhauer kann die Welt als Vorstellung, die prinzipielle Gebundenheit der Welt an ein Bewußtsein, was ihre Phänomenalität bedingt, nicht überfliegen. Der »außerzeitliche Willensakt« des intelligiblen Charakters ist keine objektive Wahrheit, sondern ein behelfsmäßiger Ausdruck, ein heuristischer Erkläungsversuch. Schopenhauer macht eine erkenntniskritische Einschränkung. Er schreibt am 21. 8. 1844 an den Juristen Johann August Becker: »Daß der intelligible Charakter eines Menschen ein außerzeitlicher Willensakt sei, habe ich nicht als objektive Wahrheit, oder als adäquaten Begriff des Verhältnisses zwischen Ding an sich und Erscheinung dargestellt; vielmehr bloß als Bild und Gleichniß, als figürlichen Ausdruck der Sache, indem ich sagte, man könne, um sich die Sache faßlich zu machen, sie so denken.« (B, 217)

↑ Motiv, Operari sequitur esse

Italien Insgesamt unternimmt Schopenhauer zwei Italienreisen. Die erste 1818–1819, die zweite 1822–1824. Ein Höhepunkt der ersten ist Paestum, »wo ich im Angesicht der uralten herrlichen, im Laufe von fünfundzwanzig Jahrhunderten nicht erschütterten Tempel der Poseidonstadt mit Ehrfurchtsschauer daran dachte, daß ich auf dem Boden stehe, den vielleicht Platons Fußsohle betreten« (B, 656). Er lobt die Italiener als eine ganz besonders mit Schönheitssinn begabte Nation. Sie haben Gefühl für das Innige, Ernste und Wahre der Kunst. Leider, so Schopenhauer, war es für die genialen Maler Italiens ein schlimmer Stern, daß sie bei der Wahl ihrer Gegenstände an die biblische Geschichte gebunden waren. – Der folgende Brief an Friedrich Gotthilf Osann, einen Jugendfreund aus der Weimarer Zeit, dokumentiert Schopenhauers Italienbegeisterung in der Goethe-Zeit. In ihm wird aber auch die Sorge um die eigene Zukunft, die ausbleibende Beachtung seiner Philosophie, angedeutet.

»Florenz, d. 29. Oktbr. 1822

Werther Freund!

Wieder steht jetzt der große Bär niedrig am Horizont, – wieder steht in unbewegter Luft dunkelgrünes Laub, scharf abgeschnitten auf dem dunkelblauen Himmel, ernst und melancholisch, – wieder machen Oliven, Reben, Pinien und Cypressen die Landschaft, in der zahllose kleine Villen zu schwimmen scheinen, – wieder bin ich in der Stadt, deren Pflaster eine Art Musaik ist; auf dem Hauptplatz stehn 3 enorme, bunte, marmorne, polirte Bijous, vom Regen rein gewaschen glänzen sie in der Sonne, der Dom, Kampanil, Battistero: und wieder gehe ich täglich über den wunderlichen, von Statuen bevölkerten Platz, von dem Sie einen sehr ähnlichen Kupferstich haben: – wieder lebe ich unter der verrufenen Nation, die so schöne Gesichter und so schlechte Gemüther hat: am auffallendsten ist die unendliche Heiterkeit und Fröhlichkeit aller Minen: sie kommt von ihrer Gesundheit und diese vom Klima: dabei sehn viele so geistreich aus, als ob etwas dahinter stäcke: sie sind fein und schlau und wissen sogar sobald sie wollen brav und ehrlich auszusehn, und sind dennoch so treulos, ehrlos, schaamlos, daß die Verwunderung uns den Zorn vergessen läßt. Fürchterlich sind ihre Stimmen: wenn in Berlin ein einziger auf der Gasse so gellend und nachhallend

brüllte, wie hier Tausende, so liefe die ganze Stadt zusammen: aber auf den Theatern trillern sie vortrefflich.
Wieder sind die Zimmer hoch; oben Gebälk, unten Steinpflaster, alles Eisen und Stein, Möbeln schlecht, Thüren und Fenster albern eingerichtet: ich schreibe am Licht der hohen messingnen dreiflammigen Lampe, die der Bediente soeben mit Schwefelschilfhalmen anzündete und nachdem er es mühsam zu Stande gebracht, ein feierliches *felicissima notte a Vossignoria* [Recht gute Nacht, Euer Hochwohlgeboren] aussprach: Feigen, Trauben und Citronen, mit vielen Blättern am Stil, stehn gehäuft vor mir. - Mein Schatz, war das vor 3 Jahren nicht alles auch so? Sie haben einen Hauch dieser Existenz hinüber verlangt: *Ecco la servito!* [Nun sind Sie bedient!] - In den letzten 3 Jahren träumte mir bisweilen ich wäre in Rom, in Neapel: aber dann erwachte ich und lag noch in der Niederlagstraße: jetzt glaubte ich Anfangs bisweilen, es könne mir wieder so gehn, aber dies Mal schwindet die Erscheinung nicht. - Der 2te Eintritt in Italien ist noch erfreulicher als der erste: mit welchem Jubel begrüßte ich jede Italiänische Eigenthümlichkeit! Das uns ganz Fremde und Ungewohnte beängstigt beim 2ten Male nicht, wie beim ersten: selbst das Lästige, Widrige, Unbequeme, wird als ein alter Bekannter begrüßt, das Gute weiß man zu finden und versteht es zu genießen. Ich fand, daß Alles was unmittelbar aus den Händen der Natur kommt, Himmel, Erde, Pflanzen, Bäume, Thiere, Menschengesichter, hier so ist, wie es eigentlich seyn soll: bei uns nur so, wie es zur Noth seyn kann.
Als ich von der langen und schönen Schweizerreise, die herrliche Erinnerungen zurückläßt, in Mailand ausruhte, hoffte ich einen Brief von Ihnen: *sed frustra* [aber vergebens]: ich hatte Ihnen meine Adresse von Leipzig aus gesandt. Da muß ich denn jetzt Ihnen mein Andenken zurückrufen und meine Bitte erneuern um etwas litterarische Neuigkeiten, zumal solche die mich näher interessiren. Hier erfährt man nichts, wenn gleich im Lesekabinet der Hermes und die Amalthea (mit einem Aufsatz von Ihnen) liegen: denn das ist eben auch Alles. Mich freut bisweilen das Heterogene meiner Umgebung: ich belächle mich selbst, wenn ich mit einem weißen Domenikaner im Boboli promenire und den Verfall der Klöster beseufzen helfe, oder im kerzenhellen Urvätersaal einer Villa einer Englischen Dame die *cour*

mache: ›doch wenn in unsrer stillen Zelle das Lämpchen freundlich wieder brennt‹ [Faust I, v. 1194/95] – dann bin ich wieder ich selbst und weiß wo mein Leben eigentlich liegt: da wünsche ich denn auch von Außen etwas zu vernehmen, was darauf Bezug hat. Sie wissen meine Wünsche hierüber, und ich kenne Ihre Güte. – Hat der neue Meßkatalog remarkable *philosophica* gebracht? – Drei philosophische Lehrstühle, in Heidelberg, in Breslau, in Berlin, waren zu besetzen: mit welchen Subjekten hat man sie ausgefüllt? – Hat sich irgend Jemand über mich ausgelassen, oder gar wieder eine eigene *pièce* über meine Sache abgefaßt? – Die würde ich bitten mir mit der Post zu schicken und meines Dankes, wie des Kostenersatzes gewiß zu seyn. – Hier ist man selbst mit Büchern nicht gut dran: man muß alles kaufen: die Bibliothek hat die unbequemste Einrichtung: ein Kistchen Bücher, das ich habe nachkommen lassen, hat schmähliches Geld gekostet. Indessen ist nichts verboten. In Mailand zeigten sie mir mich selbst im dicken Verzeichniß verbotener Autoren.
Ich bleibe den Winter hier: noch ist es warm, ich trage fortwährend nankingne Hosen und so thun alle: das Laub fängt an hin und wieder gelb zu werden: die meisten Bäume kennen keine Jahrszeit: selbst Orangen stehn im Klosterhofe v. *S. Lorenzo* das ganze Jahr im Freien und unbedeckt, hoch, stark, den Hof beschattend: wird es kalt, so werde ich mich an diesem Anblick trösten. – *Eldorado* ist unter der Erde. Mit Italien lebt man wie mit einer Geliebten, heute im heftigen Zank, Morgen in Anbetung: – mit Teutschland wie mit einer Hausfrau, ohne großen Zorn und ohne große Liebe.
Welche Sterne glänzen Ihnen? – Ist noch Hoffnung daß Sie nachkommen? – oder hat Gott Hymen Ihnen die letzte, schwere Fessel angelegt? – Wollen Sie nachkommen, so machen Sie schnell: den Sommer werde ich wohl nicht mehr hier seyn. Inzwischen bitte ich jetzt recht, recht bald mich mit einem Briefe zu erfreuen: in allen hiesigen Angelegenheiten stehe ich zu Diensten und bleibe im Süden wie im Norden
ganz der Ihrige *Arthur Schopenhauer.*« (B, 87)
Osann erwidert den Brief am 8. März 1823 und informiert über Neuigkeiten an deutschen Universitäten, über den von vielen noch immer angebeteten großen Gott Hegel und über das Ausbleiben gewichtiger Reaktionen auf die vor vier Jahren veröffent-

lichte *Welt als Wille und Vorstellung* (W I). »Herzlichen Dank für den Italischen Himmel«, schreibt Osann, »der mir aus Ihrem Briefe entgegengeblinkt. Ich hatte das Blatt küssen mögen, das mich mit einer Lust anweht, die mich so befriedigend einst beglückt hat.« (*Schopenhauer-Briefe.* Sammlung meist ungedruckter oder schwer zugänglicher Briefe von, an und über Schopenhauer, hrsg. von Ludwig Schemann, Leipzig 1893, S. 133)
↑ Lebenslauf

J

Jammer des Lebens »In meinem 17ten Jahre, ohne alle gelehrte Schulbildung, wurde ich vom *Jammer des Lebens* so ergriffen, wie Buddha in seiner Jugend, als er Krankheit, Alter, Schmerz und Tod erblickte. Die Wahrheit, welche laut und deutlich aus der Welt sprach, überwandt bald die auch mir eingeprägten Jüdischen Dogmen, und mein Resultat war, daß diese Welt kein Werk eines allgütigen Wesens seyn könnte, wohl aber das eines Teufels, der Geschöpfe ins Daseyn gerufen, um am Anblick ihrer Quaal sich zu weiden: darauf deuteten die Data, und der Glaube, daß es so sei, gewann die Oberhand.« (HN IV 1, 96)
Die Notiz aus dem Jahr 1832 blickt noch einmal zurück auf Erfahrungen aus der Jugendzeit. Schopenhauer unternahm in den Jahren 1803 und 1804 mit seinen Eltern eine große Vergnügungsreise durch Europa, die ihn auch mit Leid und Elend konfrontierte (vgl. B, 650).
↑ Kettenhund, Leiden, Tummelplatz

Jedes Wesen »Das Ding an sich, der Wille zum Leben, ist in jedem Wesen, auch dem geringsten, ganz und ungetheilt vorhanden, so vollständig, wie in allen, die je waren, sind und seyn werden, zusammen genommen.« (P II, § 115, 236)
Der empirische Standpunkt, vermittelt durch das *principium individuationis*, zeigt das eigene Dasein als verschwindend klein in einer grenzenlosen Welt von Raum und Zeit. Auf dem metaphysischen Standpunkt dagegen wird man sich bewußt,

»Alles in Allem und eigentlich das allein wirkliche Wesen zu seyn« (P II, § 115, 235), d. h. daß unser eigenes Selbst in den anderen Wesen existiert.
Die Auffassung, daß unser eigenes Selbst in anderen Wesen existiert, hat nur für den jüdisch-christlichen Okzident etwas Fremdartiges. Schopenhauer zitiert aus dem indischen Vedahymnus: »Der verkörperte Geist, welcher tausend Häupter, tausend Augen, tausend Füße hat, wurzelt in der Menschenbrust und durchdringt zugleich die ganze Erde. Dieses Wesen ist die Welt und Alles, was je war und seyn wird.« (P II, § 115, 236 f.) Ein anderer Ausdruck für dieses Wesen ist »Makranthropos« (W II, Kap. 50, 739): Die Welt ist ein großer Mensch.
↑ Tat twam asi, Mitleid

Jenseits der Zeit Die *Platonische Idee* läßt »sich beschreiben als Das, was was wir vor uns haben würden, wenn die Zeit, diese formale und subjektive Bedingung unsers Erkennens, weggezogen würde, wie das Glas aus dem Kaleidoskop. Wir sehn z. B. die Entwicklung von Knospe, Blume und Frucht, und erstaunen über die treibende Kraft, welche nie ermüdet, diese Reihe von Neuem durchzuführen. Dieses Erstaunen würde wegfallen, wenn wir erkennen könnten, daß wir, bei allem jenem Wechsel, doch nur die eine und unveränderliche Idee der Pflanze vor uns haben, welche aber als eine Einheit von Knospe, Blume und Frucht anzuschauen wir nicht vermögen, sondern sie mittelst der Form der *Zeit* erkennen müssen, wodurch unserm Intellekt die Idee auseinandergelegt wird, in jene successiven Zustände.« (P II, § 207, 447)
↑ Platonische Idee

Jugend »Es ist sehr wichtig, schon früh, in der Jugend darüber belehrt zu werden, daß man sich auf der Maskerade befinde.« (P II, § 114, 225)
↑ Masken

K

Kampf »Wo nur ein Lebendes sich rührt oder vegetirt ist gleich ein andres Lebendes da es zu verschlingen.« (HN III, 319)
↑ Tummelplatz

Kanone »Allemal ladet die Major die Kanone: allein erst wenn die Minor die Lunte hinzubringt, erfolgt der Schuß, die Konklusio.« (W I, Kant-Anhang, 555)
Schopenhauers Virtuosität für die Veranschaulichung, für den Vergleich, zeigt sich selbst noch auf dem Gebiet der Logik, bei den abstrakten Strukturbegriffen des Schließens. Die im Zitat verwendeten Termini beziehen sich auf die drei Urteile, aus denen ein Schluß (Syllogismus) vom Allgemeinen aufs Besondere besteht. An einem Beispiel erläutert:
Alle Menschen sind sterblich. (Obersatz, lat. *propositio maior*)
Alle Propheten sind Menschen. (Untersatz, lat. *propositio minor*)
Alle Propheten sind sterblich. (Folgerung, lat. *conclusio*)
↑ ABC-Schützen

Kant »Kant ist vielleicht der originellste Kopf, den jemals die Natur hervorgebracht hat.« (P I, 181)

Kants große Lehre Wir erkennen »die Dinge nicht, wie sie an sich sind, sondern nur wie sie erscheinen. Dies ist des großen *Kants* große Lehre.« (P II, § 30, 47)
Schopenhauer hat sich intensiv und differenziert mit Kant auseinandergesetzt. Im *Anhang* des ersten Bandes der *Welt als Wille und Vorstellung* behandelt er zunächst kurz die Hauptverdienste und dann ausführlich die Fehler Kants (W I, Kant-Anhang, 489–633; vgl. HN II, 398–426 und HN V, 78 -99).
↑ Transzendentalphilosophie, X, Verschiedene Betrachtungsweisen des Intellekts

Kartenspiel »Weil sie nämlich keine Gedanken auszutauschen haben, tauschen sie Karten aus und suchen einander Gulden

abzunehmen. O, klägliches Geschlecht!« (P I, Aphorismen, Kap. 2, 352)
↑ Zigarre

Kaspar Hauser »Ich bin der *Kaspar Hauser* der *Philosophieprofessoren.*« (HN IV 1, 292)
Schopenhauer bleibt jahrzehntelang unbeachtet. Erst im letzten Lebensjahrzehnt wird er berühmt.
↑ Universitätsscharlatanerie

Kausalität von innen gesehen Das Kausalitätsgesetz lautet: Jede Veränderung in der materiellen Welt kann nur eintreten, wenn ihr eine andere unmittelbar vorhergegangen ist. Die Berücksichtigung des Selbstbewußtseins hierbei – also die Berücksichtigung der eigenen Erfahrung, was es heißt, zu einer Handlung bewegt, motiviert zu werden – wirft ein neues Licht auf die Kausalität und erweist sich als Eingangstor zur Metaphysik.
Der Kontext ist folgender: Zu unterscheiden sind das *Bewußtsein von anderen Dingen* und das *Selbstbewußtsein*. Im Bewußtsein von anderen Dingen konstituiert sich die äußere Welt. Im Selbstbewußtsein eröffnet sich die Erfahrung des eigenen Willens. Das erste faßt die Dinge als daseiend, das zweite faßt das eigene Ich als wollend auf. Zusammen ergibt sich die Phänomenalität der stets an ein Bewußtsein gebundenen Welt, die in ihrem Erscheinungscharakter dem Satz vom Grund in seinen vier Gestalten unterworfen ist. Dies ist die *Welt als Vorstellung*.
Wenn Schopenhauer beim Selbstbewußtsein vom Wollen oder von Willensakten spricht, so meint er zunächst lediglich die empirische Erscheinung des Willens, noch nicht den metaphysischen Willen als Ding an sich. Diese *Erscheinung* des Willens untersteht – wie alle übrigen Erscheinungen der Welt – dem Satz vom Grund. Die spezielle Gestalt des Satzes vom Grund heißt hier »Satz vom zureichenden Grunde des Handelns« oder kürzer »Gesetz der Motivation«. Zu betonen ist noch einmal: Der Wille als Ding an sich, als das Wesen der Welt, untersteht in keiner Weise dem Satz vom Grund, nur seine Erscheinung.
Tiere und Menschen werden durch *Motive* bewegt, d. h. durch Vorstellungen aller Art, nicht durch jene Art von Ursachen, die die bewußtlosen Dinge in Bewegung setzen, wie z. B. Druck und

Stoß. Das Gesetz der Motivation ist »das durch die Vorstellung hindurchgegangene Gesetz der Kausalität, das mittelst der Vorstellung in Kraft tretende Gesetz der Kausalität. Bloß durch diese Bestimmung, daß das Medium in welchem es sich äußert, die Erkenntniß ist, unterscheidet sich das Gesetz der Motivation von dem der Kausalität« (VN I, Kap. 4, 469 f.).

Für Schopenhauer ist das rechte Verständnis des Gesetzes der Motivation der »Grundstein zu meiner ganzen Metaphysik« (G, § 43, 145). In der äußeren Natur bleibt das Verhältnis von Ursache und Wirkung rätselhaft, fremdartig, unverständlich. Die Abläufe des eigenen Handelns dagegen gewähren durch unser Selbstbewußtsein einen Blick in das Innere der Kausalität.

Hier beginnt Schopenhauers Metaphysik. In ihr will er sich die Erfahrung, die das Selbstbewußtsein vom Willen hat, zunutze machen. - Die Pointe ist: Das Gesetz der Kausalität (und mit ihm alle Naturvorgänge) wird dadurch, daß es in gewisser Weise mit dem Gesetz der Motivation zusammenfällt, auf eine analoge Weise zum menschlichen Willen ausdeutbar, entzifferbar, verstehbar. Der ganzen Natur kann dadurch eine Innenseite unterlegt werden, die Ähnlichkeit mit der Erfahrung unseres Willens, z. B. mit der Kraft unserer Leidenschaften, hat.

Schopenhauer steht an der Schwelle zu seiner Metaphysik, zu einer neuartigen Interpretation der Welt. Es ist eine neue Betrachtungsweise, die die Welt aus dem Menschen zu verstehen lehrt und nicht, wie allgemein üblich, den Menschen aus der Welt. Dieser Interpretation arbeitet Schopenhauer durch seinen erweiterten Kausalitätsbegriff zu. In seiner grundlegenden erkenntnistheoretischen Schrift *Ueber die vierfache Wurzel des Satzes vom zureichenden Grunde* schreibt er: In der Körperwelt der äußeren Natur ist die Kausalität »das Band der Veränderungen unter einander, indem die Ursache die von außen hinzutretende Bedingung jedes Vorgangs ist. Das Innere solcher Vorgänge hingegen bleibt uns dort ein Geheimniß: denn wir stehn daselbst immer draußen. Da sehn wir wohl diese Ursache jene Wirkung mit Nothwendigkeit hervorbringen: aber wie sie eigentlich Das könne, was nämlich dabei im Innern vorgehe, erfahren wir nicht. So sehn wir die mechanischen, physikalischen, chemischen Wirkungen, und auch die der Reize, auf

ihre respektiven Ursachen jedesmal erfolgen; ohne deswegen jemals den Vorgang durch und durch zu verstehn; sondern die Hauptsache dabei bleibt uns ein Mysterium: wir schreiben sie alsdann den Eigenschaften der Körper, den Naturkräften, auch der Lebenskraft, zu, welches jedoch lauter *qualitas occultae* [nicht wahrnehmbare, verborgene Eigenschaften] sind. Nicht besser nun würde es mit unserm Verständniß der Bewegungen und Handlungen der Thiere und Menschen stehn, und wir würden auch diese auf unerklärliche Weise durch ihre Ursachen (Motive) hervorgerufen sehn; wenn uns nicht hier die Einsicht in das Innere des Vorgangs eröffnet wäre: wir wissen nämlich, aus der an uns selbst gemachten innern Erfahrung, daß dasselbe ein Willensakt ist, welcher durch das Motiv, das in einer bloßen Vorstellung besteht, hervorgerufen wird. Die Einwirkung des Motivs also wird von uns nicht bloß, wie die aller andern Ursachen, von außen und daher nur mittelbar, sondern zugleich von innen, ganz unmittelbar und daher ihrer ganzen Wirkungsart nach, erkannt. Hier stehn wir gleichsam hinter den Koulissen und erfahren das Geheimniß, wie, dem innersten Wesen nach, die Ursache die Wirkung herbeiführt: denn hier erkennen wir auf einem ganz andern Wege, daher in ganz anderer Art. Hieraus ergibt sich der wichtige Satz: *die Motivation ist die Kausalität von innen gesehn.*« (G, §43, 144 f.)
↑ Ding an sich

Kein schöneres Gebet »Der Geschmack ist verschieden; aber ich weiß mir kein schöneres Gebet, als Das, womit die Alt-Indischen Schauspiele [...] schließen. Es lautet: ›Mögen alle lebende Wesen von Schmerzen frei bleiben.‹« (E, § 19, 236)
Das Gebet steht im Zusammenhang mit Schopenhauers Ethik des Mitleids. Im Mit-Leiden, das die ganze Welt umfassen kann, tritt an die Stelle der Sorge um das eigene Dasein die Sorge um alles Lebendige.
↑ Mitleid

Keiner weiß »Alle Menschen wollen leben, aber keiner weiß, weshalb er lebt.« (HN IV 2, 2)
↑ Endloses Streben, Wille/Wille zum Leben

Kern aller Dinge »Was die Dinge sind außerdem daß sie unsre Vorstellung sind? Was sie unabhängig von dieser, was sie *an sich* sind? – Eben das was wir in uns als *Wille* erkennen. Dies ist der Kern aller Dinge, dies ist es ›was die Welt im Innersten zusammenhält‹.« (HN I, 347)
↑ Ding an sich

Kettenhund »Den alleinigen wahren Gefährten und treuesten Freund des Menschen, diese kostbare Eroberung, die je der Mensch gemacht, wie *Fr. Cuvier* sagt, und dabei ein so höchst intelligentes und fein fühlendes Wesen, wie einen Verbrecher an die Kette legen, wo er vom Morgen bis zum Abend nichts, als die stets erneuerte und nie befriedigte Sehnsucht nach Freiheit und Bewegung empfindet, und sein Leben eine langsame Marter ist! er durch solche Grausamkeit endlich enthundet wird, sich in ein liebloses, wildes, untreues Thier und auch vor dem Teufel Mensch stets zitterndes, kriechendes Wesen verwandelt! Lieber wollte ich ein Mal bestohlen werden, als solchen Jammer, dessen Ursache ich wäre, stets vor Augen haben.« (P II, § 177, 400)
Schopenhauer liest in der *Times*, daß ein Lord von seinem Kettenhund den Arm aufgerissen bekommt, als er ihn streicheln wollte: »Möge es Jedem so gehn, der Hunde ankettet.« (P II, § 153, 316)
Schopenhauers Empörung erinnert an eine Erfahrung ganz anderer Art aus seiner Jugend, als er 1804 auf einer großen Reise durch Europa in Toulon auf 6000 Galeerensklaven, gleichsam auf Kettenmenschen, trifft bzw. von ihnen hört: »Das Lager der *Forçats* ist die Bank an die sie gekettet sind. Ihre Nahrung bloß Wasser u. Brod: u. ich begreife nicht wie sie, ohne eine kräftigere Nahrung u. von Kummer verzehrt, bey der starcken Arbeit, nicht eher unterliegen; denn während ihrer Sklaverey werden sie ganz wie Lastthiere behandelt: es ist schrecklich wenn man es bedenckt, daß das Leben dieser elenden Galeeren-Sklaven, was viel sagen will, ganz freudenlos ist, u. bey denen, deren Leiden auch nach fünf u. zwanzig Jahren kein Ziel gesetzt ist, auch ganz hoffnungslos: läßt sich eine schrecklichere Empfindung dencken, wie die eines solchen Unglücklichen, während er an die Bank in der finstern Galeere geschmiedet wird, von der ihn nichts wie der Tod mehr trennen kann! – Manchem wird sein

Leiden wohl noch durch die unzertrennliche Gesellschaft dessen erschwert, der mit ihm an Eine Kette geschmiedet ist.« (R, 144 f.)
Die »sklavenhaltenden Staaten Nordamerika's« - die Behandlung der »unschuldigen schwarzen Brüder« - sind Schopenhauer ein »Schandfleck der ganzen Menschheit« (P II, § 114, 226).
↑ Sklaverei, Jammer des Lebens

Kinderkleid »Die Menschheit wächst die Religion aus, wie ein Kinderkleid; und da ist kein Halten: es platzt.« (P II, § 181, 417)
↑ Religionen

Kindertrompete »Kritiker giebt es, deren Jeder vermeint, bei ihm ständ es, was gut und was schlecht seyn solle; indem er seine Kindertrompete für die Posaune der Fama hält.« (P II, § 238 a, 484)

Klappern »*Der* Mensch gewinnt meine Hochachtung, als ein unter hundert Auserlesener, welcher, wann er auf irgend etwas zu warten hat, also unbeschäftigt dasitzt, nicht sofort mit Dem, was ihm gerade in die Hände kommt, etwa seinem Stock, oder Messer und Gabel, oder was sonst, taktmäßig hämmert, oder klappert. Wahrscheinlich denkt er an etwas. Vielen Leuten hingegen sieht man an, daß bei ihnen das Sehn die Stelle des Denkens ganz eingenommen hat: sie suchen sich durch Klappern ihrer Existenz bewußt zu werden; wenn nämlich kein Cigarro bei der Hand ist, der eben diesem Zwecke dient. Aus dem selben Grunde sind sie auch beständig ganz Auge und Ohr für Alles, was um sie vorgeht.« (P I, Aphorismen, Kap. 5, 478)
Das Leben verlangt nach fortwährender Beschäftigung. Die gänzliche Untätigkeit führt die unerträgliche, entsetzliche Langeweile herbei.
↑ Lärm, Leben, Touristenleben

Klassiker »Es giebt doch keine größere Erquickung für den Geist, als die Lektüre der alten Klassiker: sobald man irgend einen von ihnen, und wäre es auch nur auf eine halbe Stunde, in die Hand genommen hat, fühlt man alsbald sich erfrischt, er-

leichtert, gereinigt, gehoben und gestärkt; nicht anders, als hätte man an der frischen Felsenquelle sich gelabt.« (P II, § 296, 594)
Klassiker sind »Geister«, deren Schriften in unvermindertem Jugendglanz durch die Jahrtausende gehen. Die schöne prägnante Schreibart, die jede Nuance eines Gedankens zum Ausdruck bringt, macht den Klassiker. Die alten Sprachen, Griechisch und Latein, sind ein unerläßliches Vorbereitungsmittel für den großen Schriftsteller. Ohne diese Vorschule artet die Schreiberei aus in das bloße Gewäsch »schwadronirender Barbiergesellen« (P II, § 299, 606).
Sollten die alten Sprachen je vergessen werden, so werden Roheit und Plattheit sich der ganzen Literatur bemächtigen. Nicht ohne Grund wird die Beschäftigung mit den Schriftstellern des Altertums »Humanitätsstudien« genannt. Trotz Eisenbahnen, elektrischer Drähte und Luftballons wird sie dann wiederkommen – die »Barbarei« (P II, § 255, 518).
↑ Poesie

Kleider machen Götter »Man hat *Gott* nach und nach, besonders in der scholastischen Periode und später, angekleidet mit allerhand Qualitäten: die Aufklärung aber hat genöthigt ihn wieder auszukleiden, ein Stück nach dem andern, und man zöge ihn gern ganz aus, wenn nicht der Skrupel wäre es möchte sich dann ergeben, daß blos Kleider wären und nichts drin.« HN I, 41)
↑ Wolkengebilde der Vernunft

Kleines Leben »Jeder Tag ist ein kleines Leben.« (P I, Aphorismen, Kap. 5, 464)

Koitus »Der Akt nun aber, durch welchen der Wille sich bejaht und der Mensch entsteht, ist eine Handlung, deren Alle sich im Innersten schämen, die sie daher sorgfältig verbergen, ja, auf welcher betroffen sie erschrecken, als wären sie bei einem Verbrechen ertappt worden.« (W II, Kap. 45, 653)
↑ Geschlechtstrieb

Kopf »Daß der Kopf im Raume sei hält ihn nicht ab, einzusehn, daß der Raum doch nur im Kopfe ist.« (P II, § 30, 48)
↑ Standort wechseln, Zellerscher Zirkel

Kopfschütteln »Klopfte man an die Gräber und fragte die Todten, ob sie wieder aufstehn wollten; sie würden mit den Köpfen schütteln.« (W II, Kap. 41, 531)

Krötenagilität »Als ob nicht Alles das Werk einzelner und einziger Köpfe gewesen wäre [...] und als ob, wenn Kant an den Blattern gestorben wäre, auch ein Anderer die Kritik der reinen Vernunft würde geschrieben haben, - wohl einer von Jenen, aus der Fabrikwaare der Natur und mit ihrem Fabrikzeichen auf der Stirn, so Einer mit der normalen Ration von drei Pfund groben Gehirns, hübsch fester Textur, in zolldicker Hirnschaale wohl verwahrt, beim Gesichtswinkel von 70°, dem matten Herzschlag, den trüben, spähenden Augen, den stark entwickelten Freßwerkzeugen, der stockenden Rede und dem schwerfälligen, schleppenden Gange, als welcher Takt hält mit der Krötenagilität seiner Gedanken: - ja, ja, wartet nur, die werden euch Kritiken der reinen Vernunft und auch Systeme machen, sobald nur der vom Professor berechnete Zeitpunkt da und die Reihe an sie gekommen ist, - dann, wann die Eichen Aprikosen tragen.« (P I, Ueber die Universitäts-Philosophie, 209)
↑ Universitätsscharlatanerie

Kunstbetrachtung »Vor ein Bild hat Jeder sich hinzustellen, wie vor einen Fürsten, abwartend, ob und was es zu ihm sprechen werde; und, wie jenen, auch dieses nicht selbst anzureden: denn da würde er nur sich selbst vernehmen.« (W II, Kap. 34, 464)
In der Kunst geht es um die rein objektive Betrachtung der Welt. Kunst hat mit Relativität oder Subjektivität des Geschmacks nichts zu tun. Jedes echte und gelungene Kunstwerk, sei es ein Gemälde, sei es eine Statue, beantwortet auf seine Weise in der »naiven und kindlichen Sprache der *Anschauung*« die Frage: Was ist das Leben?
↑ Bildende Kunst

L

Lachen »Je mehr ein Mensch des ganzen Ernstes fähig ist, desto herzlicher kann er lachen.« (W II, Kap. 8, 108)

Lärm »Der Lerm [...] ist die impertinenteste aller Unterbrechungen, da er sogar unsere eigenen Gedanken unterbricht, ja, zerbricht. Wo jedoch nichts zu unterbrechen ist, da wird er freilich nicht sonderlich empfunden werden.« (P II, § 378, 680)
↑ Gedankenmörder

Lauf der Welt »Die Wilden fressen einander und die Zahmen betrügen einander, und Das nennt man den Lauf der Welt.« (P I, Aphorismen, Kap. 5, 485)

Leben Das Leben des Menschen schwingt, »gleich einem Pendel, hin und her, zwischen dem Schmerz und der Langenweile, welche Beide in der That dessen letzte Bestandtheile sind« (W I, § 57, 368).
Die Ausdrücke »Schmerz« und »Langeweile«, die »beiden Pole des Menschenlebens« (P II, § 153, 313), stehen für komplexere Zusammenhänge. Für *Schmerz* sagt Schopenhauer auch Not, Lebensnot oder Leiden. Er meint sämtliche Qualen des Lebens im Kampf um die Existenz, geistige wie körperliche. Zwei große Bereiche lassen sich gruppieren, die Sorge um die Erhaltung des Daseins (Hunger) und die Fortpflanzung des Geschlechts (Geschlechtstrieb). Alles in allem ist der Mensch ein »Konkrement von tausend Bedürfnissen« (W I, § 57, 368).
Das kolossale Gewicht, das der Ausdruck »Langeweile« für Schopenhauer hat, ist heute nicht mehr sofort nachvollziehbar. Der Ausdruck wird erst verständlich, wenn auf Bezeichnungen, Bedeutungen zurückgegriffen wird, die uns gegenwärtig vertrauter sind. Schopenhauer selbst spricht von einer »furchtbaren, lebenserstarrenden Langeweile«, von einem »matten Sehnen ohne bestimmtes Objekt«, von einer »heillosen Quaal«, von einer »furchtbaren Leere« (W I, § 29, 196; § 65, 432; § 57, 367). Gemeint

ist hier das Leidenssyndrom der Depression. Es geht um das unerträgliche Auf-sich-selbst-Zurückfallen, um die Erfahrung von Sinn- und Ziellosigkeit, Leere und Unausgefülltheit. Die Langeweile, sagt Schopenhauer, ist mittelbar die Quelle unzähliger weiterer Leiden. Viele treibt sie zur Verschwendung und dann ins Elend. Auch die Staatsklugheit trifft öffentliche Vorkehrungen, um die beiden Lebensnöte, Schmerz und Langeweile, zu mildern und zu kontrollieren. Andernfalls droht größte Zügellosigkeit der Massen. »*Panem et circenses* braucht das Volk«, Brot und Spiele oder Befriedigung und Spaß.

»Demgemäß sehn wir, daß fast alle vor Noth und Sorgen geborgene Menschen, nachdem sie nun endlich alle andern Lasten abgewälzt haben, jetzt sich selbst zur Last sind und nun jede durchgebrachte Stunde für Gewinn achten, also jeden Abzug von eben jenem Leben, zu dessen möglichst langer Erhaltung sie bis dahin alle Kräfte aufboten. Die Langeweile aber ist nichts weniger, als ein gering zu achtendes Uebel: sie malt zuletzt wahre Verzweiflung auf das Gesicht.« (W I, § 57, 369)

↑ Hunger und Geschlechtstrieb

Leben und Traum Schopenhauer betont die enge Verwandtschaft zwischen Leben und Traum. Als Beleg dienen ihm auch die großen Werke der Literatur. Die Veden sprechen vom »Schleier der Maja«. Bei Pindar heißt es: »Der Mensch ist der Traum eines Schattens.« Bei Shakespeare steht: »Wir sind solches Zeug, wie das woraus die Träume gemacht sind, und unser kurzes Leben ist von einem Schlaf umschlossen.« Calderon verfaßt ein Drama mit dem Titel *Das Leben ein Traum*.

Auch Schopenhauer bedient sich eines dichterischen Vergleichs: »Das Leben und die Träume sind die Blätter eines und des nämlichen Buches. Das Leben im Zusammenhang heißt wirkliches Leben. Wann aber die jedesmalige Lesestunde (der Tag) zu Ende und die Erholungszeit gekommen ist, so blättern wir oft noch müßig und schlagen, ohne Ordnung und Zusammenhang, bald hier, bald dort ein Blatt auf: oft ist es ein schon gelesenes, oft ein noch unbekanntes, aber immer aus dem selben Buch. So ein einzeln gelesenes Blatt ist zwar außer Zusammenhang mit der folgerechten Durchlesung: doch steht es hiedurch nicht so gar sehr hinter dieser zurück, wenn man

bedenkt, daß auch das Ganze der folgerechten Lektüre eben so aus dem Stegreife anhebt und endigt und sonach nur als ein größeres einzelnes Blatt anzusehn ist.« (W I, § 5, 21)
↑ Traumdeutung, Vorüberfliegende Wesen

Lebensalter »Wie man, auf einem Schiffe befindlich, sein Vorwärtskommen nur am Zurückweichen und demnach Kleinerwerden der Gegenstände auf dem Ufer bemerkt; so wird man sein Alt- und älterwerden daran inne, daß Leute von immer höhern Jahren Einem jung vorkommen.« (P I, Aphorismen, Kap. 6, 518)
↑ Leierstück

Lebensgeschichte »Ist doch jede Lebensgeschichte eine Leidensgeschichte! und ihr tadelt's, daß ich sage, Leben ist Leiden.« (HN III, 25)

Lebenskraft »Die Lebenskraft ist geradezu identisch mit dem Willen.« (P II, § 94, 173)
↑ Wille/Wille zum Leben

Lebenslauf Arthur Schopenhauer ist am 22. Februar 1788 in Danzig geboren und am 9. September 1860 in Frankfurt am Main gestorben. Es gibt eine Reihe von Dokumenten, in denen Schopenhauer selbst über sein Leben Auskunft gibt. Interessant ist es, folgende zwei Quellen miteinander zu vergleichen, aus denen sich ein »sichtbares äußeres und ein wirkliches inneres Leben« ablesen läßt. Die erste Quelle, *Notizen über mein Leben*, sendet Schopenhauer 1851 im Alter von 63 Jahren zur Veröffentlichung an die Redaktion von *Meyer's Konversations-Lexicon*. So möchte er als Philosoph öffentlich zur Kenntnis genommen werden:
»Ich bin in Danzig geboren, am 22. Februar 1788. Mein Vater, Heinrich Floris Sch., war daselbst ein sehr wohlhabender Kaufmann und meine Mutter die später durch ihre Schriften berühmt gewordene Johanna Sch. – Meine Universitätsstudien habe ich von 1809 bis 1813 in Göttingen und Berlin gemacht: auf letzterer Universität las damals Fichte, auf ersterer G. E. Schulze Aenesidemus. Bei meiner Promotion 1813 gab ich die Abhandlung ›über die vierfache Wurzel des Satzes vom zureichenden

Grunde‹ heraus, von welcher die 2. sehr verbesserte und vermehrte Auflage 1847 hier in Frankfurt erschienen ist. Nachdem ich den Winter 1813/14 in Weimar und in Göthes vertrauterem Umgange zugebracht hatte, zog ich nach Dresden, woselbst ich bis Ende 1818 unter Benutzung der Bibliothek und Kunstsammlungen privatisirt habe. 1816 erschien meine Schrift ›über das Sehn und die Farben‹ und am Schluß des J. 1818 mein Hauptwerk ›die Welt als Wille und Vorstellung‹, wie es noch im ersten Bande vorliegt! Nachdem ich es dem Verleger übergeben, trat ich eine Reise nach Italien an und kam bis über Neapel hinaus. Zurückgekehrt habilitirte ich mich 1820 als Privatdozent bei der Universität Berlin, habe jedoch nur das erste Semester gelesen, wiewohl ich bis 1831, die Jahre der Abwesenheit abgerechnet, immer noch im Lektions-Katalog gestanden habe. Damals war die Zeit des höchsten Flors der Hegelei. 1822 begab ich mich nochmals auf die Reise nach der Schweiz und Italien, von der ich erst 1825 nach Berlin zurückgekommen bin. Daselbst habe ich 1830 eine lateinische und verbesserte Darstellung meiner früher deutsch herausgegebenen Farbentheorie ausgearbeitet, welche alsdann unter dem Titel *Theoria colorum physiologica, eademque primaria*, im 3ten Bande der von Justus Radius herausgegebenen *Scriptores ophthalmologici minores* erschienen ist. Als 1831 die Cholera zum ersten Mal nach Deutschland kam, gieng ich ihr vorläufig bis hieher, nach Frankfurt, aus dem Wege. Da dieser Ort verschont blieb und ich fand, daß das Klima und die Bequemlichkeit desselben mir besonders zusagten, bin ich hier geblieben, wo ich nun schon 21 Jahre als privatisirender Fremder lebe. Im J. 1836 habe ich hier meine kleine Schrift ›über den Willen in der Natur‹ erscheinen lassen, auf welche ich einen ganz besonderen Werth lege, weil in ihr der eigentliche Kern meiner Metaphysik gründlicher und deutlicher dargelegt ist, als irgendwo. Bald darauf beantwortete ich 2 moralische Preisfragen, eine der Norwegischen und eine der Dänischen Societät der Wissenschaften. Nur die erstere ist gekrönt worden und beide zusammen sind 1841 hier erschienen, u. d. T. ›die beiden Grundprobleme der Ethik‹. – Endlich habe ich im J. 1844 mein Hauptwerk in 2ter Auflage erscheinen lassen; um das Doppelte vermehrt und in 2 Bänden. [1851 erscheinen noch die *Parerga und Paralipomena*, ebenfalls in 2 Bänden.]

Ich habe das Glück gehabt, mein Leben in völliger Unabhängigkeit und im unbeschränkten Genuß meiner Zeit und Kräfte zuzubringen, wie es zu den vielseitigen Studien und zu der Elasticität und Freiheit des Geistes, welche meine Werke erforderten, nöthig war.
Frankfurt a. M. d. 28. Mai 1851 *Arthur Schopenhauer.*« (B, 263)
Die zweite Quelle ist ein Brief an den französischen Jugendfreund Anthime de Blésimaire, den Schopenhauer als Kind im Alter von zehn Jahren kennenlernt und mit dem er emotional eng verbunden bleibt. In den folgenden Auszügen gibt Schopenhauer im Schutz der alten Freundschaft sehr vertrauliche Auskünfte über sein Leben. Nicht mehr die sachliche Aufzählung seiner Werke ist ihm das Wichtigste, sondern u. a. seine Klage über ihre gänzliche Nichtbeachtung. Im ersten Brief wird dies nur durch das knappe Stichwort »Hegelei« als Synonym für die Beachtung des Falschen angedeutet. Schopenhauer gewährt seinem Freund tiefe Einblicke in seine Gefühlswelt.
»Mein lieber Anthime!
Dein Brief an meine Schwester, den sie mir geschickt hat, hat mir unaussprechliches Vergnügen bereitet: es ist wie ein süßer Ton, der von ferne kommt, aus dem schönen Land der glücklichen Kindheit. [...] du brauchst nicht zu glauben, daß ich ein alter Kerl bin; im Gegenteil. Meine Haare und mein Backenbart, das ist wahr, sind fast ganz weiß: Wirkung des Studiums und des Kummers; aber mein Gesicht ist jung, ohne Runzeln, rosig und frisch und ich habe (wie man sagt) sehr schöne Augen, leuchtend, von einem eigentümlichen Glanz, was ich als junger Mensch nicht hatte: meine Haltung und mein Gang sind sicher und flink; ich gehe noch gewöhnlich schneller als alle andern: ich habe immer noch meine kleine, recht notwendige Liaison! Endlich habe ich gute Anlagen, 70 bis 80 Jahre alt zu werden. Aber die Cholera, die naht! –
Du wolltest die Geschichte meines Lebens und seine Ergebnisse. Es wird schwierig sein, Dir eine Idee davon zu geben: denn es hat sich unter Gegenständen bewegt, die Deiner Sphäre fremd sind, und ich weiß nicht wo anfangen; es gibt ein sichtbares äußeres und ein wirkliches inneres Leben. Obwohl Du kein Schriftsteller bist, weißt Du zweifellos, daß es in den Wissenschaften Menschen von hohem Verdienst gegeben hat, die zu ihren Lebzeiten

nicht als solche erkannt worden sind, um so mehr aber nach ihrem Tode; oder, wenn das Schicksal günstig war, in ihrem Alter: das ist das Schicksal vieler dieser Menschen gewesen, zu allen Zeiten und in allen Ländern. - Ich bin einer dieser Menschen. - Du wirst vernünftig genug sein, um mir glauben zu können, wenn Du bedenkst, daß das große Verdienst ebenso selten ist wie die Eitelkeit alltäglich. Nichtsdestoweniger muß ich aufrichtig sagen, wie es sich verhält: weil ich die bestimmte Überzeugung davon habe und ich weiß, daß es nicht meine Eitelkeit ist, die mir den Rang gibt. Du kannst davon glauben, was Du willst. - Ich habe den Kummer gehabt, meine Werke vernachlässigt zu sehen, während man das falsche Verdienst anpries. Jedoch kenne ich die Gründe, das materielle Interesse spielt herein: die Absichten der deutschen Regierungen, deren Kreaturen unsere armen Professoren sind, und die das wankende und seinem unvermeidlichen Sturz ganz nahe Christentum wieder aufrichten möchten durch die Philosophie (wozu die meine sich nicht eignet, im Gegenteil!) - das ist's was sich mit der Kleinheit der Geister, dem Neid, dem natürlichen Haß der Mittelmäßigkeit gegen das, was nicht mittelmäßig ist, verbindet: Man hat sich bestrebt, mich zu ignorieren, und ist sich einig, mich zu ersticken. Unser berühmter Jean Paul hat das Lob meiner Philosophie in seinem letzten Werk gesungen, Goethe hat in seinen Lebenserinnerungen mit Hochachtung von mir gesprochen, ich habe die Huldigungen einiger Unbekannter erlebt: - aber das alles genügt nicht. [...] Mein philosophisches System, 1819 veröffentlicht [*Die Welt als Wille und Vorstellung*, Bd. 1], und meine Farbentheorie, deutsch 1816 veröffentlicht und 1830 lateinisch wiederholt, das ist die Mitte meines Lebens, mein einziger Gegenstand: ich will mich anerkannt sehen, und vor allem will ich die 2. Auflage meiner Philosophie sehen, um ihr die Ergebnisse meines Nachdenkens seit 18 Jahren einzuverleiben; wenn das geschehen, bin ich bereit abzugehen. [...] Mein vermindertes Einkommen genügt noch für ein Leben als Junggeselle, in möbliertem Zimmer, mit Essen an der Table d'hôte, alles ohne Luxus, aber anständig, ich habe das Notwendige und nichts weiter und danke dem Schicksal, daß ich weder Frau noch Kinder habe: zwei uneheliche Kinder, die ich hatte, sind jung gestorben. Wenn eine neue Konvertierung kommt, werde ich den Rest in

Leibrenten anlegen. Ich bin zweimal in Italien gewesen, 1819 und 1823, jedesmal fast ein Jahr. 1820 hat man mich an der Universität Berlin habilitiert, als eine Art Honorarprofessor, der nicht durch die Regierung, sondern durch die Studenten bezahlt wird. Danach wird man Professor. Aber ich habe nur in den ersten sechs Monaten gelesen, 1820, und dann habe ich mein Amt nur der Form nach versehen. Gleichwohl bin ich in Berlin von 1820 bis 1831 geblieben, ausgenommen 3 Jahre der Abwesenheit und des Reisens. Meine Studien haben immer meine Zeit verschlungen, das Lehramt verbraucht zuviel davon, und ich sah wohl, daß ich nicht das war, was die Regierung braucht, da ich nicht dazu geschaffen war, ihr Instrument zu sein. Mein Leben ist ein fortgesetztes Studium gewesen, das sein eigener Lohn ist [...] 1831 vertrieb mich die Cholera aus Berlin: ich flüchtete hierher. Ich hatte seit 10 Jahren eine geheime Liaison mit einem Mädchen, das ich sehr liebte: seit Jahren hatte sie versprochen mir zu folgen, wenn ich Berlin verlassen sollte, was ich immer in Aussicht genommen hatte: der Augenblick kam plötzlich, und sie hielt ihr Versprechen nicht: zweifellos hatte sie einige familiäre Verpflichtungen, aber sie mußte nichts versprechen. Das hat mir viel Kummer gemacht: aber die Zeit hat allmählich ihre Wirkung getan. Gleichwohl war sie das einzige Wesen, das mir wahrhaft verbunden war; die Umstände haben sie bezwungen.

Ich bin also hier [in Frankfurt] seit mehr als 5 Jahren, von denen ich das zweite in Mannheim verbrachte, im Glauben, es dort besser zu haben, dann kehrte ich hierher zurück. Der Aufenthalt gefällt mir einstweilen: das Klima ist das schönste und gesündeste von Deutschland, beinahe auch so mild wie das von Paris, die Umgebung ist reizvoll und ich bin ein großer Wanderer, man lebt hier viel besser und billiger als in Berlin, vor allem sind die Hotels und ihre Mittagstische die besten von ganz Europa, die niedrige und die mittlere Klasse der Einwohner ist von einer seltenen Rechtschaffenheit, es gibt ein gutes Theater: endlich, was das leibliche Wohlbefinden, die Bequemlichkeit angeht, ist es der beste Ort von Deutschland: und was die Menschen angeht, die Gesellschaft, die, glaube ich, hier noch dümmer ist als anderswo, – ich lasse mich nicht stören, da ich seit langem vom Verkehr mit den Menschen angeekelt bin und weiß, daß sie nicht der Mühe wert sind, meine Zeit mit ihnen zu verlieren: sie bilden überall,

von außen betrachtet, ein Kabinett von Karikaturen, dem Geiste nach ein Hospital von Narren und dem moralischen Charakter nach ein Kabarett von Spitzbuben. Die Ausnahmen sind sehr selten und jede hat sich in ein Eckchen von Zufluchtsort zurückgezogen. Ich lebe also einsam, mit einem weißen Pudel, einem guten und sehr klugen Tier, mit meiner Bibliothek, die ich kommen ließ, und ich bin fern jeder Langeweile, weil die Zeit davonrast. [...] Deine Geschichte wird sehr verschieden und andersartig sein als die meine: Aber in jedem Fall wird sie großes Vergnügen machen
Deinem ältesten Freund Arthur Schopenhauer
Frankfurt a. M. 10. Dec. 1836.« (B, 669 ff.)
↑ Erinnerungen an Schopenhauer, Nase, Ablenkung durch Lebensgeschichte

Leiden »Die unaufhörlichen Bemühungen, das Leiden zu verbannen, leisten nichts weiter, als daß es seine Gestalt verändert.« (W I, § 57, 371)
↑ Mensch

Leidensgefährte »In der That ist die Überzeugung, daß die Welt, also auch der Mensch, etwas ist, das eigentlich nicht seyn sollte, geeignet, uns mit Nachsicht gegen einander zu erfüllen: denn was kann man von Wesen unter solchem Prädikament erwarten? – Ja, von diesem Gesichtspunkt aus könnte man auf den Gedanken kommen, daß die eigentlich passende Anrede zwischen Mensch und Mensch, statt *Monsieur*, Sir u. s. w., seyn möchte ›Leidensgefährte, *Soci malorum, compagnon de misères, my fellow-sufferer*.‹ So seltsam dies klingen mag; so entspricht es doch der Sache, wirft auf den Andern das richtige Licht und erinnert an das Nöthigste, an die Toleranz, Geduld, Schonung und Nächstenliebe, deren Jeder bedarf und die daher auch Jeder schuldig ist.« (P II, § 156, 323)
↑ Regel

Leierstück »Es ist wirklich unglaublich, wie nichtssagend und bedeutungsleer, von außen gesehn, und wie dumpf und besinnungslos, von innen empfunden, das Leben der allermeisten Menschen dahinfließt. Es ist ein mattes Sehnen und Quälen, ein

träumerisches Taumeln durch die vier Lebensalter hindurch zum Tode, unter Begleitung einer Reihe trivialer Gedanken. Sie gleichen Uhrwerken, welche aufgezogen werden und gehen, ohne zu wissen warum; und jedesmal, daß ein Mensch gezeugt und geboren worden, ist die Uhr des Menschenlebens aufs Neue aufgezogen, um jetzt ihr schon zahllose Male abgespieltes Leierstück abermals zu wiederholen, Satz vor Satz und Takt vor Takt, mit unbedeutenden Variationen.« (W I, § 58, 379)
↑ Leben

Lesen »Lesen ist ein bloßes Surrogat des eigenen Denkens.« (P II, § 260, 523)
↑ Gelehrte

Lesezeit »Es wäre gut Bücher kaufen, wenn man die Zeit, sie zu lesen, mitkaufen könnte, aber man verwechselt meistens den Ankauf der Bücher mit dem Aneignen ihres Inhalts.« (P II, § 296a, 593)

Licht Goethe unterwies Schopenhauer in der Farbenlehre. Frauenstädt berichtet von einem Gespräch, das er mit Schopenhauer darüber führte: »›Aber dieser Goethe‹, sagte mir einst Schopenhauer, als er von diesem Unterricht in der Farbenlehre sprach, ›war so ganz *Realist*, dass es ihm durchaus nicht zu Sinne wollte, dass die *Objekte* als solche nur da seien, insofern sie von dem erkennenden Subjekt *vorgestellt* werden. Was, sagte er mir einst, mit seinen Jupiteraugen mich anblickend, das Licht sollte nur da seyn, insofern Sie es sehen? Nein, *Sie* wären nicht da, wenn das Licht *Sie* nicht sähe.‹« (LF, 221 f.; 6e, 31)
↑ Vorstellung

Liebe »Alle ächte *Liebe* ist Mitleid: und jede Liebe die kein Mitleid ist, ist Selbstsucht.« (HN I, 396)
Schopenhauer stellt der Selbstsucht, die auch die Geschlechtsliebe umfaßt (griech. *eros*, lat. *amor*) das Mitleid (griech. *agape*, lat. *caritas*) gegenüber. Im allgemeinen ist die Liebe der Menschen eigennützig und das, wodurch man sie erwirbt, nicht immer geeignet, um darauf stolz zu sein.
↑ Mitleid, Verliebtheit, Grundsatz der Ethik

Literaturgeschichte »Die *Litterargeschichte* [ist], ihrem größten Theile nach, der Katalog eines Kabinetts von Mißgeburten. Der Spiritus, in welchem diese sich am längsten konserviren, ist Schweinsleder.« (P II, § 297, 597)
↑ Klassiker, Roman

Lotterie »Das *Recept des Arztes* ist grade so viel wie ein Loos in der Lotterie: – es *kann* das rechte seyn.« (HN IV 1, 262)
↑ Arzt

Luftschlösser »Jede *Philosophie*, die nicht vom empirischen Bewußtseyn ausgeht, sondern von beliebig gewählten Begriffen, schwebt in der Luft: denn das empirische Bewußtseyn ist das einzige unmittelbare.« (HN III, 601)
↑ Sein

Lügen »Wie unser Leib in die Gewänder, so ist unser Geist in *Lügen* verhüllt. Unser Reden, Thun, unser ganzes Wesen, ist lügenhaft: und erst durch diese Hülle hindurch kann man bisweilen unsere wahre Gesinnung errathen, wie durch die Gewänder hindurch die Gestalt des Leibes.« (P I, Aphorismen, Kap. 5, 447)
↑ Masken

Lyrik An den Schluß des zweiten Bandes der *Parerga und Paralipomena* stellt Schopenhauer eine kleine Sammlung eigener Gedichte. Er spricht dabei von einem »Akt der Selbstverleugnung«, weil er »dem Publico Verse vorlege, die auf poetischen Werth keinen Anspruch zu machen haben«. In dieser Sammlung findet sich auch das folgende Gedicht, das er im Alter von fünfundzwanzig Jahren schreibt.

Morgen im Harz.

Von Dünsten schwer, von Wolken schwarz,
Sah' düster drein der ganze Harz:
Und die Welt, die war trübe. –
Da kam hervor der Sonnenschein,
Der lachte drein,
Ward Alles Freudigkeit und Liebe.

Er legte sich an des Berges Hang,
Da ruht er still, da ruht er lang,
In tiefer, säl'ger Wonne.
Zu Berges Gipfel er dann gieng,
Den ganzen Gipfel er umfieng:
Wie liebt der Berg die Sonne! (P II, 694)

Schopenhauer bemerkt in seiner Ästhetik, daß in der Lyrik echter Dichter sich das Innere der ganzen Menschheit abbildet. Alles, was Millionen von gewesenen, seienden oder zukünftigen Menschen in denselben, stets wiederkehrenden Lagen empfunden haben und empfinden werden, findet in der Lyrik seinen angemessenen Ausdruck. »Ist doch überhaupt der Dichter der allgemeine Mensch.« (W I, § 51, 294)
↑ Poesie

M

Macht des Unbewußten »Alles Ursprüngliche, und daher alles Aechte im Menschen wirkt, als solches, wie die Naturkräfte, *unbewußt*. Was durch das Bewußtseyn hindurchgegangen ist, wurde eben damit zu einer Vorstellung: folglich ist die Aeußerung desselben gewissermaaßen Mittheilung einer Vorstellung. Demnach sind alle ächten und probehaltigen Eigenschaften des Charakters und des Geistes ursprünglich unbewußte, und nur als solche machen sie tiefen Eindruck. Alles Bewußte der Art ist schon nachgebessert und ist absichtlich, geht daher schon über in Affektation, d. i. Trug. Was der Mensch unbewußt leistet, kostet ihm keine Mühe, läßt aber auch durch keine Mühe sich ersetzen: dieser Art ist das Entstehn ursprünglicher Konceptionen, wie sie allen ächten Leistungen zum Grunde liegen und den Kern derselben ausmachen. Darum ist nur das Angeborene ächt und stichhaltig, und Jeder, der etwas leisten will, muß in jeder Sache, im Handeln, im Schreiben, im Bilden, *die Regeln befolgen, ohne sie zu kennen.*« (P II, § 340, 637 f.)
»Bewußtlosigkeit« ist die Grundlage von Bewußtsein. Sie ist der

ursprüngliche und natürliche Zustand aller Dinge. Er bleibt, auch bei Wesen mit Bewußtsein, vorwaltend (vgl. W II, Kap. 15, 156).
↑ Unbewußtes Sein, Wille und Intellekt, Wahnsinn

Mahavakya »Die Leser meiner Ethik wissen, daß bei mir das Fundament der Moral zuletzt auf jener Wahrheit beruht, welche im Veda und Vedanta ihren Ausdruck hat an der stehend gewordenen mystischen Formel *tat twam asi* (Dies bist du), welche mit Hindeutung auf jedes Lebende, sei es Mensch oder Thier, ausgesprochen wird und dann die *Mahavakya*, das große Wort, heißt.« (P II, § 115, 233)
↑ Tat twam asi, Oupnekhat

Männlicher Intellekt »Das niedrig gewachsene, schmalschultrige, breithüftige und kurzbeinige Geschlecht das schöne nennen, konnte nur der vom Geschlechtstrieb umnebelte männliche Intellekt.« (P II, § 369, 656)
Das, was vielen bei Schopenhauer zuerst einfällt, ist - nicht ohne Grund - Pessimist, Frauenfeind, Mann mit Pudel. Spricht Schopenhauer von der »europäischen Dame«, dann gerät er tatsächlich schnell aus der Fassung und sammelt Stichworte für sein Kapitel »Ueber die Weiber« (P II, § § 362-371). Zu der fratzenhaften Verzerrung der menschlichen Natur gehört in seinen Augen die romantische, »abgeschmackte und lächerliche christlichgermanische Weiberverehrung« und die »mondsüchtige hyperphysische Verliebtheit« (W II, Kap. 17, 492).
Als Julius Frauenstädt 1853 in seinem Buch *Ästhetische Fragen* schreibt: »ein vollkommenes Weib ist schöner, als ein vollkommener Mann«, antwortet ihm Schopenhauer in einem Brief vom 17. Februar 1853: »Hier haben Sie ein höchst naives Bekenntniß ihres - Geschlechtstriebes abgelegt [...]. Warten Sie, daß Sie in meinem Alter seyn werden, wie Ihnen dann diese kurzbeinigen, langleibigen, schmalschultrigen, breithüftigen, mit Zitzen exornirten Persönchen vorkommen werden: auch ihre Gesichter sind *nichts*, gegen die der schönsten Jünglinge, zumal die Augen, ohne Energie.« (B, 303) - In seinen letzten Manuskripten aus dem Nachlaß steht: »Jünglingsschönheit verhält sich zur Mädchenschönheit, wie Oelmalerei zu Pastell.« (HN IV 2, 14)
↑ Verliebtheit

Masken Das Bild der Maske oder der Maskerade verwendet Schopenhauer mehrfach, z. B. die eigene Physiognomie wird zur Maske umgearbeitet, die Absicht (der Wille) redet unter der Maske der Einsicht, es gibt die Maske der Unverständlichkeit, des Tiefsinns, der Sittlichkeit, der Bart ist eine Maske, am Ende des Maskenballs werden die Larven abgenommen.
»Jeder trägt eine Maske und spielt eine Rolle.« (P II, § 315, 622)
»Wir sehn einander an und verkehren mit einander, - wie *Masken* mit Masken, wir wissen nicht, wer wir sind; - aber wie Masken, die nicht einmal sich selbst kennen. Und eben so sehn die Thiere uns an; wir sie.« (P II, § 39, 58)
»Ist doch unsere civilisirte Welt nur eine große Maskerade. Man trifft daselbst Ritter, Pfaffen, Soldaten, Doktoren, Advokaten, Priester, Philosophen, und was nicht alles an! Aber sie sind nicht was sie vorstellen: sie sind bloße Masken, unter welchen, in der Regel, Geldspekulanten *(moneymakers)* stecken. Doch nimmt auch wohl Einer die Maske des Rechts, die er sich dazu beim Advokaten geborgt hat, vor, bloß um auf einen Andern tüchtig losschlagen zu können: wieder Einer hat, zum selben Zwecke, die des öffentlichen Wohls und des Patriotismus gewählt; ein Dritter die der Religion, der Glaubensreinigkeit. Zu allerlei Zwecken hat schon Mancher die Maske der Philosophie, wohl auch der Philanthropie u. dgl. m. vorgesteckt. Die Weiber haben weniger Auswahl: meistens bedienen sie sich der Maske der Sittsamkeit, Schaamhaftigkeit, Häuslichkeit und Bescheidenheit. Sodann giebt es auch allgemeine Masken, ohne besondern Charakter, gleichsam die Dominos, die man daher überall antrifft: dahin gehören die strenge Rechtlichkeit, die Höflichkeit, die aufrichtige Theilnahme und grinzende Freundlichkeit. Meistens stecken, wie gesagt, lauter Industrielle, Handelsleute und Spekulanten unter diesen sämtlichen Masken.« (P II, § 114, 225)
Aber auch: »Einzelne giebt es sogar, auf deren Gesicht eine so naive Gemeinheit und Niedrigkeit der Sinnesart, dazu so thierische Beschränktheit des Verstandes ausgeprägt ist, daß man sich wundert, wie sie nur mit einem solchen Gesichte noch ausgehn mögen und nicht lieber eine Maske tragen.« (P II, § 377, 673)
↑ Jugend, Essen, Bart, Resignation

Materialismus »Der *moderne Materialismus* ist der Mist, den Boden zu düngen für die Philosophie.« (HN IV 2, 25)
Der Materialismus sieht die Materie - und nicht wie der Idealismus (Spiritualismus) den Geist - als das Primäre und Bestimmende an. Das Zitat, das aus den Jahren 1856/1857 stammt, meint mit »modernem Materialismus« z. B. die naturwissenschaftlich orientierte Weltanschauung von Ludwig Büchner und dessen Erfolgsbuch *Kraft und Stoff*. Schopenhauers Verhältnis zum Materialismus ist vielschichtig (vgl. M, Materialismusproblem, Kap. 6, 339–414).
In *erkenntnistheoretischer Hinsicht* kritisiert Schopenhauer, daß der Materialismus der Bedeutung, die der Intellekt bei der Erkenntnis und Konstitution der Welt hat, nicht gerecht wird. Der Materialismus sieht nicht, daß die erkannten Dinge - wegen der Vermittlung des Intellekts - keine Dinge an sich, sondern Erscheinungen sind. Materialismus heißt Kant-Vergessenheit. »Der Materialismus ist die Philosophie des bei seiner Rechnung sich selbst vergessenden Subjekts.« (W II, Kap. 1, 15)
In *ethischer Hinsicht* beanstandet Schopenhauer, daß für den Materialismus die Ordnung der Natur die einzige und absolute Ordnung der Dinge ist. Die Materialisten glauben an eine Physik, aber an keine Metaphysik. Die Frage der Metaphysik - ja, ist das denn alles, gibt es nicht noch etwas ganz anderes - wird gegenstandslos. Die metaphysisch moralische Bedeutung, der universale Schuldzusammenhang, wird geleugnet, und es wird zur Tagesordnung eines wissenschaftlich-technischen Fotschritts übergegangen. Dieser Reduktion der »absoluten Physik« setzt Schopenhauer sehr allgemein entgegen: »Daher kann man als das nothwendige *Credo* aller Gerechten und Guten dieses aufstellen: ›Ich glaube an eine Metaphysik.‹« (W II, Kap. 17, 194)
Schopenhauer sieht diesen modernen Materialismus, diese »rechte Barbiergesellen- und Apotheker-Lehrlings-Philosophie«, durch seine Erkenntnistheorie und Metaphysik überwunden. Gleichwohl akzeptiert er eine relative Berechtigung des Materialismus. In diesem eingeschränkten Sinn übernimmt er bestimmte materialistische Resultate, indem er u. a. auf französische Physiologen des 18. Jahrhunderts zurückgreift, beispielsweise auf Cabanis und Bichat. Mit ihnen vertritt er die Auffassung, daß das Erkennen eine Funktion des Gehirns ist und nicht

einer immateriellen Seele. Diese Auffassung aber integriert Schopenhauer in den Kontext seines Systems, indem er sagt, daß das Physische »andererseits zugleich« ein Metaphysisches ist.
In Schopenhauers Metaphysik rücken die auf mehreren Ebenen reflektierte und interpretierte »Materie« und der »Wille« eng zusammen. »Im Grunde ist auch die *Materie mit dem Willen identisch*, da unser Leib nur die Objektität, Sichtbarkeit unsers Willens ist, und eben so jeder Körper Objektität des Willens auf irgend einer Stufe, demnach alle Materie = Wille: *und was für die Vorstellung Materie ist, das ist an sich Wille.*« (HN IV 1, 92 f. – Eine weitere wichtige Textstelle ist HN IV 1, 216 f., wo drei wesentliche Gesichtspunkte der Materie unterschieden werden, die gleichzeitig berücksichtigt werden müssen, um zum Verständnis »dieses großen metaphysischen Problems« gelangen zu können.)
Im Hauptwerk heißt es gar: »Wollen die Herren absolut ein Absolutum haben; so will ich ihnen eines in die Hand geben, welches allen Anforderungen an ein Solches viel besser genügt, als ihre erfaselten Nebelgestalten: es ist die Materie.« (W I, Kant-Anhang, 574)
Julius Frauenstädt nennt Schopenhauer einen »idealistischen Materialisten« (M, 347).
↑ Transzendentalphilosophie, Moralische Weltordnung, Denkendes Wesen ohne Gehirn

Memnons Säule Zur Zeit der Abfassung der *Welt als Wille und Vorstellung*, 1816, notiert sich Schopenhauer, daß sich »Spuren« fast aller Philosophen aller Zeiten in seiner Lehre finden. Besonders aber hebt er zu diesem Zeitpunkt hervor: »Ich gestehe übrigens daß ich nicht glaube daß meine Lehre je hätte entstehn können, ehe die Upanischaden, Plato und Kant ihre Strahlen zugleich in eines Menschen Geist werfen konnten. Aber freilich standen (wie *Diderot* sagt) viele Säulen da und die Sonne schien auf alle: doch nur Memnons Säule klang.« (HN I, 422)
↑ Oupnekhat, Platonische Idee, Transzendentalphilosophie

Mensch »Der Mensch, als die vollkommenste Objektivation jenes Willens, ist demgemäß auch das bedürftigste unter allen Wesen: er ist konkretes Wollen und Bedürfen durch und durch,

ist ein Konkrement von tausend Bedürfnissen. Mit diesen steht er auf der Erde, sich selber überlassen, über Alles in Ungewißheit, nur nicht über seine Bedürftigkeit und seine Noth: demgemäß füllt die Sorge für die Erhaltung jenes Daseyns, unter so schweren, sich jeden Tag von Neuem meldenden Forderungen, in der Regel, das ganze Menschenleben aus. An sie knüpft sich sodann unmittelbar die zweite Anforderung, die der Fortpflanzung des Geschlechts. Zugleich bedrohen ihn von allen Seiten die verschiedenartigsten Gefahren, denen zu entgehn es beständiger Wachtsamkeit bedarf. Mit behutsamem Schritt und ängstlichem Umherspähen verfolgt er seinen Weg: denn tausend Zufälle und tausend Feinde lauern ihm auf. So gieng er in der Wildniß, und so geht er im civilisirten Leben; es giebt für ihn keine Sicherheit.« (W I, § 57, 368)
↑ Objektität/Objektivation, Leben

Menschenkenntnis »Vergeben und Vergessen heißt gemachte kostbare Erfahrungen zum Fenster hinauswerfen.« (P I, Aphorismen, Kap. 5, 483)

Menschenverachtung »Wie man gefährliche Bestien wohl fürchtet, aber nicht haßt, so halte ich es mit den Menschen.« (HN IV 2, 113)
↑ Regel

Menschheit »Die Menschheit hat von mir etwas gelernt, was sie nie vergessen wird.« (HN IV 1, 291)

Metaphysik des Schönen »Das eigentliche Problem der Metaphysik des Schönen läßt sich sehr einfach so ausdrücken: wie ist Wohlgefallen und Freude an einem Gegenstande möglich, ohne irgend eine Beziehung desselben auf unser Wollen?« (P II, § 205, 442)
↑ Bildende Kunst, Reines Subjekt des Erkennens

Metaphysisches Bedürfnis Metaphysik gehört zur menschlichen Existenz. Der Mensch ist das »einzige metaphysische Geschöpf« auf Erden, ein »geborener Metaphysikus«. »Alles philosophirt, jedes wilde Volk hat Metaphysik in Mythen, die ihm die

eigentlich materialistischen Systeme, wie auch die absolut skeptischen, niemals einen allgemeinen, oder dauernden Einfluß haben erlangen können.
Tempel und Kirchen, Pagoden und Moscheen, in allen Landen, aus allen Zeiten, in Pracht und Größe, zeugen vom metaphysischen Bedürfniß des Menschen, welches, stark und unvertilgbar, dem physischen auf dem Fuße folgt.« (W II, Kap. 17, 176 f.)
Bei zivilisierten Völkern finden sich zwei Arten von Metaphysik: die Philosophie (»Ueberzeugungslehre«) und die Religion (»Glaubenslehre«). Die Philosophie hat ihre Beglaubigung »in sich«, d. h., sie beruft sich auf das eigene Denken und auf Argumente. Die Religion dagegen hat ihre Beglaubigung »außer sich«, da sie sich auf eine von Gott selbst gegebene Offenbarung stützt, aber auch auf Zeichen und Wunder. Religion ist als eine Art »Volksmetaphysik« im übertragenen, im allegorischen Sinn wahr. Sie spendet für unzählige einfachere Menschen, die nur zu glauben befähigt sind, einen unentbehrlichen Trost in den schweren Leiden des Lebens. »Der einzige Stein des Anstoßes hingegen ist dieser, daß die Religionen ihre allegorische Natur nie eingestehn dürfen, sondern sich als *sensu proprio* wahr zu behaupten haben. Dadurch thun sie einen Eingriff in das Gebiet der eigentlichen Metaphysik, und rufen den Antagonismus dieser hervor, der daher zu allen Zeiten, in denen sie nicht an die Kette gelegt worden, sich äußert.« (W II, Kap. 17, 184) – Von allen Religionen gibt Schopenhauer dem atheistischen Buddhismus, der »vornehmsten« Religion der Menschheit, den Vorzug.
Historisch betrachtet hat es niemals an Leuten gefehlt, die das metaphysische Bedürfnis ausgebeutet haben, um dadurch Machtinteressen durchzusetzen. Mit früh in der Kindheit eingeimpften religiösen Dogmen sowie einer anerzogenen staatlich konformen Geistesrichtung werden die Köpfe verdreht und auf Fanatismus eingestellt, auf ein fortwährendes Morden in metaphysischen Angelegenheiten (vgl. W II, Kap. 17, 208 f.; P I, § 174, 377 ff.). Zum Mißbrauch kommt noch die Verleugnung der Metaphysik als ganze hinzu. Schopenhauer erblickt [illegible]se Unterdrückung in Tendenzen der jüngsten philosophis[illegible]terpretierten Naturwissenschaften (absolute Physik, Na[illegible]ismus, einseitiger Materialismus), die die Ordnung d[illegible]tur für die einzige Ordnung der Dinge halten. Eine ab[illegible] Physik aber

droht die Ethik, die moralische Erkenntnis von der metaphysischen Einheit aller Lebewesen, zu zerstören.

Schopenhauer gibt in dem wichtigen Metaphysikkapitel (W II, Kap. 17) auch ausführlich Rechenschaft über seinen eigenen Metaphysikbegriff. Er sieht es als großen Vorzug seiner Philosophie an, daß ihre Resultate in Gegenwart der angeschauten Wirklichkeit durchdacht werden und sich nicht allein abstrakten Begriffen verdanken. In Schopenhauers Überzeugung, selbst eine Metaphysik aufgestellt zu haben, die in grundsätzlicher Hinsicht ebenso wahr wie uneigennützig ist – und damit dem metaphysischen Bedürfnis gerecht wird –, gehen auch nachdenklich-skeptische Überlegungen über die Schranken der menschlichen Erkenntnis mit ein. »Welche Fackel wir auch anzünden und welchen Raum sie auch erleuchten mag; stets wird unser Horizont von tiefer Nacht umgränzt bleiben. Denn die letzte Lösung des Räthsels der Welt müßte nothwendig bloß von den Dingen an sich, nicht mehr von den Erscheinungen reden. Aber gerade auf diese allein sind alle unsere Erkenntnißformen angelegt: daher müssen wir Alles uns durch ein Nebeneinander, Nacheinander und Kausalitätsverhältnisse faßlich machen. Aber diese Formen haben bloß in Beziehung auf die Erscheinung Sinn und Bedeutung: die Dinge an sich selbst und ihre möglichen Verhältnisse lassen sich durch jene Formen nicht erfassen. Daher muß die wirkliche, positive Lösung des Räthsels der Welt etwas seyn, das der menschliche Intellekt zu fassen und zu denken völlig unfähig ist; so daß wenn ein Wesen höherer Art käme und sich alle Mühe gäbe, es uns beizubringen, wir von seinen Eröffnungen durchaus nichts würden verstehn können.« (W II, Kap. 17, 206)

↑ Philosophisches Erstaunen, Philosophieren, Dunkelheit des Lebens

Mikrokosmos und Makrokosmos »Das Wesen an sich des Menschen kann nur im Verein mit dem Wesen an sich aller Dinge, also der Welt, verstanden werden. [...] Mikrokosmos und Makrokosmos erläutern sich nämlich gegenseitig, wobei sie als im Wesentlichen das Selbe sich ergeben.« (P II, § 21, 20)

↑ Jedes Wesen

Missionare »Ich denke, daß, wenn der Kaiser von China oder der König von Siam und andere asiatische Monarchen Europäischen Mächten die Erlaubniß, Missionäre in ihre Länder zu senden, ertheilen, sie ganz und gar befugt wären, es nur unter der Bedingung zu thun, daß sie eben so viele buddhaistische Priester, mit gleichen Rechten, in das betreffende Europäische Land schicken dürfen; wozu sie natürlich solche wählen würden, die in der jedesmaligen Europäischen Sprache vorher wohlunterrichtet sind. Da würden wir einen interessanten Wettstreit vor Augen haben und sehn, wer am meisten ausrichtet.
Der christliche Fanatismus, welcher die ganze Welt zu seinem Glauben bekehren will, ist unverantwortlich.« (P II, § 115, 240 f.)
↑ Glaubensstreitigkeit, Buddhismus, Religionsunterricht

Mit eigenen Augen »Zudem sind *aufgeschriebene Gedanken* nichts mehr als die Spur eines Spaziergängers im Sande: man sieht wohl den Weg den er genommen hat, aber um zu wissen was er auf dem Wege gesehn, muß man seine eignen Augen gebrauchen.« (HN III, 311)
↑ Genie

Mitleid Ein Zentralbegriff der Ethik Schopenhauers, der die unwillkürliche Teilnahme am Leiden eines anderen Lebewesens zum Ausdruck bringt. Es ist in das »menschliche Herz jene wundersame Anlage« gepflanzt, »vermöge welcher das Leiden des Einen vom Andern mitempfunden wird, und aus der die Stimme hervorgeht, welche, je nachdem der Anlaß ist, Diesem ›Schone!‹ Jenem ›Hilf!‹ stark und vernehmlich zuruft« (E, § 19, 245). Mitleiden bedeutet aber für Schopenhauer weit mehr als ein psychologisch-subjektives Mitempfinden. Der Mitleidende erkennt intuitiv im Leidenden sich selbst, sein eigenes Wesen. Es ist in metaphysischer Hinsicht ein Gewahrwerden, »daß unser wahres Selbst nicht bloß in der eigenen Person, dieser einzelnen Erscheinung, daist, sondern in Allem was lebt« (W I, § 66, 441). Entscheidend ist, daß im Mitleid das *principium individuationis*, das Prinzip der Individuation, des Einzeldaseins alles Lebendigen, als Täuschung durchschaut wird. Ein und dasselbe Wesen ist es – der *eine* Wille als Ding an sich –, das sich in allen Lebewesen darstellt und leidet. Dies besagt die indische Formel *tat twam asi*: Dieses Lebendige bist du. Das Mitleid, das zu uneigennützigen Taten führt, beruht auf der »unmittelbaren und *intuitiven* Erkenntniß der metaphysischen Identität aller Wesen« (W II, Kap. 47, 690).

Ausgangspunkt ist der *Egoismus*, die Haupttriebfeder im Menschen, die das Leiden unabsehbar vermehrt. Der Egoismus, d. i. der »Drang zum Daseyn und Wohlseyn« (E, § 14, 196), ist grenzenlos. Ihm steht die Welt als absolutes, fremdes Nicht-Ich gegenüber. »Der Mensch will unbedingt sein Daseyn erhalten, will es von Schmerzen, zu denen auch aller Mangel und Entbehrung gehört, unbedingt frei, will die größtmögliche Summe von Wohlseyn, und will jeden Genuß, zu dem er fähig ist, ja, sucht wo möglich noch neue Fähigkeiten zum Genusse in sich zu entwickeln. Alles, was sich dem Streben seines Egoismus entgegenstellt, erregt seinen Unwillen, Zorn, Haß: er wird es als seinen Feind zu vernichten suchen. Er will wo möglich Alles genießen, Alles haben; da aber dies unmöglich ist, wenigstens Alles beherrschen: ›Alles für mich, und nichts für die Andern‹, ist sein Wahlspruch. Der Egoismus ist kolossal: er überragt die Welt. Denn, wenn jedem Einzelnen die Wahl gegeben würde zwischen seiner eigenen und der übrigen Welt Vernichtung; so brauche ich nicht zu sagen, wohin sie, bei den Allermeisten, ausschlagen würde. Demgemäß macht Jeder sich zum Mittelpunkte der Welt.« (E, § 14, 196 f.)

Der Egoismus liegt zwischen Mensch und Mensch wie ein »breiter Graben«. Er ist die allgemeine Erscheinungsform der Bejahung des Willens zum Leben, die erste und hauptsächliche »antimoralische Potenz« des Menschen. Eine Steigerung stellen die Bosheit und die Grausamkeit dar. Der Egoismus will das eigene Wohl, Bosheit und Grausamkeit das fremde Wehe.

Die Macht des Egoismus ist nur dadurch zu brechen, daß ich mich mit dem anderen identifiziere, mit ihm mitempfinde, »sein Wehe fühle, wie sonst nur meines, und deshalb sein Wohl unmittelbar will, wie sonst nur meines« (E, § 16, 208). Diese Identifikation hält mich ab, ihn zu verletzen, oder bewegt mich, ihm zu helfen. Sein Wohl und Wehe wird unmittelbar mein Motiv.

Das »alltägliche Phänomen des *Mitleids*« (E, § 16, 208) ist die eigentliche moralische Triebfeder. Schopenhauer verdeutlicht dies im folgenden Zitat, indem er Beispiele von Grausamkeit vor

Augen führt. Die Beispiele haben die Funktion, die unmittelbare, begrifflich nicht adäquat mitteilbare Anschauung, das *Intuitive* der Erkenntnis, auf das es beim Mitleid ankommt, im erst später hinzutretenden Denken, im philosophischen Argumentieren, *gegenwärtig* zu halten. Hier spielt auch die Phantasie eine wichtige Rolle, die aus der »Urquelle aller Erkenntniß, dem Anschaulichen« (W II, Kap. 31, 433), schöpft. Immer geht es Schopenhauer darum, *in Gegenwart der Anschauung zu denken*:

»Nichts empört so im tiefsten Grunde unser moralisches Gefühl, wie Grausamkeit. Jedes andere Verbrechen können wir verzeihen, nur Grausamkeit nicht. Der Grund hievon ist, daß Grausamkeit das gerade Gegentheil des Mitleids ist. Wenn wir von einer sehr grausamen That Kunde erhalten, wie z. B. die ist, welche eben jetzt die Zeitungen berichten, von einer Mutter, die ihren fünfjährigen Knaben dadurch gemordet hat, daß sie ihm siedendes Oel in den Schlund goß, und ihr jüngeres Kind dadurch, daß sie es lebendig begrub; – oder die, welche eben aus Algier gemeldet wird, daß nach einem zufälligen Streit und Kampf zwischen einem Spanier und Algierer, dieser, als der stärkere, jenem die ganze untere Kinnlade rein ausriß und als Trophäe davon trug, jenen lebend zurücklassend; – dann werden wir von Entsetzen ergriffen und rufen aus: ›Wie ist es möglich, so etwas zu thun?‹ – Was ist der Sinn dieser Frage? Ist er vielleicht: Wie ist es möglich, die Strafen des künftigen Lebens so wenig zu fürchten? – Schwerlich. – Oder: Wie ist es möglich, nach einer Maxime zu handeln, die so gar nicht geeignet ist, ein allgemeines Gesetz für alle vernünftigen Wesen zu werden? – Gewiß nicht. – Oder: Wie ist es möglich, seine eigene und die fremde Vollkommenheit so sehr zu vernachlässigen? – Eben so wenig. – Der Sinn jener Frage ist ganz gewiß bloß dieser: Wie ist es möglich, so ganz ohne Mitleid zu seyn? – Also ist es der größte Mangel an Mitleid, der einer That den Stämpel der tiefsten moralischen Verworfenheit und Abscheulichkeit aufdrückt. Folglich ist Mitleid die eigentliche moralische Triebfeder.« (E, § 19, 232 f.)

Schopenhauer läßt das Mitleid von einer »Erkenntniß« ausgehen. Diese Bezeichnung ist mißverständlich und nicht leicht zu verstehen. Annäherungsweise kann man sagen, mit »Erkenntnis« ist etwas Ähnliches gemeint wie in der ästhetischen Betrachtungsweise, in der bildenden Kunst, bei der Schopen-

hauer auch von »Erkenntnis« spricht. Erkenntnis meint hier einen »Zustand«, in dem der Schauende sich ganz »verliert«, sich »vergißt«, so daß man »nicht mehr den Anschauenden von der Anschauung trennen kann, sondern Beide Eines geworden sind« (W I, § 34, 210). Es ist ein Zustand der Überwindung aller Individualität und Relativität, ein Zustand der Verwesentlichung, in dem das reine Subjekt des Erkennens die Platonischen Ideen schaut. Der Satz vom Grund und der Egoismus sind kurzfristig außer Kraft gesetzt, weshalb die Kunst auch eine (vor)moralische Bedeutung hat. Dieser Zustand - diese »Erkenntniß« - kann nicht absichtlich herbeigeführt werden. Er stellt sich ohne begriffliche Reflexion unmittelbar ein.
Ähnliches gilt für das Mitleid. Es geht nicht von abstrakter Erkenntnis aus, aber doch von »Erkenntniß«: »nämlich von einer unmittelbaren und intuitiven, die nicht wegzuräsonniren und nicht anzuräsonniren ist, von einer Erkenntniß, die eben weil sie nicht abstrakt ist, sich auch nicht mittheilen läßt, sondern Jedem selbst aufgehn muß« (W I, § 66, 437). Also auch beim Mitleid geht es um einen Zustand des verallgemeinerten, verwesentlichten Schauens, der allerdings kein kontemplativer, sondern ein praktisch-tätiger ist. Der Zustand des anteilnehmenden Leidens tritt unmittelbar durch das Sehen einer konkreten Situation von Leid ein, d. h., er kann nicht absichtlich - z. B. durch die verordnete Lektüre von Schopenhauers Ethik - herbeigeführt werden. Die Anteilnahme kann aber auch vermittelt durch die eigene Phantasie oder durch die Anschaulichkeit der dichterischen Sprache ausgelöst werden. Wie in der Kunst füllt das Angeschaute, das fremde Leiden, den Anschauenden ganz aus. Der Anschauende vergißt sein individuelles Ich und die eben noch vorherrschenden egoistischen Motive seines Tuns. Eine alte Redewendung im Deutschen lautet: jemandem sein Herz öffnen. Der Unterschied zwischen Ich und Du ist kein absoluter mehr. »Wir sehn, in jenem Vorgang, die Scheidewand, welche nach dem Lichte der Natur (wie alte Theologen die Vernunft nennen), Wesen von Wesen durchaus trennt, aufgehoben und das Nicht-Ich gewissermaaßen zum Ich geworden.« (E, § 16, 209) Es ist das »große Mysterium der Ethik« (E, § 16, 209). - Wenn Schopenhauer also vom Mitleid als einer »Erkenntniß« spricht, dann meint er damit einen vorbegrifflichen, vorrationalen Zustand, in

dem der Mensch - unabhängig vom Satz vom Grund - *anders sieht* und *anders will.*

Schopenhauer stellt bei seiner metaphysischen Interpretation des Mitleids die beiden konträren Erkenntnisweisen, die dem Egoismus bzw. dem Mitleid zugrunde liegen, deutlich voneinander abgesetzt gegenüber. Die »Erkenntniß«, auf die sich der Egoismus beruft, lautet: »Die Individuation ist real, das *principium individuationis* und die auf demselben beruhende Verschiedenheit der Individuen ist die Ordnung der Dinge an sich. Jedes Individuum ist ein von allen andern von Grund aus verschiedenes Wesen. Im eigenen Selbst allein habe ich mein wahres Seyn, alles Andere hingegen ist Nicht-Ich und mir fremd.« (E, §22, 270 f.)

Im Gegensatz hierzu lautet die »Erkenntniß«, die »als Mitleid hervorbricht«: »Die Individuation ist bloße Erscheinung, entstehend mittelst Raum und Zeit, welche nichts weiter als die durch mein cerebrales Erkenntnißvermögen bedingten Formen aller seiner Objekte sind; daher auch die Vielheit und Verschiedenheit der Individuen bloße Erscheinung, d. h. nur in meiner *Vorstellung* vorhanden ist. Mein wahres, inneres Wesen existirt in jedem Lebenden so unmittelbar, wie es in meinem Selbstbewußtseyn sich nur mir selber kund giebt.« Wir sind »alle Eins und das selbe Wesen« (E, §22, 271).

↑ Principium individuationis, Grundsatz der Ethik, Regel, Kein schöneres Gebet, Tier und Mensch

Moral und Wahrheit »Dem Philosophen so wenig als dem Dichter darf die *Moral* über die *Wahrheit* gehn.« (HN IV 1, 87)

↑ Genie

Moralische Weltordnung Die Welt hat eine »moralische Bedeutung«. Sie ist Ausdruck einer metaphysischen Schuld, die außerhalb der Zeit steht. Es ist eine »*Perversität* der Gesinnung« zu glauben, die Welt sei etwas Neutrales und habe bloß eine physische Bedeutung. Demgegenüber gilt es, eine »moralische Weltordnung« als Grundlage der physischen nachzuweisen. Schopenhauer beansprucht, als erster Philosoph dieses Problem gelöst zu haben, auch wenn noch viele Fragen offenbleiben. Der naturphilosophische Ansatz des Thales (Makrokosmos) und

der moralphilosophische des Sokrates (Mikrokosmos) gelten ihm erstmals seit 2500 Jahren als prinzipiell vermittelt. »Ich nun aber habe gezeigt und habe es zumal in der Schrift ›Vom Willen in der Natur‹ bewiesen, daß die in der Natur treibende und wirkende Kraft identisch ist mit dem *Willen* in uns. Dadurch tritt nun wirklich die *moralische* Weltordnung in unmittelbaren Zusammenhang mit der das Phänomen der Welt hervorbringenden Kraft. Denn der Beschaffenheit des *Willens* muß seine *Erscheinung* genau entsprechen.« (W II, Kap. 47, 678 f.) Schopenhauer weist seiner Philosophie dadurch einen bedeutenden Rang zu: »Die Kraft, welche das Phänomen der Welt hervorbringt, mithin die Beschaffenheit derselben bestimmt, in Verbindung zu setzen mit der Moralität der Gesinnung, und dadurch eine *moralische* Weltordnung als Grundlage der *physischen* nachzuweisen,- dies ist seit *Sokrates* das Problem der Philosophie gewesen.« (W II, Kap. 47, 677)
Die Struktur des Gedankens ist: So wie das Wesen der Welt, die »Kraft«, der Wille zum Leben als das Ding an sich beschaffen ist, so sind die physikalische Erscheinung (Welt als Vorstellung) und auch die moralische Gesinnung beschaffen. Zu diesem Gedanken gehört noch: Das Wesen der Welt ist von uns nichts Abgetrenntes, sondern - in metaphysischer Hinsicht verstanden - wir selbst sind es.
Entscheidend ist: Im *einen* Wesen der Welt gibt es, bildhaft gesagt, einen Riß, eine tragische »Verzerrung«, etwas Unheiles. Der allmächtige, aber blinde Wille als das Ding an sich kommt nie zur Einigung mit sich. Er ist mit sich selbst entzweit und treibt sich immer weiter, unersättlich. Als Wille zum Leben begeht er in seiner Selbstbejahung einen ewigen Fehltritt. Er hat sich für eine Ausrichtung entschieden, die allem empirischen Dasein von vornherein ein moralisch verhängnisvolles Gepräge verleiht. Das Dasein selbst enthält etwas in sich, das nicht sein soll. Die moralische Bedeutung der Welt ist metaphysisch vorentschieden. Wie der Wille ist, so ist die Welt. »In jedem Dinge erscheint der Wille gerade so, wie er sich selbst an sich und außer der Zeit bestimmt. Die Welt ist nur der Spiegel dieses Wollens: und alle Endlichkeit, alle Leiden, alle Quaalen, welche sie enthält, gehören zum Ausdruck dessen, was er will, sind so, weil er so will.« (W I; § 63, 415)

Die »Verzerrung« des Willens schlägt sich in der im voraus festgelegten Moralität des Menschen (Charakter) nieder. Das ganze Sein des Menschen ist etwas »Verkehrtes«, die »Abbüßung der Schuld seiner Geburt«. Wird dieser Gesichtspunkt bei der Beurteilung eines Menschen, daß auch er ein »Leidensgefährte« ist, berücksichtigt, dann wird an das »Nöthigste« erinnert: »An die Toleranz, Geduld, Schonung und Nächstenliebe, deren Jeder bedarf und die daher auch Jeder schuldig ist.« (P II, § 156, 323) »In der That ist die Ueberzeugung, daß die Welt, also auch der Mensch, etwas ist, das eigentlich nicht seyn sollte, geeignet, uns mit Nachsicht gegen einander zu erfüllen: denn was kann man von Wesen unter solchem Prädikament erwarten?« (P II, § 156, 323)
In den Religionen wird die moralische Bedeutung der Welt durch »allegorische Wahrheiten« ausgedrückt, z. B. durch den Mythos vom Sündenfall im Alten Testament oder durch Mythen im Brahmanismus und im Buddhismus, denen Schopenhauer besonders beipflichtet: »*Brahma* bringt durch eine Art Sündenfall, oder Verirrung, die Welt hervor, bleibt aber dafür selbst darin, es abzubüßen, bis er sich daraus erlöst hat. – Sehr gut!« (P II, § 156, 319)
Auch der Buddhismus spricht die moralische Weltordnung als Grundlage der physischen klar aus, wenn auch noch nicht philosophisch begründet: »Im Buddhaismus entsteht [die Welt] in Folge einer, nach langer Ruhe eintretenden, unerklärlichen Trübung in der Himmelsklarheit des, durch Buße erlangten, säligen Zustandes *Nirwana*, also durch eine Art Fatalität, die aber doch im Grunde moralisch zu verstehn ist; wiewohl die Sache sogar im Physischen, durch das unerklärliche Entstehn so eines Urweltnebelstreifs, aus dem eine Sonne wird, ein genau entsprechendes Bild und Analogon hat. Danach aber wird sie, in Folge moralischer Fehltritte, auch physisch gradweise schlechter und immer schlechter, bis sie gegenwärtige traurige Gestalt angenommen hat. – Vortrefflich!« (P II, § 156, 319)
↑ Verzerrung, Poesie

Mörder »Die Gehässigkeit unserer Natur würde vielleicht Jeden einmal zum Mörder machen, wenn ihr nicht eine gehörige Dosis Furcht beigegeben wäre.« (P II, § 114, 229)
↑ Radikal Böses, Staat

Motiv Beim Menschen tritt die auslösende Ursache einer Bewegung bzw. einer Handlung als Motiv auf. Die Ursache geht erst durch die Erkenntnis hindurch und wirkt als anschauliche, bildhafte Vorstellung (bei Tier und Mensch) oder als abstrakte, begriffliche Vorstellung (nur beim Menschen). Das Motiv ist eine Ursache, die durch das »Medium der Erkenntniß« (W I, § 55, 347) wirkt. Oder: Die Welt als Vorstellung ist das Medium der Motive. Schopenhauer bestreitet – in empirischer Hinsicht – die Freiheit des Willens. Zwei Faktoren legen mit Notwendigkeit das menschliche Handeln fest: der gegebene Charakter und das gegebene Motiv. »Wie jede Wirkung in der unbelebten Natur ein nothwendiges Produkt zweier Faktoren ist, nämlich der hier sich äußernden allgemeinen *Naturkraft* und der diese Aeußerung hier hervorrufenden einzelnen *Ursache*; gerade so ist jede That eines Menschen das nothwendige Produkt seines *Charakters* und des eingetretenen *Motivs*. Sind diese Beiden gegeben, so erfolgt sie unausbleiblich.« (E, Kap. 3, 56) – Für die Lehre vom Charakter ist der Begriff »intelligibler Charakter« zentral, der ein metaphysisches, »unveränderliches Grund-Wollen« meint, auf das es keinen empirischen Zugriff gibt.

Im Unterschied zum Tier ist der Mensch durch seine Fähigkeit, abstrakte Begriffe zu bilden, nicht auf die Gegenwart seiner Anschauungen beschränkt. Die abstrakten Vorstellungen ermöglichen eine »vollkommene *Wahlentscheidung*«, eine »eigentliche *Wahlbestimmung*«. Der Mensch »bestimmt sich unabhängig von den gegenwärtigen Objekten, nach Gedanken, welche *seine* Motive sind« (E, Kap. 3, 35). Er verfügt dadurch über eine »relative Freiheit«.

Diese relative Freiheit ist aber keine Willensfreiheit. Lediglich im Vergleich zum Tier hat sich die *Art* der Motivation geändert, nicht aber die Notwendigkeit der Wirkung der Motive. Das abstrakte, lediglich aus einem Gedanken bestehende Motiv ist eine Ursache wie jede andere auch. Es unterscheidet sich bloß in der »Länge des Leitungsdrahtes«, durch die es »durch die größere Entfernung, durch die längste Zeit und durch eine Vermittelung von Begriffen und Gedanken in langer Verkettung hindurch wirken kann, welches eine Folge der Beschaffenheit und eminenten Empfänglichkeit des Organs ist, das zunächst seine Einwirkung erfährt und aufnimmt, nämlich des menschlichen Gehirns, oder

der *Vernunft«* (E, Kap. 3, 36). So sieht man beim Menschen, »wie gleichsam feine, unsichtbare Fäden (die aus bloßen Gedanken bestehenden Motive) seine Bewegungen lenken, während die der Thiere von den groben, sichtbaren Stricken des anschaulich Gegenwärtigen gezogen werden« (E, Kap. 3, 35). - Die relative Freiheit des Menschen bedeutet also lediglich Freisein vom direkten Zwang anschaulicher Motive, denen das Tier ausschließlich unterworfen ist.

Die Wahlentscheidung ist nichts anderes als der durchgekämpfte Konflikt zwischen mehreren Motiven, bis das stärkste Motiv den Willen mit Notwendigkeit bestimmt. Wichtig dabei ist: Das Motiv determiniert aber nur die (ihrerseits selbst schon durch den intelligiblen Charakter determinierte) *Erscheinung* des Willens, nicht den Willen als Ding an sich. Einfacher gesagt: So, wie ich mich selbst erfahre, bin ich in zweifacher Weise unfrei: durch den Zwang meines Charakters und durch den Zwang des jeweils stärksten Motivs. Vom letzteren handelt auch das »Gesetz der Motivation«, die vierte Gestaltung des Satzes vom zureichenden Grund (vgl. G, §43).

Schopenhauer demonstriert an Beispielen die den physikalischen Gesetzen nicht nachstehende Macht, die das Motiv - letztlich die Welt als Vorstellung - über den Menschen ausübt: »Es ist durchaus weder Metapher noch Hyperbel, sondern ganz trockene und buchstäbliche Wahrheit, daß, so wenig eine Kugel auf dem Billiard in Bewegung gerathen kann, ehe sie einen Stoß erhält, eben so wenig ein Mensch von seinem Stuhle aufstehn kann, ehe ein Motiv ihn weg zieht oder treibt: dann aber ist sein Aufstehn so nothwendig und unausbleiblich, wie das Rollen der Kugel nach dem Stoß. Und zu erwarten, daß Einer etwas thue, wozu ihn durchaus kein Interesse auffordert, ist wie erwarten, daß ein Stück Holz sich zu mir bewege, ohne einen Strick, der es zöge. Wer etwan dergleichen behauptend, in einer Gesellschaft hartnäckigen Widerspruch erführe, würde am kürzesten aus der Sache kommen, wenn er, durch einen Dritten, plötzlich mit lauter und ernster Stimme rufen ließe: ›Das Gebälk stürzt ein!‹ wodurch die Widersprecher zu der Einsicht gelangen würden, daß ein Motiv eben so mächtig ist, die Leute zum Hause hinaus zu werfen, wie die handfesteste mechanische Ursache.« (E, Kap. 3, 44 f.)

↑ Intelligibler Charakter, Erworbener Charakter, Operari sequitur esse

Münze »Der Mensch ist eine Münze, auf deren *einer* Seite geprägt steht ›Weniger als Nichts‹ - und auf der *andern* ›Alles in Allem‹.«. (HN IV 1, 16)
↑ Jedes Wesen

Musik Den höchsten Rang unter allen Künsten nimmt die Musik ein. Sie ist nicht das Abbild der Ideen wie die anderen Künste - wie die bildende Kunst und die Poesie -, sondern das Abbild des Willens selbst. Die Musik wendet sich nicht der gegenständlichen, anschaubaren Welt zu, ihr Objekt ist nicht die »Vorstellung« (VN III, Kap. 17, 224), sie hat es vielmehr mit dem einen außerzeitlichen Willen zu tun. Sie redet daher nicht von den Dingen, sondern »von lauter Wohl und Wehe, als welche die alleinigen Realitäten für den *Willen* sind: darum spricht sie so sehr zum Herzen, während sie dem Kopfe *unmittelbar* nichts zu sagen hat« (P II, §218, 457). - Schopenhauer erwähnt die Symphonien Beethovens als Beispiel für ein »treues und vollkommenes Abbild des Wesens der Welt« (W II, Kap. 39, 514).
Überall drückt die Musik die »Quintessenz des Lebens« (W I, §52, 309) aus. Sie bildet die reinen Affekte und Gefühle ab und kündet von den verborgenen Leidenschaften der ewig sich erneuernden Entzweiung und Versöhnung des Willens. »Sie drückt daher nicht diese oder jene einzelne und bestimmte Freude, diese oder jene Betrübniß, oder Schmerz, oder Entsetzen, oder Jubel, oder Lustigkeit, oder Gemüthsruhe aus; sondern *die* Freude, *die* Betrübniß, *den* Schmerz, *das* Entsetzen, *den* Jubel, *die* Lustigkeit, *die* Gemüthsruhe *selbst*, gewissermaaßen *in abstracto*, das Wesentliche derselben, ohne alles Beiwerk, also auch ohne die Motive dazu.« (W I, §52, 309)
Diese Allgemeinheit verleiht der Musik die große Bedeutung, die sie als »Panakeion« (W I, §52, 309), d. h. als Allheilmittel, für alle Leiden hat. Der Hörer vernimmt interesse- und begierdelos die allgemeine, über den konkreten Dingen stehende Sprache der Musik und erfährt von der »so großen und überaus herrlichen Kunst« eine Entlastung von den Mühen des Lebens, einen tiefen Trost, eine »Erhabenheit der Stimmung« (W II, Kap. 3, 36). »Das unaus-

sprechlich Innige aller Musik, vermöge dessen sie als ein so ganz vertrautes und doch ewig fernes Paradies an uns vorüberzieht, so ganz verständlich und doch so unerklärlich ist, beruht darauf, daß sie alle Regungen unsers innersten Wesens wiedergiebt, aber ganz ohne die Wirklichkeit und fern von ihrer Quaal. Imgleichen ist der ihr wesentliche Ernst, welcher das Lächerliche aus ihrem unmittelbar eigenen Gebiet ganz ausschließt, daraus zu erklären, daß ihr Objekt nicht die Vorstellung ist, in Hinsicht auf welche Täuschung und Lächerlichkeit allein möglich sind; sondern ihr Objekt unmittelbar der Wille ist und dieser wesentlich das Allerernsteste, als wovon Alles abhängt.« (W I, § 52, 312)

Erscheinende Welt und Musik sind nur verschiedene Ausdrücke desselben metaphysischen Wesens. Die Musik ist eine »zweite Art« Welt (HN I, 322), und die Welt ist verkörperte Musik. »Man könnte demnach die Welt eben so wohl verkörperte Musik, als verkörperten Willen nennen.« (W I, § 52, 310)

In seiner großen *Vorlesung*, die Schopenhauer 1820 in Berlin hält, wendet er sich am Schluß des 3. Teils, der *Metaphysik des Schönen*, direkt an seine Studenten und legt ihnen, sie ganz persönlich ansprechend, die Musik ans Herz: »Nach dieser langen Betrachtung über das Wesen der Musik, empfehle ich Ihnen den Genuß dieser Kunst vor allen andern. Keine Kunst wirkt auf den Menschen so unmittelbar und so tief ein, als diese: eben weil keine uns das wahre Wesen der Welt so tief und unmittelbar erkennen läßt als diese. Das Anhören einer großen vollstimmigen und schönen Musik ist gleichsam ein Bad des Geistes: es spült alles Unreine, alles Kleinliche, alles Schlechte weg; stimmt Jeden hinauf auf die höchste geistige Stufe, die seine Natur zuläßt.« (VN III, Kap. 17, 227)

Dieser Kunstgenuß erfordert allerdings »sehr viel Bildung«. Ohne Anstrengung ist er nicht zu haben. Empfänglichkeit und Verständnis müssen kultiviert werden. Schopenhauer schließt diesen Teil seiner Vorlesung mit folgenden Worten, die zugleich einen kleinen Einblick geben, wie er im Alter von zweiunddreißig Jahren in der Universität auftritt: »Hören und Spielen sei Ihnen auf jede Weise empfohlen, als Theilnahme an dieser heilsamen Kunst. Wer sich der Wissenschaft ergiebt muß seinen Geist im Ganzen veredeln; das fließt auf Alles ein. Ein Musensohn, aus dem das Salz der Erde werden soll, muß auch in seinen

Vergnügungen den Musen angehören und nur edle geistige Belustigungen suchen. – [Karten-]Spielen, Trinken u. dgl. überlassen Sie den Philistern. Wenden Sie lieber Geld und Zeit daran in die Oper und ins Konzert zu gehen. Es ist doch ungleich edler und geziemender wenn vier sich setzen zu einem Quartett als zu einer Parthie Wist.« (VN III, Kap. 17, 228)

↑ Bildende Kunst, Poesie

N

Nase Ein siebenjähriges Mädchen begegnet 1859/1860 dem Philosophen: »Schopenhauer neckte sich sehr gern mit mir, und oft gab es Tränen, da ich alles für bare Münze hielt. Wenn wir im Herbste von unserm schönen Gute am Rhein, ›Kornsand‹ genannt, heimkamen, erzählte ich immer Herrn Schopenhauer von den Herrlichkeiten, von dem prachtvollen Spalier- und Zwergobst, und zeigte ihm mit den Händen, wie groß unsere Birnen seien. Da sagte er: ›Komm mal her, wie groß sind eure Birnen?‹ Bis ich zu ihm kam, waren meine Hände ungefähr eine halbe Elle auseinandergerutscht. Da schüttelte er mit dem Kopf und sagte, mit dem Finger drohend: ›Ludschia, deine Nase wakkelt.‹ Entsetzt faßte ich an meine Nase, worüber er und meine Brüder sehr lachten. Da schwur ich Rache. Als er wieder einmal sich mit uns unterhielt, schrie ich auf einmal: ›Uh, Herr Schopenhauer, was wackelt Ihre Nase!‹ Da nahm er sie in die Hände und sagte: ›Da will ich sie mal festhalten‹ Er lachte, und wir Kinder lachten mit, ich glaube sicher, er war dann ganz vergnügt. Natürlich, meine brüderliche Liebe erzählte es sofort den Eltern. Da nahm mich mein Vater vor, gab mir einen Klaps und sagte: ›Deine Nase kann wackeln, aber Herrn Schopenhauer seine niemals, das merke dir.‹« (3. Schopenhauer-Jahrbuch 1914, S. 84)
Die kleine unbeglaubigte Kindheitserinnerung stammt von Lucia Franz, geb. Schneider (1852–1922). Schopenhauer wohnt bei ihren Eltern von Juli 1859 bis zu seinem Tod am 21. September 1860 zur Miete.

↑ Bruchstück der Natur

Natur »Die Natur ist kein Ding an sich, und ihre Gesetze sind keine absolute.« (P II, § 85, 151)
Gemeint ist, daß die *gegenständlich* erfahrbare Natur kein Ding an sich ist. Sie gleicht einer Hieroglyphe, die Schopenhauer in seiner Metaphysik als Wille entschlüsselt. Das innerste Wesen der gesamten Natur - einschließlich des Menschen - ist Wille. Natur bedeutet in dieser metaphysischen Hinsicht etwas Nichtgegenständliches, etwas, das ohne Vermittlung des Intellekts wirkt, drängt, treibt, schafft. Diese Kennzeichnungen sind nur behelfsmäßig zu verstehen.
Mit anderen Worten: Die Natur kann in zweifacher Weise aufgefaßt werden: als Ding an sich (Wille) und als Erscheinung (Vorstellung). Schopenhauer verwendet auch die mittelalterlichen lateinischen Termini *natura naturans* (schaffende Natur) und *natura naturata* (geschaffene Natur). Der Unterschied zwischen beiden entspricht dem zwischen Willen und Vorstellung.
In einer für Schopenhauer typischen Denkschleife heißt es von der für unseren Intellekt Gegenstand (Vorstellung) gewordenen Natur: »Die *Natur* ist der *Wille*, sofern er sich selbst außer sich erblickt; wozu sein Standpunkt ein individueller Intellekt seyn muß. Dieser ist ebenfalls sein Produkt.« (P II, § 70, 109)
↑ Intellektualität der Anschauung, Geheimschrift

Naturschönheit »Wie ästhetisch ist doch die Natur! Jedes ganz unangebaute und verwilderte, d. h. ihr selber frei überlassene Fleckchen, sei es auch klein, wenn nur die Tatze des Menschen davon bleibt, dekorirt sie alsbald auf die geschmackvollste Weise, bekleidet es mit Pflanzen, Blumen und Gesträuchen, deren ungezwungenes Wesen, natürliche Grazie und anmuthige Gruppierung davon zeugt, daß sie nicht unter der Zuchtruthe des großen Egoisten aufgewachsen sind, sondern hier die Natur frei gewaltet hat. Jedes vernachlässigte Plätzchen wird alsbald schön.« (W II, Kap. 33, 462)
↑ Bildende Kunst

Negativität des Glücks Die in den Werken ungewöhnliche Verwendung der Kennzeichnungen negativ/positiv kann zunächst irritieren, denn Schopenhauer sagt wiederholt, alle Befriedigung, das, was man gemeinhin Glück heißt, sei *negativ*, nie *posi-*

tiv. »Es ist nicht eine ursprünglich und von selbst auf uns kommende Beglückung, sondern muß immer die Befriedigung eines Wunsches seyn. Denn Wunsch, d. h. Mangel, ist die vorhergehende Bedingung jedes Genusses. Mit der Befriedigung hört aber der Wunsch und folglich der Genuß auf. Daher kann die Befriedigung oder Beglückung nie mehr seyn, als die Befreiung von einem Schmerz, von einer Noth.« (W I, § 58, 376) Glück ist danach negativer, Leid positiver Natur.

Schopenhauer versteht unter *positiv* das, was durch seine unmittelbare *Gegebenheit* verstärkt wahrgenommen wird, z. B. der Schmerz. Ist der ganze Körper gesund, so ist der Mückenstich plötzlich das einzig Vorhandene, Gegebene, Positive, und die Gesundheit zählt nicht mehr. »Unmittelbar gegeben ist uns immer nur der Mangel, d. h. der Schmerz. Die Befriedigung aber und den Genuß können wir nur mittelbar erkennen, durch Erinnerung an das vorhergegangene Leiden und Entbehren, welches bei seinem Eintritt aufhörte. Daher kommt es, daß wir der Güter und Vortheile, die wir wirklich besitzen, gar nicht recht inne werden, noch sie schätzen, sondern nicht anders meinen, als eben es müsse so seyn: denn sie beglücken immer nur negativ, Leiden abhaltend. Erst nachdem wir sie verloren haben, wird uns ihr Werth fühlbar: denn der Mangel, das Entbehren, das Leiden ist das Positive, sich unmittelbar Ankündigende. Daher auch freut uns die Erinnerung überstandener Noth, Krankheit, Mangel u. dgl., weil solche das einzige Mittel die gegenwärtigen Güter zu genießen ist.« (W I, § 58, 377)

Wie so oft veranschaulicht Schopenhauer seinen Gedanken durch einen Vergleich: »Wie der Bach keine Strudel macht, solange er auf keine Hindernisse trifft, so bringt die menschliche, wie die thierische Natur es mit sich, daß wir Alles, was unserm Willen gemäß geht, nicht recht merken und inne werden. Sollen wir es merken; so muß es nicht sogleich unserm Willen gemäß gegangen seyn, sondern irgend einen Anstoß gefunden haben. – Hingegen Alles, was unserm Willen sich entgegenstellt, ihn durchkreuzt, ihm widerstrebt, also alles Unangenehme und Schmerzliche empfinden wir unmittelbar, sogleich und sehr deutlich. Wie wir die Gesundheit unsers ganzen Leibes *nicht fühlen*, sondern nur die kleine Stelle, wo uns der Schuh drückt; so denken wir auch nicht an unsere gesammten, vollkommen

wohl gehenden Angelegenheiten, sondern an irgend eine unbedeutende Kleinigkeit, die uns verdrießt. - Hierauf beruht die, von mir öfter hervorgehobene Negativität des Wohlseyns und Glücks, im Gegensatz der Positivität des Schmerzes.« (P II, § 148, 309)
↑ Anempfohlene Betrachtungsweise

Neuheit meiner Lehre »Daß ich auf die völlige Neuheit meiner Lehre stolz bin ist nur, weil ich von ihrer Wahrheit die festeste Ueberzeugung habe.« (HN IV 1, 11)
↑ Memnons Säule

Nichts Was bleibt für den, der die Welt überwindet, für den, in dem der Wille zum Leben sich verneint hat? Das »Nichts«. Dieser Begriff ist ein eigenartig schillernder, ja paradoxer Ausdruck. Er wechselt seine Bedeutung je nach Kontext und Standpunkt. Für uns ist das Nichts *nichts*. Für den Weltüberwinder dagegen (Gegenbegriff ist »Welteroberer«), für den Heiligen oder Mystiker, ist unsere Welt als Vorstellung *nichts*. Schopenhauer schränkt das Nichts der Verneinung des Willens ein und nennt es »relatives Nichts« (W I, § 71, 484). Es ist ein Nichts im Verhältnis zu etwas anderem, hier der Welt als Vorstellung. Von uns aus gesehen - vom Standpunkt der Bejahung des Willens zum Leben - läßt sich nur sagen, was dieses Nichts nicht ist: »Kein Wille: keine Vorstellung, keine Welt.« (W I, § 71, 486) Raum und Zeit sind ebenso aufgehoben wie Subjekt und Objekt. - Schopenhauer betont nachdrücklich, daß das Nichts, das die Buddhisten »Nirwana« nennen, nicht durch Selbstmord zu erlangen ist.
Der berühmte Schluß des ersten Bandes der *Welt als Wille und Vostellung* von 1819 lautet: »Vor uns bleibt allerdings nur das Nichts. Aber Das, was sich gegen dieses Zerfließen ins Nichts sträubt, unsere Natur, ist ja eben nur der Wille zum Leben, der wir selbst sind, wie er unsere Welt ist. Daß wir so sehr das Nichts verabscheuen, ist nichts weiter, als ein anderer Ausdruck davon, daß wir so sehr das Leben wollen, und nichts sind, als dieser Wille, und nichts kennen, als eben ihn. - Wenden wir aber den Blick von unserer eigenen Dürftigkeit und Befangenheit auf Diejenigen, welche die Welt überwanden, in denen der Wille, zur vollen Selbsterkenntniß gelangt, sich in Allem wiederfand und

dann sich selbst frei verneinte, und welche dann nur noch seine letzte Spur, mit dem Leibe, den sie belebt, verschwinden zu sehn abwarten; so zeigt sich uns, statt des rastlosen Dranges und Treibens, statt des steten Ueberganges von Wunsch zu Furcht und von Freude zu Leid, statt der nie befriedigten und nie ersterbenden Hoffnung, daraus der Lebenstraum des wollenden Menschen besteht, jener Friede, der höher ist als alle Vernunft, jene gänzliche Meeresstille des Gemüths, jene tiefe Ruhe, unerschütterliche Zuversicht und Heiterkeit, deren bloßer Abglanz im Antlitz, wie ihn Raphael und Correggio dargestellt haben, ein ganzes und sicheres Evangelium ist: nur die Erkenntniß ist geblieben, der Wille ist verschwunden. Wir aber blicken dann mit tiefer und schmerzlicher Sehnsucht auf diesen Zustand, neben welchem das Jammervolle und Heillose unsers eigenen, durch den Kontrast, in vollem Lichte erscheint. Dennoch ist diese Betrachtung die einzige, welche uns dauernd trösten kann, wann wir einerseits unheilbares Leiden und endlosen Jammer als der Erscheinung des Willens, der Welt, wesentlich erkannt haben, und andererseits, bei aufgehobenem Willen, die Welt zerfließen sehn und nur das leere Nichts vor uns behalten. Also auf diese Weise, durch Betrachtung des Lebens und Wandels der Heiligen, welchen in der eigenen Erfahrung zu begegnen freilich selten vergönnt ist, aber welche ihre aufgezeichnete Geschichte und, mit dem Stämpel innerer Wahrheit verbürgt, die Kunst uns vor die Augen bringt, haben wir den finstern Eindruck jenes Nichts, das als das letzte Ziel hinter aller Tugend und Heiligkeit schwebt, und das wir, wie die Kinder das Finstere, fürchten, zu verscheuchen; statt selbst es zu umgehn, wie die Inder, durch Mythen und bedeutungsleere Worte, wie Resorbtion in das *Brahm*, oder *Nirwana* der Buddhaisten. Wir bekennen es vielmehr frei: was nach gänzlicher Aufhebung des Willens übrig bleibt, ist für alle Die, welche noch des Willens voll sind, allerdings Nichts. Aber auch umgekehrt ist Denen, in welchen der Wille sich gewendet und verneint hat, diese unsere so sehr reale Welt mit allen ihren Sonnen und Milchstraßen – Nichts.« (W I, § 71, 486 f.)
Die Erlösungslehre findet schon zu Lebzeiten Schopenhauers Kritiker, sogar unter seinen wenigen Anhängern, die ihr Widersprüche mit dem philosophischen System vorwerfen. Julius Frauenstädt z. B. notiert sich ein Gespräch, das er im Juli 1846

mit seinem Freund Schopenhauer während eines Spaziergangs in der Nähe von Frankfurt führt: »Müsste nicht, sagte ich, da nach Ihrer Lehre der Wille in jeder Erscheinung, in jedem Individuum *ganz* und *ungetheilt* ist, die Aufhebung desselben in *einem* Individuum, *einem* Heiligen, die Aufhebung desselben in der ganzen Welt zur Folge haben? Müsste also nicht *ein* Heiliger im Stande sein, die ganze Welt zu erlösen? – Diesen Einwurf, erwiderte Schopenhauer, machen Sie mir nicht zuerst, sondern man hat ihn mir schon 1819, gleich nach dem Erscheinen der ›Welt als Wille und Vorstellung‹ gemacht. Ich kann aber darauf nur erwidern: In der einen Erscheinung verneint sich der Wille, in der andern nicht. Wie das zugeht, weiss ich nicht; denn ich habe es nicht auf mich genommen, alle Räthsel der Welt zu lösen. Ich habe schon in der ›Epiphilosophie‹ (im Schlusskapitel des zweiten Bandes der Welt als Wille und Vorstellung) gesagt, dass wir nicht wissen können, ›wie tief im Wesen an sich der Welt die Wurzeln der Individualität gehen?‹« (LF, 153)

Das rigorose, unvermittelbare Entweder-Oder der Erlösungslehre – *entweder* Bejahung des Willens zum Leben und mit ihr Sünde und Elend *oder* Verneinung des Willens zum Leben und mit ihr Heiligkeit und Seligkeit – nennt Frauenstädt die »Achillesferse der Schopenhauerschen Philosophie« (LF, 316).

↑ Resignation, Besseres Bewußtsein

Nivellierung »Keiner kann *über sich* sehn. Hiemit will ich sagen: Jeder sieht am Andern nur so viel, als er selbst auch ist: denn er kann ihn nur nach Maaßgabe seiner eigenen Intelligenz fassen und verstehn. Ist nun diese von der niedrigsten Art; so werden alle Geistesgaben, auch die größten, ihre Wirkung auf ihn verfehlen und er an dem Besitzer derselben nichts wahrnehmen, als bloß das Niedrigste in dessen Individualität, also nur dessen sämmtliche Schwächen, Temperaments- und Charakterfehler. Daraus wird er für ihn zusammengesetzt seyn. Die höheren geistigen Fähigkeiten desselben sind für ihn so wenig vorhanden, wie die Farbe für den Blinden.« (P I, Aphorismen, Kap. 5, 477)

Den »Unvollkommenheiten des Intellekts« ist ein eigenes kleines Kapitel gewidmet (W II, Kap. 15).

↑ Ende der Welt, Individualität

Notwendigkeit In der Welt als Vorstellung, also in der Welt als *Erscheinung* - nicht in der Welt als Wille, als *Ding an sich* -, herrscht strenge Notwendigkeit alles Geschehenden. Der Satz vom Grund drückt diese Notwendigkeit aus. Alles was geschieht, vom Größten bis zum Kleinsten, geschieht notwendig. »Wer bei diesen Sätzen erschrickt«, sagt Schopenhauer, »hat noch Einiges zu lernen und Anderes zu verlernen: danach aber wird er erkennen, daß sie die ergiebigste Quelle des Trostes und der Beruhigung sind.« (E, Kap. 3, 60) Er setzt hinzu: »Was würde aus dieser Welt werden, wenn nicht die Nothwendigkeit alle Dinge durchzöge und zusammenhielte, besonders aber der Zeugung der Individuen vorstände? Ein Monstrum, ein Schutthaufen, eine Fratze ohne Sinn und Bedeutung, - nämlich das Werk des wahren und eigentlichen Zufalls.« (E, Kap. 3, 61)
↑ Satz vom Grund, Kausalität von innen gesehen

O

Objektität/Objektivation Beide Ausdrücke liegen in ihrer Bedeutung dicht beieinander und meinen das Sichdarstellen des Dings an sich in der Erscheinungswelt. »Ich verstehe unter *Objektivation* das Sichdarstellen in der realen Körperwelt.« (W II, Kap. 20, 277)
»Wir nannten«, schreibt Schopenhauer zusammenfassend, »die Welt als Vorstellung, sowohl im Ganzen als in ihren Theilen, die *Objektität des Willens*, welches demnach besagt: der Objekt, d. i. Vorstellung, gewordene Wille. Wir erinnern uns nun ferner, daß solche Objektivation des Willens viele, aber bestimmte Stufen hatte, auf welchen, mit gradweise steigender Deutlichkeit und Vollendung, das Wesen des Willens in die Vorstellung trat, d. h. sich als Objekt darstellte. In diesen Stufen erkannten wir schon dort Plato's Ideen wieder.« (W I, § 30, 199)
Zur gesamten Thematik des Sichdarstellens des Dings an sich in der Erscheinungswelt gehört noch die Bedingtheit der Erscheinungswelt durch einen individuellen Intellekt. Objektität bzw.

Objektivation haben auch die Bedeutung von »Gehirnphänomen« (vgl. z. B. W II, Kap. 20, 277). In dieser letzten Bedeutung spricht Schopenhauer als Erkenntnistheoretiker, in der früheren (Objektivationsstufen: Plato's Ideen) als Metaphysiker. Beide Blickwinkel, beide Standpunkte gehören zusammen, sind wechselseitig aufeinander bezogen und bilden in seinem Selbstverständnis eine organische Einheit.
↑ Platonische Idee, Intellektualität der Anschauung, Einheit der Welt

Ohne Bewußtsein »Fast möchte man glauben, daß die Hälfte alles unsers Denkens ohne Bewußtseyn vor sich gehe.« (P II, §40, 59)
↑ Primat des Willens, Macht des Unbewußten

Operari sequitur esse Die Übersetzung lautet: Was man tut, folgt aus dem, was man ist. Schopenhauer übernimmt den lateinischen Ausdruck von mittelalterlichen Scholastikern, um die Freiheit als Illusion zu entlarven. Im weitesten Sinn besagt der Ausdruck: »Jedes Ding in der Welt wirkt nach dem wie es ist, nach seiner Beschaffenheit, in welcher daher alle seine Aeußerungen schon *potentia* [in der Möglichkeit] enthalten sind, *actu* [in der Wirklichkeit] aber eintreten, wann äußere Ursachen sie hervorrufen; wodurch denn eben jene Beschaffenheit selbst sich kund giebt.« (E, § 10, 176)
Der Mensch ist in moralischer Hinsicht keine »*tabula rasa*« (E, Kap. 3, 55), kein unbeschriebenes Blatt. Es ist eine Täuschung, wenn das eigene Handeln so wahrgenommen wird, als sei es zunächst unbestimmt und in seiner Wahlmöglichkeit frei. Die Annahme, daß unser Wollen, wie wir es empirisch erfahren, grundsätzlich frei sei, ist eine »ganz monstrose Fiktion«, der »Gipfel der Absurdität« (P I, 131).
In der Philosophie wurde dieser alte Irrtum dadurch gestützt, »daß man das Wesen des Menschen in eine *Seele* setzte, die ursprünglich ein *erkennendes*, ja eigentlich ein abstrakt *denkendes* Wesen wäre und erst in Folge hievon auch ein *wollendes*, daß man also den Willen sekundärer Natur machte, statt daß, in Wahrheit, die Erkenntniß dies ist« (W I, § 55, 345). Die fundamentale Bedeutung des Willens konnte durch dieses falsche

Menschenbild nicht erkannt werden. Der Wille wurde sogar als ein bloßer Denkakt betrachtet und mit dem Urteil identifiziert. »Danach nun wäre jeder Mensch Das, was er ist, erst in Folge seiner *Erkenntniß* geworden: er käme als moralische Null auf die Welt, erkennte die Dinge in dieser, und beschlösse darauf, Der oder Der zu seyn, so oder so zu handeln, könnte auch, in Folge neuer Erkenntniß, eine neue Handlungsweise ergreifen, also wieder ein Anderer werden. Ferner würde er danach zuvörderst ein Ding für *gut* erkennen und in Folge hievon es wollen; statt daß er zuvörderst es *will* und in Folge hievon es *gut* nennt. Meiner ganzen Grundansicht zufolge nämlich ist jenes Alles eine Umkehrung des wahren Verhältnisses. Der Wille ist das Erste und Ursprüngliche, die Erkenntniß bloß hinzugekommen, zur Erscheinung des Willens, als ein Werkzeug derselben, gehörig. Jeder Mensch ist demnach Das, was er ist, durch seinen Willen, und sein Charakter ist ursprünglich; da Wollen die Basis seines Wesens ist.« (W I, § 55, 345)

Alles Daseiende in der Welt wirkt nach seiner Beschaffenheit. Schopenhauer verwendet in diesem Zusammenhang auch die traditionellen Begriffe *Existentia* (Dasein) und *Essentia* (Beschaffenheit, Wesen). Jede Existentia setzt eine Essentia voraus. Jedes Seiende muß ein bestimmtes Wesen haben. Dies trifft auch auf den Menschen zu, der hierin gegenüber der übrigen Natur keine Ausnahme bildet. »Folglich zu erwarten, daß ein Mensch, bei gleichem Anlaß, ein Mal so, ein ander Mal aber ganz anders handeln werde, wäre wie wenn man erwarten wollte, daß der selbe Baum, der diesen Sommer Kirschen trug, im nächsten Birnen tragen werde.« (E, Kap. 58)

Was der Mensch tut, folgt aus dem, was er *ist*. »Auch er hat seine feststehende Beschaffenheit, seinen unveränderlichen Charakter, der jedoch ganz individuell und bei Jedem ein anderer ist. Dieser ist eben *empirisch* für unsere Auffassung, aber eben deshalb nur *Erscheinung*: was er hingegen seinem Wesen an sich selbst nach seyn mag, heißt der *intelligible Charakter*. Seine sämmtlichen Handlungen, ihrer äußern Beschaffenheit nach durch die Motive bestimmt, können nie anders als diesem unveränderlichen individuellen Charakter gemäß ausfallen: wie Einer ist, so muß er handeln. Daher ist dem gegebenen Individuo, in jedem gegebenen einzelnen Fall, schlechter-

dings nur *eine* Handlung möglich: *operari sequitur esse.*« (E, § 10, 176 f.)
↑ Intelligibler Charakter

Organischer Zusammenhang »*Meine Philosophie* unterscheidet sich von allen andern dadurch, daß der Zusammenhang ihrer Theile kein *architektonischer* ist, in welchem ein Theil immer den andern trägt, nicht aber dieser auch jenen, und der Grundstein alle; - sondern ein *organischer*, wo das Ganze jeden Theil erhält und nothwendig macht und umgekehrt auch jeder Theil das Ganze und alle andern: daher kann kein wesentlicher Anfangspunkt ihrer Betrachtung seyn, sondern nur ein willkürlicher.« (HN I, 480)
↑ Ganzheit der Philosophie, Standort wechseln, Traumdeutung

Orientierung »Meine Philosophie unternimmt nicht, zu erklären, wie es zu einer Welt, wie diese ist, hat kommen können; sondern bloss uns darin zu orientiren, d. h. zu sagen, was sie sei.« (LF, 549 f.)
↑ Immanenter Dogmatismus

Oupnekhat Im Folgenden wird ein weitgehend unbekanntes Buch vorgestellt, das für Schopenhauers Philosophie aber besonders wichtig ist: der *Oupnekhat*. Oupnekhat ist die nordindische Form des Wortes »Upanishad«. Es handelt sich um eine Sammlung von Upanishads, von altindischen Texten. »Wie athmet doch der Oupnekhat durchweg den heiligen Geist der Veden! Wie wird doch Der, dem, durch fleißiges Lesen, das Persisch-Latein [gemeint ist die lateinische Übersetzung von Anquetil Duperron] dieses unvergleichlichen Buches geläufig geworden, von jenem Geist im Innersten ergriffen! [...] Alles athmet hier indische Luft und ursprüngliches, naturverwandtes Daseyn. Und o, wie wird hier der Geist rein gewaschen von allem ihm früh eingeimpften jüdischen Aberglauben und aller diesem fröhnenden Philosophie! Es ist die belohnendeste und erhebendeste Lektüre, die (den Urtext ausgenommen) auf der Welt möglich ist: sie ist der Trost meines Lebens gewesen und wird der meines Sterbens seyn.« (P II, § 184, 422)
Schopenhauer besaß und bevorzugte die zweibändige lateini-

sche Übersetzung aus dem Persischen von Anquetil Duperron von 1801. Anderen Übersetzungen stand er mißtrauisch, ja ablehnend gegenüber (»europäisiert«, »deutsch verschwebelt und vernebelt«). Die erste deutsche Übersetzung der lateinischen Fassung stammt von Thaddae Anselm Rixner aus dem Jahr 1808. Ob Schopenhauer diese Übersetzung gekannt hat, ist unsicher. Sie dürfte selbst einigen Schopenhauer-Kennern unbekannt sein. Der *Oupnekhat* wurde in der Schopenhauer-Literatur eher vernachlässigt, obwohl er zum Perspektivenreichtum der Philosophie Schopenhauers wesentlich mit dazugehört. Die folgenden Textauszüge vermitteln einen ersten Eindruck des *Oupnekhat*, auch wenn die Übersetzung von Rixner Mängel aufweist.
»Im Betreff der kleinen Welt, oder des Menschen *(Del)* wisse und handle dem gemäß, daß derselbe *Brahm* ist, und im Betreff der großen Welt *(Maha Akasch)* dem All wisse gleichfalls und handle dem gemäß, daß dasselbe Brahm ist.« (Versuch einer neuen Darstellung der uralten indischen All-Eins-Lehre [...], übers. von Thaddae Anselm Rixner, Nürnberg 1808, S. 67)
»Das Wesen, durch dessen Kraft Alles Lebendige lebt, und in welchem Alles, was da ist, besteht, ist *Brahm*, das einzige Wesen, das wahrhaft ist.« (a. a. O., S. 99)
»Das Wesen des Allbelebenden ist wesentliches Licht *(nourtzad)*; sein Auge die Sonne *(aftab)*; sein Leib die Welt *(bhout)*; sein flüssiges Mark der Ocean *(Ab)*; seine Bewegung der Wind *(Bad)*; seine Ruhestätte und Behausung das Innere eines jeden Wesens!« (a. a. O., S. 117)
»*Fernere Unterredung des Rajah Abdallak-Arn oder Aorn mit seinem Sohne Sopat-Kit über ein großes Wort Maha-Bak, nämlich über das Wesen Gottes, und über die Art und Weise, durch Vereinigung mit ihm zur ewigen unzerstörbaren Ruhe zu gelangen.*
Ferner sagte der *Rajah Abdallak arn* (oder *aorn*) zu seinem Sohne *Sopat-Kit*, vernimm itzt von mir, o Sohn, die Lehre *der vollkommensten* Ruhe *(Sak-hepat) in Gott*, dessen Sinnbild der tiefe Schlaf *(Sapan-ant)* ist, während welchem alles individuelle Selbstbewußtseyn aufhöret.
So oft nämlich der Mensch in einen tiefen Schlaf verfällt, wird er in der That *Eins* mit *Brahm*, indem er sein eigenes individuelles Daseyn verlieret, und nur allein in *Brahm* lebt. Deswegen heißt

auch Schlafen sehr bedeutend *Savap, obtinere se ipsum*, innerhalb sich selbst zur Ruhe kommen.

Gleichwie nun ein Vogel, welcher an einem langen Faden flattert, nicht eher zur Ruhe kömmt, als bis er oben auf die Stange aufsitzt, woran das Ende des Fadens befestiget ist: so kann auch der Geist des Menschen nicht eher Ruhe finden, bis er im Anschauen des ersten Wissens und Seyns, daran der Faden seines eignen Bewußtseyns befestiget ist, sich selbst mit demselben identificirt, d. h. sich selbst als Individuum gänzlich vergißt. [...]

Was mag es denn also im Grunde heissen, lieber Forscher des Reinen! wenn der Mensch als zeitliche Erscheinung stirbt? nämlich nichts weiter, als daß der Muth mit dem Leben das Leben mit dem Athem, und der Athem mit der natürlichen Wärme erlösche, oder vielmehr, daß Alles dieses dem Wesen nach in *Brahms* Substanz zurückkehre, welcher wesentlich der Muth und das Leben, der Athem, und das beseelende und befeuernde Prinzip alles Lebendigen, folglich der oberste Gott, die allgemeine Weltseele, und das einzige wahrhafte Seyn ist.

O *Sopa-Kit*! auch du bist deinem wahren Wesen nach mit diesem *Atma* identisch *(tatoumes i. e. ille atma tu es)* Dieses was ich itzt gesagt habe, nannten unsre Meister mit Recht, das große Wort *maka-bak kalmek*.

Der Jüngling antwortete: o fahre fort, Ehrwürdiger Vater, mich zu unterrichten. [...]

Der Vater fuhr fort: Nimm wahr du Forscher des Einen! *Aus den beyden großen Flüssen Ganges und Djemna (Jumna), welche gegen Ost und West strömen, brechen mancherley Quellen hervor*, von denen Niemand bemerkt, daß sie aus denen Gewässern des *Ganges* und der *Djemna* entspringen, und sich nach vollbrachtem Laufe in das Weltmeer ergiessen; so bemerken auch die lebenden Individuen, so lange sie ein individuelles Bewußtseyn behalten, nicht, daß sie alle aus einem wahren Seyn hervorgiengen, und ihrem wahren Wesen nach gar nichts anders, als eben dieses *Eine* seyn können; vielmehr vermeynt jedes Lebendige vermöge des individuellen klaren, oder dunklen Bewußtseyns gerade das zu seyn, was es nun eben ist, Löwe oder Tyger, Wolf oder Schwein, Wurm oder Papillon, Schnecke oder Fliege; und jedes hält folglich seine scheinbare Gestaltung für sein wahres Wesen; fälschlich glaubend, pur allein dieses

Scheinwesen zu seyn, und nichts weiter, gänzlich unbewußt seines wahren Seyns, bis es endlich nach Untergang der zeitlichen Gestaltung in das wahre Urwesen zurückkehrt. Dieses Urwesen ist die allgemeine Weltseele, welche in allen Lebendigen lebt und sich regt; Dasselbe allein ist das wahre Seyn; und auch du, o *Sopat-Kit*, bist mit demselben deinem wahren Wesen nach identisch! *(Tatoumes; i. e. ille atma tu es)*. [...]

Der Jüngling antwortete: O fahre fort, fahre fort, Ehrwürdiger Vater, mich zu unterrichten.

Der Vater fuhr fort: Vernimm, du Forscher des Reinen! *Wenn man bei uns einen Gefangenen einbringt*, welcher als ein Mörder oder Strassenräuber angeklagt ist, dann pflegt man ihm zur Probe ein glühend gemachtes Eisen in die Hände zu geben. Ist er nun schuldig, und wagt es dennoch seine Schuld zu läugnen, dann behält das glühende Eisen seine Gewalt über ihn, und seine Schuld wird also offenbar. Ist er hingegen wirklich der Schuldlose, für den er sich ausgiebt, dann vermag ihn auch das glühende Eisen nicht zu verletzen, seine Unschuld kömmt an den Tag, und er wird frey gesprochen. Auf gleiche Weise verhält sichs mit der Probe der Wissenschaft: wer *das grosse Wort* weiß, welches ich dich gelehret habe, weiß alles, und nichts vermag ihm zu schaden; wer es noch nicht weiß, hat das Wahre noch gar nicht erkannt. Gott ist das wahre Seyn und Wissen: und dieses wahre Seyn und Wissen, ist selbst die Wahrheit! Mit dieser Wahrheit bist auch du, o *Sopat-Kit*, deinem wahren Wesen und Sein nach identisch: *tatoumes; ille atma tu es*!

Der Jüngling schwieg, und verlangte nichts weiter: er hatte das Eine und wahre Seyn erkannt.« (a. a. O., 143 ff.)

Das *große Wort* »tatoumes« greift Schopenhauer vor allem in seiner Ethik durch die Sanskrit-Formel »tat twam asi« – das bist du – auf. Das Absolute ist mit dir wesenseins. Tat twam asi hat hier die Bedeutung von *hen kai pan* (griech. »eins und alles«). »Unser Aller Grundirrthum«, sagt Schopenhauer, ist dieser, »daß wir einander gegenseitig Nicht-Ich sind. [...] Sagen, daß Zeit und Raum bloße Formen unserer Erkenntniß, nicht Bestimmungen der Dinge an sich sind, ist das Selbe, wie sagen, daß die Metempsychosenlehre [Lehre von der Seelenwanderung], ›Du wirst einst als Der, den du jetzt verletzest, wiedergeboren werden und die gleiche Verletzung erleiden‹, identisch ist mit der oft erwähnten

Brahmanenformel *Tat twam asi,* ›Dies bist Du‹. – Aus der unmittelbaren und *intuitiven* Erkenntniß der metaphysischen Identität aller Wesen geht, wie ich öfter, besonders [E,] § 22 der Preisschrift über die Grundlage der Moral, gezeigt habe, alle ächte Tugend [Mitleid] hervor.« Schopenhauer sucht die Seelenwanderungslehre in sein eigenes philosophisches System zu transformieren. Er fährt – kühn spekulierend – fort: »Die oben berührte Lehre von der Metempsychose entfernt sich bloß dadurch von der Wahrheit, daß sie in die Zukunft verlegt, was schon jetzt ist. Sie läßt nämlich mein inneres Wesen an sich selbst erst nach meinem Tode in Andern daseyn, während, der Wahrheit nach, es schon jetzt auch in ihnen lebt, und der Tod bloß die Täuschung, vermöge deren ich dessen nicht inne werde, aufhebt; gleichwie das zahllose Heer der Sterne allezeit über unserm Haupte leuchtet, aber uns erst sichtbar wird, wann die *eine* nahe Erdensonne untergegangen ist. Von diesem Standpunkt aus erscheint meine individuelle Existenz, so sehr sie auch, jener Sonne gleich, mir Alles überstrahlt, im Grunde doch nur als ein Hinderniß, welches zwischen mir und der Erkenntniß des wahren Umfangs meines Wesens steht. Und weil jedes Individuum, in seiner Erkenntniß, diesem Hindernisse unterliegt; so ist es eben die Individuation, welche den Willen zum Leben über sein eigenes Wesen im Irrthum erhält: sie ist die *Maja* des Brahmanismus. Der Tod ist eine Wiederlegung dieses Irrthums und hebt ihn auf. Ich glaube, wir werden im Augenblick des Sterbens inne, daß eine bloße Täuschung unser Daseyn auf unsere Person beschränkt hatte.« (W II, Kap. 47, 690 f.)

↑ Einheit der Welt, Tat twam asi, Gegenwart, Memnons Säule

P

Palindrome Schopenhauer wird immer wieder als Entdecker von Spiegelwörtern genannt, die sich vorwärts wie rückwärts lesen lassen. Er soll die Wörter »Reliefpfeiler« und »Marktkram« entdeckt haben. Ebenso auch den Spiegelsatz: »Ein Neger

mit Gazelle zagt im Regen nie.« (32. Schopenhauer-Jahrbuch 1945–1948, S. 198)
↑ Buchstabenquadrat, Zahlenspielerei

Perspektivenwechsel »Wenn man nämlich einerseits zugeben muß, daß alle jene physischen, kosmogonischen [die Entstehung der Welt betreffenden], chemischen und geologischen Vorgänge, da sie nothwendig, als Bedingungen, dem Eintritt eines Bewußtseyns lange vorhergehn mußten, auch *vor* diesem Eintritt, also außerhalb eines Bewußtseyns, existirten; so ist andererseits nicht zu leugnen, daß eben die besagten Vorgänge außerhalb eines Bewußtseyns, da sie in und durch dessen Formen allererst sich darstellen können, gar nichts sind, sich nicht ein Mal denken lassen.« (P II, § 85, 149)
↑ Standort wechseln, Kopf, Verschiedene Betrachtungsweisen des Intellekts, Zellerscher Zirkel

Pessimismus Der Terminus wird selten verwendet und dann meistens adjektivisch. Fast könnte man sagen, »Pessimismus« fungiert nicht als Hauptbegriff in der durch und durch pessimistischen Philosophie Schopenhauers. Zum ersten Mal taucht der Begriff 1828 – neun Jahre nach dem Erscheinen des ersten Bandes der *Welt als Wille und Vorstellung* – im handschriftlichen Nachlaß auf. Schopenhauer vergleicht hier den Pantheismus, d. h. die Lehre, daß Natur und Gott eins seien, mit seiner Lehre und kommt zu dem Resultat, »daß Pantheismus wesentlich Optimismus ist; meine Lehre aber Pessimismus« (HN III, 463 f.).
Ein charakteristisches Beispiel für die Verwendung von »Pessimismus« und »pessimistisch« ist diese Stelle: »Den *Fundamentalunterschied* aller Religionen kann ich nicht, wie durchgängig geschieht, darin setzen, ob sie monotheistisch, polytheistisch, pantheistisch, oder atheistisch sind; sondern nur darin, ob sie optimistisch oder pessimistisch sind, d. h. ob sie das Daseyn dieser Welt als durch sich selbst gerechtfertigt darstellen, mithin es loben und preisen, oder aber es betrachten als etwas, das nur als Folge unserer Schuld begriffen werden kann und daher eigentlich nicht seyn sollte, indem sie erkennen, daß Schmerz und Tod nicht liegen können in der ewigen, ursprünglichen, unabänder-

lichen Ordnung der Dinge, in Dem, was in jedem Betracht seyn sollte. Die Kraft, vermöge welcher das Christenthum zunächst das Judenthum und dann das Griechische und Römische Heidenthum überwinden konnte, liegt ganz allein in seinem Pessimismus, in dem Eingeständniß, daß unser Zustand ein höchst elender und zugleich sündlicher ist, während Judenthum und Heidenthum optimistisch waren. Jene von Jedem tief und schmerzlich gefühlte Wahrheit schlug durch und hatte das Bedürfniß der Erlösung in ihrem Gefolge.« (W II, Kap. 17, 187 f.)
Das Christentum ist für Schopenhauer »Indischen Geistes« und - »mehr als wahrscheinlich« - »Indischer Herkunft« (vgl. W II, Kap. 41, 558).
Zu seiner eigenen Lehre bemerkt er: »Man hat geschrieen über das Melancholische und Trostlose meiner Philosophie: es liegt jedoch bloß darin, daß ich, statt als Aequivalent der Sünden eine künftige Hölle zu fabeln, nachwies, daß wo die Schuld liegt, in der Welt, auch schon etwas Höllenartiges sei: wer aber dieses leugnen wollte, - kann es leicht ein Mal erfahren.« (W II, Kap. 46, 666)
↑ Poesie, Primat des Willens, Dialog, Hölle, Täuschung und Enttäuschung, Moralische Weltordnung, Resignation, Beste aller möglichen Welten, Ablenkung durch Lebensgeschichte

Pfaffen »Das Grundgeheimniß und die Urlist aller Pfaffen, auf der ganzen Erde und zu allen Zeiten, mögen sie brahmanische oder mohammedanische, buddhaistische, oder christliche seyn, ist Folgendes. Sie haben die große Stärke und Unvertilgbarkeit des metaphysischen Bedürfnisses des Menschen richtig erkannt und wohl gefaßt: nun geben sie vor, die Befriedigung desselben zu besitzen, indem das Wort des großen Räthsels ihnen, auf außerordentlichem Wege, direkt zugekommen wäre. Dies nun den Menschen Ein Mal eingeredet, können sie solche leiten und beherrschen, nach Herzenslust. Von den Regenten gehen daher die klügeren eine Allianz mit ihnen ein: die andern werden selbst von ihnen beherrscht. Kommt aber ein Mal, als die seltenste aller Ausnahmen, ein Philosoph auf den Thron, so entsteht die ungelegenste Störung der ganzen Komödie.« (P II, § 177, 384)
↑ Metaphysisches Bedürfnis, Abrichtung, Masken

Philosophie »Sie ist eine Erkenntniß vom eigentlichen Wesen dieser Welt, in der wir sind und die in uns ist.« (VN I, Exordium über meinen Vortrag und dessen Methode, 87)
↑ Ganzheit der Philosophie, Orientierung, Luftschlösser

Philosophieren »Zum Philosophiren sind die zwei ersten Erfordernisse diese: erstlich, daß man den Muth habe, keine Frage auf dem Herzen zu behalten; und zweitens, daß man alles Das, was *sich von selbst versteht*, sich zum deutlichen Bewußtseyn bringe, um es als Problem aufzufassen.« (P II, § 3, 4)
↑ Philosophisches Erstaunen, Metaphysisches Bedürfnis, Sterben

Philosophischer Pöbel »Mich in die philosophischen Streitigkeiten meiner Zeit einzumengen, fällt mir so wenig ein, wie, wenn ich den Pöbel auf der Gasse sich balgen sehe, hinabzugehn und Theil an der Prügelei zu nehmen.« (HN III, 541)
↑ Schimpfwörter, Zeitalter

Philosophisches Erstaunen »Die [...] nähere Beschaffenheit des Erstaunens, welches zum Philosophiren treibt, entspringt offenbar aus dem Anblick *des Uebels und des Bösen* in der Welt, welche, selbst wenn sie im gerechtesten Verhältniß zu einander ständen, ja, auch noch vom Guten weit überwogen würden, dennoch Etwas sind, was ganz und gar und überhaupt nicht seyn sollte.« (W II, Kap. 17, 190)
↑ Metaphysisches Bedürfnis, Pessimismus

Physisch/metaphysisch »Wie gute Verdauung nur seyn kann wo ein gesunder starker Magen, große Stärke nur wo ein muskulöser und sehniger Arm ist; so kann außerordentliche Intelligenz nur da seyn wo ein außerordentlich entwickeltes, schön gebautes, fein organisirtes und durch energisches Steigen des Blutes belebtes Gehirn ist. Denn *das Denken ist physisch*, wie die Verdauung, *nicht metaphysisch*: *metaphysisch* ist allein der Wille: dessen Beschaffenheit ist daher von keinem Organ abhängig und aus keinem zu schließen: sie ist durch nichts bedingt: aber Alles durch sie.« (HN IV 1, 114 f.)
↑ Materialismus, Wille/Wille zum Leben

Platonische Idee Das Wort »Idee« kommt von griech. *idea* (*eidos*) und bedeutet Aussehen, Gestalt, Form, Urbild, Ideal. Bei Platon finden sich u. a. folgende Bestimmungen der Idee: »ein immer Seiendes, das weder entsteht noch vergeht«, »ein seiner Natur nach wunderbar Schönes« *(Symposion)* oder »die wesenhafte Wirklichkeit selbst, die wir als das eigentliche Sein erklären« *(Phaidon)*.

Schopenhauer knüpft an Platon an, stellt ihn aber in den neuen Interpretationszusammenhang seiner Erkenntnistheorie und Willensmetaphysik: Ideen sind ewige Urbilder, durch die der Wille als Ding an sich sich darstellt (sich »objektiviert«), unvergängliche Grundgestalten in der Natur, Archetypen alles Existierenden. Sie werden von Schopenhauer auch feste »Stufen der Objektivation des Willens« genannt. Objektivation bedeutet das Sichdarstellen in der realen Körperwelt. In den Traditionen der christlichen Philosophie konnten die Platonischen Ideen interpretiert werden als Gedanken Gottes vor der Schöpfung, gleichsam als idealer Bauplan der Welt (z. B. bei Augustinus). Der Atheist Schopenhauer dagegen, für den eine alles tragende Vernunft Gottes nicht mehr in Frage kommt, sieht in ihnen einen Bauplan ohne Plan. Die Ideen, die permanenten Formen, werden von dem allmächtigen, aber blinden, nichtvernünftigen Willen »ewig gewollt«. Sie sind als das eigentliche *Was* der Welt als Vorstellung raum-, zeit- und grundlos wie der Wille selbst, immer seiend, ungeworden und unvergänglich. Die Ideen sind der Form der Erkenntnis der Individuen – dem Satz vom Grund – nicht unterworfen, von dieser alles verendlichenden Form also weder bedingt noch relativiert. Zwischen dem einen Willen als Ding an sich und der flüchtigen Vielheit der Einzelerscheinungen steht das ewige Zwischenreich der Platonischen Ideen. – Die Ideenlehre spielt in Schopenhauers Ästhetik eine zentrale Rolle. Auch hier haben die Ideen nichts zu tun mit subjektiv-individuellen Vorstellungen, Gedanken oder Einfällen, auch nichts mit Abstraktionen der Vernunft.

Schopenhauer stellt, mit seinen eigenen Worten umschreibend, den für ihn bedeutsamen springenden Punkt von Platons Ideenlehre heraus: »Platon nun aber sagt: ›Die Dinge dieser Welt, welche unsere Sinne wahrnehmen, haben gar kein wahres Seyn: *sie werden immer, sind aber nie*: sie haben nur ein relatives Seyn, sind insgesammt nur in und durch ihr Verhältniß zu einander: man kann daher ihr ganzes Daseyn eben so wohl ein Nichtseyn nennen. Sie sind folglich auch nicht Objekte einer eigentlichen Erkenntniß: denn nur von dem, was an und für sich immer auf gleiche Weise ist, kann es eine solche geben: sie hingegen sind nur das Objekt eines durch Empfindung veranlaßten Dafürhaltens. So lange wir nun auf ihre Wahrnehmung beschränkt sind, gleichen wir Menschen, die in einer finstern Höhle so fest gebunden säßen, daß sie auch den Kopf nicht drehn könnten, und nichts sähen, als beim Lichte eines hinter ihnen brennenden Feuers, an der Wand ihnen gegenüber, die Schattenbilder wirklicher Dinge, welche zwischen ihnen und dem Feuer vorübergeführt würden, und auch sogar von einander, ja jeder von sich selbst, eben nur die Schatten auf jener Wand. Ihre Weisheit aber wäre, die aus Erfahrung erlernte Reihenfolge jener Schatten vorher zu sagen. Was nun hingegen allein wahrhaft Seiend genannt werden kann, weil es *immer ist, aber nie wird, noch vergeht*: das sind die realen Urbilder jener Schattenbilder: es sind die ewigen Ideen, die Urformen aller Dinge. Ihnen kommt *keine Vielheit* zu: denn jedes ist in seinem Wesen nach nur Eines, indem es das Urbild selbst ist, dessen Nachbilder, oder Schatten, alle ihm gleichnamige, einzelne, vergängliche Dinge der selben Art sind. Ihnen kommt auch *kein Entstehn und Vergehn* zu: denn sie sind wahrhaft seiend, nie aber werdend, noch untergehend, wie ihre hinschwindenden Nachbilder. (In diesen beiden verneinenden Bestimmungen ist aber nothwendig als Voraussetzung enthalten, daß Zeit, Raum und Kausalität für sie keine Bedeutung noch Gültigkeit haben, und sie nicht in diesen dasind.) Von ihnen allein daher giebt es eine eigentliche Erkenntniß, da das Objekt einer solchen nur Das seyn kann, was immer und in jedem Betracht (also an sich) ist; nicht Das, was ist, aber auch wieder nicht ist, je nachdem man es ansieht.‹ – Dies ist Plato's Lehre.« (W I, § 1, 201 f.; griechische Termini sind weggelassen.)

Schopenhauer veranschaulicht seine Darstellung, bei der es sich nicht um originale Zitate von Platon handelt, durch ein Beispiel: »Es stehe ein Thier vor uns, in voller Lebensthätigkeit. Plato wird sagen: ›Dieses Thier hat keine wahrhafte Existenz, sondern nur eine scheinbare, ein beständiges Werden, ein relatives Daseyn, welches eben so wohl ein Nichtseyn, als ein Seyn heißen kann. Wahrhaft seiend ist allein die Idee, die sich in jenem Thier abbildet, oder das Thier an sich selbst, welches von nichts abhängig, sondern an und für sich ist, nicht geworden, nicht endend, sondern immer auf gleiche Weise. Sofern wir nun in diesem Thiere seine Idee erkennen, ist es ganz einerlei und ohne Bedeutung, ob wir dies Thier jetzt vor uns haben, oder seinen vor tausend Jahren lebenden Vorfahr, ferner auch ob es hier oder in einem fernen Lande ist, ob es in dieser oder jener Weise, Stellung, Handlung sich darbietet, ob es endlich dieses, oder irgend ein anderes Individuum seiner Art ist: dieses Alles ist nichtig und geht nur die Erscheinung an: die Idee des Thieres allein hat wahrhaftes Seyn und ist Gegenstand wirklicher Erkenntniß.‹ – So Plato.« (W I, § 31, 203; griechische Termini sind weggelassen. In § 31 werden außerdem Kants Ding an sich und Platons Idee miteinander verglichen.)

↑ Jenseits der Zeit, Bildende Kunst, Genie

Poesie Sie ist die Kunst, durch Begriffe die Phantasie des Lesers zur Anschauung der Platonischen Ideen hinzuleiten. Um aus der Allgemeinheit der Begriffe anschauliche Vorstellungen zu erzeugen, fügt der Dichter ihnen besonders bezeichnende Beiwörter, Epitheta, hinzu. Goethes Verse, »Ein sanfter Wind vom blauen Himmel weht,/Die Myrte still und hoch der Lorbeer steht«, schlagen, so Schopenhauers Beispiel, »aus wenigen Begriffen die ganze Wonne des südlichen Klimas vor die Phantasie nieder« (W I, § 51, 287).

Andere dichterische Mittel, die Allgemeinheit der Begriffe einzuschränken, um Anschaulichkeit zu erreichen, sind z. B. Metapher, Gleichnis, Parabel und Allegorie. »Wie schön sagt Cervantes vom Schlaf, um auszudrücken, daß er uns allen geistigen und körperlichen Leiden entziehe, ›er sei ein Mantel, der den ganzen Menschen bedeckt‹.« (W I, § 50, 284)

Und Schopenhauer selbst greift zur dichterischen Sprache, um mit ihr über sie zu philosophieren, denn die Anschauung ist die »Urquelle aller Erkenntniß« (W II, Kap. 7, 78): »Wie der Botaniker aus dem unendlichen Reichthum der Pflanzenwelt eine einzige Blume pflückt, sie dann zerlegt, um uns die Natur der Pflanze überhaupt daran zu demonstriren; so nimmt der Dichter aus dem endlosen Gewirre des überall in unaufhörlicher Bewegung dahineilenden Menschenlebens eine einzige Scene, ja, oft nur eine Stimmung und Empfindung heraus, um uns daran zu zeigen, was das Leben und Wesen des Menschen sei.« (P II, § 208, 448) - Der Dichter setzt die Phantasie in Bewegung, um in ihr bildhaft die Ideen zu offenbaren, vor allem die Idee des Menschen im allgemeinen, d. h. um zu sagen, was der Mensch zu allen Zeiten war, ist und immer sein wird.

Auch die Poesie wird, wie die bildende Kunst und die Musik, unter dem Blickwinkel der Entlastung vom Wollen, vom Leben, vom Leiden betrachtet. Die Tragödie, der »Gipfel der Dichtkunst« (W I, § 51, 298), deutet - im Gegensatz zur Komödie - auf die »Verneinung des Willens zum Leben« hin. Die tragische Darstellung ist für den Zuschauer ein »Aufruf zur Resignation« (VN III, Kap. 16, 210).

Ausgangspunkt der Tragödie ist die unfreie Existenz des handelnden Menschen, das Dasein als Individuum. Endpunkt ist die Resignation, die Erlösung bringende Entsagung, als Individuum leben zu wollen. Dazwischen spannt sich die tragische Handlung bis zur Lösung des Knotens durch Erkenntnis. Das Leben zeigt sich, wie es leidvoller nicht sein kann. Das metaphysische Wesen der Welt, der eine Wille als Ding an sich, im Widerstreit mit sich selbst, durchdringt determinierend seine Erscheinungen, die Welt als Vorstellung, und betritt als Zufall, Irrtum, Schicksal, Verflechtung, Egoismus, Bosheit, Grausamkeit, selbst die Bühne. Der einzelne, zumal der Edelste, durchschaut das eigentliche Theater der Welt, die große Illusion, die Täuschung der Maja: Die Individuation in Raum und Zeit - das *principium individuationis* - ist durchaus nichts Unbedingtes, Wahres, Gutes, Wesentliches. Sie ist deshalb auch nicht unter allen Umständen verteidigungswert. Diese entlarvende Erkenntnis, diese Enttäuschung wirkt nicht mehr als Motiv, als Beweggrund, sondern als Quietiv, als Zur-Ruhe-Kommen, ja als Aufgabe des Lebenswillens.

Das folgende Zitat enthält in gedrängter Form zahlreiche Motive von Schopenhauers Pessimismus und zeigt gut, in welchen Kontext er die Tragödie einordnet. »Es ist für das Ganze unserer gesammten Betrachtung sehr bedeutsam und wohl zu beachten, daß der Zweck dieser höchsten poetischen Leistung die Darstellung der schrecklichen Seite des Lebens ist, daß der namenlose Schmerz, der Jammer der Menschheit, der Triumph der Bosheit, die höhnende Herrschaft des Zufalls und der rettungslose Fall der Gerechten und Unschuldigen uns hier vorgeführt werden: denn hierin liegt ein bedeutsamer Wink über die Beschaffenheit der Welt und des Daseyns. Es ist der Widerstreit des Willens mit sich selbst, welcher hier, auf der höchsten Stufe seiner Objektität, am vollständigsten entfaltet, furchtbar hervortritt. Am Leiden der Menschheit wird er sichtbar, welches nun herbeigeführt wird, theils durch Zufall und Irrthum, die als Beherrscher der Welt, und durch ihre bis zum Schein der Absichtlichkeit gehende Tücke als Schicksal personificirt, auftreten; theils geht er aus der Menschheit selbst hervor, durch die sich kreuzenden Willensbestrebungen der Individuen, durch die Bosheit und Verkehrtheit der Meisten. Ein und derselbe Wille ist es, der in ihnen allen lebt und erscheint, dessen Erscheinungen aber sich selbst bekämpfen und sich selbst zerfleischen. In diesem Individuo tritt er gewaltig, in jenem schwächer hervor, hier mehr, dort minder zur Besinnung gebracht und gemildert durch das Licht der Erkenntniß, bis endlich, in Einzelnen, diese Erkenntniß, geläutert und gesteigert durch das Leiden selbst, den Punkt erreicht, wo die Erscheinung, der Schleier der Maja, sie nicht mehr täuscht, die Form der Erscheinung, das *principium individuationis*, von ihr durchschaut wird, der auf diesem beruhende Egoismus eben damit erstirbt, wodurch nunmehr die vorhin so gewaltigen *Motive* ihre Macht verlieren, und statt ihrer die vollkommene Erkenntniß des Wesens der Welt, als *Quietiv* des Willens wirkend, die Resignation herbeiführt, das Aufgeben, nicht bloß des Lebens, sondern des ganzen Willens zum Leben selbst. So sehn wir im Trauerspiel zuletzt die Edelsten, nach langem Kampf und Leiden, den Zwecken, die sie bis dahin so heftig verfolgten, und allen den Genüssen des Lebens auf immer entsagen, oder es selbst willig und freudig aufgeben: so den standhaften Prinzen des Calderon; so das Gretchen im ›Faust‹; so den Hamlet, dem sein Horatio willig folgen möchte, welchen aber jener bleiben und noch eine Weile in dieser rauhen Welt mit Schmerzen athmen heißt, um Hamlets Schicksal aufzuklären und dessen Andenken zu reinigen; – so auch die Jungfrau von Orleans, die Braut von Messina: sie alle sterben durch Leiden

geläutert, d. h. nachdem der Wille zu leben zuvor in ihnen erstorben ist.« (W I, § 51, 298 f.)
Schopenhauer fügt noch hinzu: »Der wahre Sinn des Trauerspiels ist die tiefere Einsicht, daß was der Held abbüßt nicht seine Partikularsünden sind, sondern die Erbsünde, d. h. die Schuld des Daseyns selbst.« (W I, § 51, 299 f.) - Die Zwischenfrage drängt sich auf: Was ist die Schuld des Daseins? Schopenhauer kann diese metaphysische Frage nicht wirklich beantworten. Ansatzweise läßt sich sagen, diese Schuld hat damit zu tun, daß das *Dasein als Individuation* bejaht wird, d. h. als Leben gewollt wird. Leben, das Leben will in Form von Individuation, ist die Schuld des Daseins. - Calderon spricht es in seinem Drama *Das Leben ein Traum* unumwunden aus: »Da die größte Schuld des Menschen/Ist, daß er geboren ward.« (W I, § 51, 300)
Worin besteht in der Tragödie die Entlastung für das Leben? Schopenhauer wirft selbst die Frage auf, wie die Darstellung der schrecklichen Seiten des Lebens unseren Beifall finden kann. Er sieht eine Antwort darin, daß unser Gefallen am Trauerspiel nicht dem Gefühl des Schönen, sondern dem des Erhabenen angehört, ja daß es sogar den höchsten Grad dieses Gefühls darstellt. Der Zuschauer wendet sich bei der tragischen Katastrophe vom Willen zum Leben ab - er »liebt« das Leben nicht mehr - und wird gerade dadurch inne, daß »noch etwas Anderes an uns übrig bleibt, was wir durchaus nicht positiv erkennen können, sondern bloß negativ, als Das, was *nicht* das Leben will« (W II, Kap. 37, 495). Wie die rote Farbe die grüne fordert, so fordert das Trauerspiel ein »ganz anderartiges Daseyn«, eine »andere Welt«, was der erschütternden Darstellung einen »eigenthümlichen Schwung zur Erhebung« gibt. Wir werden durch die Tragödie dermaßen »umgestimmt« und zur Resignation hingeleitet, daß wir an dem, was dem Willen und seinen Interessen geradezu widerstreitet, »Gefallen finden«.
↑ Lyrik, Genie, Quietiv

Primat des Willens Schopenhauer revolutioniert das Menschenbild des Abendlands. Über viele Traditionen hinweg gilt der Geist oder die Vernunft nicht nur dem Rang sondern auch der Stärke nach als das maßgebende Prinzip. Im Gegensatz hierzu bestimmt Schopenhauer den Intellekt funktional-akzidentiell als hervorgebrachtes Erkenntniswerkzeug eines nichtvernünftigen Weltwillens. Dieser Wille als Ding an sich ist die bewußtlose, aber mächtige Substanz des Menschen, der Intellekt das bewußte, aber ohnmächtige Akzidens. Die damit verbundene Umwälzung der traditionellen Rangordnung wird radikal durchgeführt. Das Vernünftige ist von Grund auf bedingt und abhängig von etwas Nicht-Vernünftigem, dem letztlich unerkennbaren Willen als dem Wesen der Welt. Der Wille ist gleichsam der Herr, der Intellekt der Knecht. Das Individuum ist nicht einmal Herr im eigenen Haus, im Ich.

Mit dieser neuartigen, radikalen Sicht des Menschen beeinflußt Schopenhauer die Geistes- und Kulturgeschichte der Moderne, indem er bislang unbekannte Horizonte des Fragens und Forschens eröffnet und auch das künstlerische Schaffen auf fruchtbare Weise provoziert. Sigmund Freud beispielsweise nennt ihn ausdrücklich einen »Vorgänger« der Psychoanalyse.

Es gehört Schopenhauer zufolge zum »Grundirrthum aller Philosophen« (W II, Kap. 19, 230), daß man den Intellekt, der nur eine Funktion, ein bloß biologisches Werkzeug ist, zu einer Person gemacht hat, die er gar nicht ist, zu einem mythologischen Wesen namens Seele. Infolge dieses fundamentalen Irrtums durchherrscht die Philosophie seit über 2000 Jahren eine Glorifizierung der Rationalität, der Vernunft. Dieser naive Glaube an die Vernunft erzeugt auch die moralisch optimistische Illusion, es genüge bereits zu wissen, was das Gute ist, um es auch tun zu können. Oder kurz: wie die Vernunft, so der Wille. In dieser grundverkehrten Auffassung wird der Wille für die Funktion des Intellekts gehalten, so als wäre das Wollen eine Folge des Erkennens.

Schopenhauer weist »nach Jahrtausenden des Philosophirens« zum ersten Mal nach, so sein Selbstverständnis, daß der Wille das Primäre und der Intellekt das Sekundäre ist. »Diese Nachweisung ist um so nöthiger, als alle mir vorhergegangenen Philosophen, vom ersten bis zum letzten, das eigentliche Wesen, oder den Kern des Menschen in das *erkennende* Bewußtseyn setzen, und demnach das Ich, oder bei Vielen dessen transscendente Hypostase, genannt Seele, als zunächst und wesentlich *erkennend*, ja *denkend*, und erst in Folge hievon, sekundärer und abgeleiteter Weise, als *wollend* aufgefaßt und dargestellt haben.

Dieser uralte und ausnahmslose Grundirrthum«, dieser erste falsche Schritt und diese fundamentale Verwechslung von Grund und Folge, »ist, vor allen Dingen, zu beseitigen und dagegen die naturgemäße Beschaffenheit der Sache zum völlig deutlichen Bewußtseyn zu bringen.« (W II, Kap. 18, 222; vgl. WII, Kap. 41, 567)

Dies ist ein Kennzeichen von Schopenhauers Pessimismus: Der Wille als unser Wesensgrund ist durch Vernunft nicht beherrschbar.

↑ Wille und Intellekt, Operari sequitur esse, Grundwahrheit meiner Lehre

Principium individuationis Raum und Zeit sind das Prinzip der Individuation. Durch Raum und Zeit wird die Illusion erzeugt, die *Vielheit* der Dinge und die *Verschiedenheit* der Individuen seien etwas Unbedingtes, gehörten selbst zur absoluten Ordnung der Dinge. Das Individuum ist in seiner gewöhnlichen, alltäglichen Erkenntnis dieser Auffassung verfallen. Es weiß nichts davon, daß Raum und Zeit apriorische Formen des erkennenden Subjekts sind, daß Raum und Zeit sich gleichsam zwischen das Ding an sich (das Wesen der Welt) und unsere Erkenntnis stellen und dadurch das Ding an sich lediglich individuiert *erscheinen* lassen. Das Individuum sieht nur die Erscheinung der Dinge (Welt als Vorstellung) und nicht ihr Wesen, das unabhängig von Raum und Zeit – unabhängig also vom *principium individuationis* – ein einziger Wille ist. Auf der im *principium individuationis* befangenen Erkenntnis beruht der Egoismus.

Schopenhauer drückt die Zerbrechlichkeit der Individuation als Erscheinung mit einer Metapher aus: »Wie auf dem tobenden Meere, das, nach allen Seiten unbegränzt, heulend Wasserberge erhebt und senkt, auf einem Kahn ein Schiffer sitzt, dem schwachen Fahrzeug vertrauend; so sitzt, mitten in einer Welt voll Quaalen, ruhig der einzelne Mensch, gestützt und vertrauend auf das *principium individuationis*, oder die Weise wie das Individuum die Dinge erkennt, als Erscheinung. Die unbegränzte Welt, voll Leiden überall, in unendlicher Vergangenheit, in unendlicher Zukunft, ist ihm fremd, ja ist ihm ein Mährchen: seine verschwindende Person, seine ausdehnungslose Gegenwart, sein augenblickliches Behagen, dies allein hat Wirklichkeit für ihn: und dies zu erhalten, thut er Alles, solange nicht eine bessere Erkenntniß ihm die Augen öffnet.« (W I, § 63, 416 f.)

Raum und Zeit sind keine gewöhnlichen abstrakten Begriffe, die aus konkreten Erfahrungen abstrahiert wären und über die die Vernunft schalten und walten könnte. Sie sind vielmehr apriorische Anschauungsformen (objektiv, physiologisch gesagt: Gehirnfunktionen), die zur Erkenntnisausstattung des Menschen gehören. Raum und Zeit sind keine Formen des Dings an sich, sondern lediglich Formen der Erscheinung. Mit anderen Worten: Ohne ein Subjekt, das anschaute, gäbe es keinen Raum und keine Zeit und damit kein Nebeneinander und Nacheinander einer gegenständlichen Welt. Das Gesetz, nach dem die Teile des Raums und der Zeit einander bestimmen, nennt Schopenhauer »Satz vom zureichenden Grunde des Seyns«.

Insgesamt gesehen verleiht Schopenhauer der *Apriorität* von Raum und Zeit eine extreme Ausdeutung, die zur pessimistischen Charakteristik des gesamten Werks entschieden mit beiträgt. Schopenhauers Pessimismus wurzelt zu einem beträchtlichen Teil in dieser Tiefenstruktur seiner Erkenntnistheorie. Das *principium individuationis* steht auch für die Reflexion über Schmerz und Nichtigkeit. Hier, in der Erkenntnistheorie, widerfährt allem Individuellen, allem Einmaligen, allem Besonderen - allem geschichtlich Wandelbaren in Raum und Zeit - eine abgrundtiefe Infragestellung und Abwertung. Zugleich befestigt das *principium individuationis* Schopenhauers metaphysischen Monismus: Das Ding an sich, unabhängig von Raum und Zeit, ist *ein einziger* Wille.

Schopenhauer nennt Raum und Zeit das *principium individuationis,* was soviel heißt wie Seinsgrund der Einzelwesen, weil allererst das Nebeneinander und Nacheinander eine unzählbare Vielheit - also Individuierung - möglich macht. »Der Ort und die Zeit unterscheiden die Individuen, auch wenn sie sonst völlig gleich sind: nur durch das Nebeneinander, also den Raum, und das Nacheinander, die Zeit, ist die *Vielheit* als solche möglich, die Vielheit des ganz Gleichartigen, das Erscheinen der Gattung in unzähligen Individuen: daher nenne ich Raum und Zeit das *principium individuationis*.« (VN I, Kap. 2, 158) Durch die

Apriorität von Raum und Zeit - durch diese »Gehirnfunktionen« - wird der Erscheinungscharakter aller Individuierung herausgestellt. »Die Individuation ist bloße Erscheinung, entstehend mittelst Raum und Zeit, welche nichts weiter als die durch mein cerebrales Erkenntnißvermögen bedingten Formen aller seiner Objekte sind; daher auch die Vielheit und Verschiedenheit der Individuen bloße Erscheinung, d. h. nur in meiner *Vorstellung* vorhanden ist.« (E, § 22, 271)
Mit Nachdruck verweist Schopenhauer auf die indische Philosophie, die vom »Schleier der Maja« spricht und damit auch das Blendwerk der Individuation meint. Zu dieser Phantasmagorie gehört auch, daß der Unterschied zwischen Ich und Nicht-Ich als etwas unbedingt Reales gesetzt wird. Dies ist die Erkenntnisweise, »die allem Egoismus zum Grunde liegt« (E, § 22, 271). Die Herrschaft des Egoismus steht und fällt mit der Herrschaft des »Satzes vom zureichenden Grunde des Seyns«, also mit der von Raum und Zeit. Erst in der Ethik des Mitleids, vorbereitet in der Philosophie der Kunst, kommt eine andere, eine nicht gewöhnliche, eine überindividuelle Erkenntnisweise ins Spiel, die das *principium individuationis* überwindet. Sie besagt: »Mein wahres, inneres Wesen existirt in jedem Lebenden so unmittelbar, wie es in meinem Selbstbewußtseyn sich nur mir selber kund giebt.« (E, § 22, 271)
Zu beachten ist, daß Schopenhauer seine extrem idealistische Auffassung von der Vielheit aller Lebewesen und aller Dinge als eine *bloß subjektive Bestimmung der Vorstellung* später einschränkt. Er kann mit dieser Auffassung z. B. die Gestalten und Färbungen der Pflanzen und Tiere ebensowenig erklären wie die große moralische Verschiedenheit der menschlichen Charaktere. Individualität muß mehr als ausschließlich Vorstellung sein. In seinem Alterswerk schreibt er, »daß die *Individualität* nicht allein auf dem *principio individuationis* beruht und daher nicht durch und durch bloße *Erscheinung* ist; sondern daß sie im Dinge an sich, im Willen des Einzelnen, wurzelt: denn sein Charakter selbst ist individuell. Wie tief nun aber hier ihre Wurzeln gehn, gehört zu den Fragen, deren Beantwortung ich nicht unternehme.« (P II, § 116, 242; vgl. LF, 434 f.) Aufgrund dieser Einschränkung ist also die Individualität, die Vielheit und Verschiedenheit der Dinge, nicht bloße Erscheinung, sondern

»irgendwie ein Ausdruck des Dinges an sich« (B, 326; vgl. P II, § 102, 187). Sie bleibt ein »Abgrund der Betrachtung«.
↑ Individuum, Gläserne Halbkugel, Durchschauung, Quietiv

Pudel Schopenhauer besitzt im Lauf seines Lebens mehrere Pudel, an denen er sehr hängt und die immer wieder in Erinnerungen und Anekdoten auftauchen.
Gut beglaubigt ist die Anekdote aus den späten 30er Jahren des Kompositionslehrers und Musikschriftstellers Schnyder von Wartensee (1786–1868): »Einst kam ein Reisender an unsere Tafel und erzählte ein neu vorgefallenes allerliebstes Stücklein von einem Hunde. Schopenhauer hörte mit höchster Spannung die Erzählung an und sagte: Ja, was Sie da mitteilen, ist gewiß wahr. Ich erkenne darin meine Hunde. Sie stehen über den Menschen. Ich habe [...] einen Pudel, und wenn der etwas Garstiges thut, so sage ich ihm: pfui, du bist kein Hund, du bist nur ein Mensch. Ein Mensch, ein Mensch! Pfui, schäme dich. Dann schämt er sich und legt sich in seine Ecke. Alles schwieg und Schopenhauer grinste fürchterlich. [...] Da sagte ich ihm mit lauter Stimme: Herr Doktor, einem solchen, der seinem Hund, wenn er ihn beschimpfen will, Mensch sagt, einem solchen kann man, wenn man ihn ehren will, sagen: Du Hund [...] Schopenhauer sagte: Ja, ich habe nichts dagegen.« (Schopenhauers Anekdotenbüchlein, hrsg. von Arthur Hübscher, Frankfurt am Main 1981, S. 13)
Der Schauspieler Friedrich Haase (1825–1911) berichtet von einem Gespräch mit Schopenhauer, das ca. 1858 stattgefunden haben könnte: »Mittags pflegte ich im ›Englischen Hof‹ zu speisen und hatte die Ehre und Freude gegenüber dem ebenfalls dort speisenden gewaltigen Schopenhauer zu sitzen, welcher nie ein Wort sprach, während des Essens wissenschaftliche Zeitungen zu lesen pflegte und nur beim Verlassen seines Stuhles, ohne jemals zu grüßen, seinem unter demselben liegenden Pudel sehr laut zurief: ›Komm', Mensch!‹ Eines Tages [...] bemerkte ich, daß Schopenhauer, über seine Brille weg, mich scharf fixierte und plötzlich zu mir sagte: ›Herr Haase, ich habe Sie gestern Abend im Faust spielen sehen und viel Anregung durch Ihre Darstellung empfangen.‹ [...] Noch allerlei fügte der große Philosoph hinzu, was ich nicht wieder erzählen darf, weil es sehr

lobend war, aber daß er schließlich: ›Adieu, Herr Haase!‹ und zum Pudel: ›Komm', Mensch!‹ sagte, darf ich erwähnen.« (Ge, 340)
↑ Am Mainquai, Siebensortenflegel

Q

Quietiv Von *quies*, lat. Ruhe. Die Wortprägung stammt von Schopenhauer und stellt einen Gegenbegriff zum *Motiv* dar. Das Motiv ist ein Beweggrund, das Leben zu bejahen, das Quietiv ist ein Ruhegrund, der den Willen beschwichtigt, zurücknimmt, ihn verneinen läßt. Das Quietiv geht aus der Durchschauung des *principium individuationis* hervor.
»Ist nun aber dieses Durchschauen des *principii individuationis*, diese unmittelbare Erkenntniß der Identität des Willens in allen seinen Erscheinungen, in hohem Grade der Deutlichkeit vorhanden; so wird sie sofort einen noch weiter gehenden Einfluß auf den Willen zeigen. Wenn nämlich vor den Augen eines Menschen jener Schleier der Maja, das *principium individuationis*, so sehr gelüftet ist, daß derselbe nicht mehr den egoistischen Unterschied zwischen seiner Person und der fremden macht, sondern an den Leiden der andern Individuen so viel Antheil nimmt, wie an seinen eigenen, und dadurch nicht nur im höchsten Grade hülfreich ist, sondern sogar bereit, sein eigenes Individuum zu opfern, sobald mehrere fremde dadurch zu retten sind; dann folgt von selbst, daß ein solcher Mensch, der in allen Wesen sich, sein innerstes und wahres Selbst erkennt, auch die endlosen Leiden alles Lebenden als die seinen betrachten und so den Schmerz der ganzen Welt sich zueignen muß. Ihm ist kein Leiden mehr fremd. Alle Quaalen Anderer, die er sieht und so selten zu lindern vermag, alle Quaalen, von denen er mittelbar Kunde hat, ja die er nur als möglich erkennt, wirken auf seinen Geist, wie seine eigenen. Es ist nicht mehr das wechselnde Wohl und Wehe seiner Person, was er im Auge hat, wie dies bei dem noch im Egoismus befangenen Menschen der Fall ist; sondern, da er das *principium individuationis* durchschaut, liegt ihm

alles gleich nahe. Er erkennt das Ganze, faßt das Wesen desselben auf, und findet es in einem steten Vergehn, nichtigem Streben, innerm Widerstreit und beständigem Leiden begriffen, sieht, wohin er auch blickt, die leidende Menschheit und die leidende Thierheit, und eine hinschwindende Welt. Dieses alles aber liegt ihm jetzt so nahe, wie dem Egoisten nur seine eigene Person. Wie sollte er nun, bei solcher Erkenntniß der Welt, eben dieses Leben durch stete Willensakte bejahen und eben dadurch sich ihm immer fester verknüpfen, es immer fester an sich drücken? Wenn also Der, welcher noch im *principio individuationis*, im Egoismus, befangen ist, nur einzelne Dinge und ihr Verhältniß zu seiner Person erkennt, und jene dann zu immer erneuerten *Motiven* seines Wollens werden; so wird hingegen jene beschriebene Erkenntniß des Ganzen, des Wesens der Dinge an sich, zum *Quietiv* alles und jedes Wollens. Der Wille wendet sich nunmehr vom Leben ab: ihm schaudert jetzt vor dessen Genüssen, in denen er die Bejahung desselben erkennt. Der Mensch gelangt zum Zustande der freiwilligen Entsagung, der Resignation, der wahren Gelassenheit und gänzlichen Willenslosigkeit.« (W I, § 68, 447 f.)

↑ Principium individuationis, Resignation, Poesie

R

Radikal Böses »Im Herzen eines Jeden [liegt] ein wildes Thier, das nur auf Gelegenheit wartet, um zu toben und zu rasen, indem es Andern wehe thun und, wenn sie gar ihm den Weg versperren, sie vernichten möchte: es ist eben Das, woraus alle Kampf- und Kriegslust entspringt; und eben Das, welches zu bändigen und einigermaaßen in Schranken zu halten die Erkenntniß, sein beigegebener Wächter, stets vollauf zu thun hat. Immerhin mag man es das radikal Böse nennen [Kant], als womit wenigstens Denen, welchen ein Wort die Stelle einer Erklärung vertritt, gedient seyn wird. Ich aber sage: Es ist der Wille zum Leben, der, durch das stete Leiden des Daseyns mehr und mehr erbittert, seine eigene Quaal durch das Verursachen der

fremden zu erleichtern sucht. Aber auf diesem Wege entwickelt er sich allmälig zur eigentlichen Bosheit und Grausamkeit.« (P II, § 114, 229)
↑ Sklaverei, Grausamkeit, Mitleid

Raubzüge »*Dans toutes les guerres il ne s'agit que de voler* [In allen Kriegen geht es nur darum zu stehlen], sagt Voltaire, und die Deutschen sollen es sich gesagt seyn lassen.« (P I, 485)

Rausch »Ganz glücklich, in der Gegenwart, hat sich noch kein Mensch gefühlt; er wäre denn betrunken gewesen.« (P II, § 146, 306)

Realisten der rohesten Art »Wohin Denken ohne Experimentiren führt, hat uns das Mittelalter gezeigt: aber dies Jahrhundert ist bestimmt, uns sehn zu lassen, wohin Experimentiren ohne Denken führt.« (P II, § 77, 118)
↑ Materialismus

Realität und Wahrheit In dem wichtigen § 21 der erkenntnistheoretischen Abhandlung *Ueber die vierfache Wurzel des Satzes vom zureichenden Grunde* werden an einer Stelle kurz und prägnant die Begriffe »Realität« und »Wahrheit« expliziert: »Das vom *Verstande* richtig Erkannte ist die *Realität*; das von der *Vernunft* richtig Erkannte die *Wahrheit*, d. i. ein Urtheil, welches Grund hat: jener ist der *Schein* (das fälschlich Angeschaute), dieser der *Irrthum* (das fälschlich Gedachte) entgegengesetzt.« (G, § 21, 71 f.)
↑ Intellektualität der Anschauung

Rechtes Maß »Viele leben zu sehr in der Gegenwart: die Leichtsinnigen; – Andere zu sehr in der Zukunft: die Aengstlichen und Besorglichen. Selten wird Einer genau das rechte Maaß halten.« (P I, Aphorismen, Kap. 5, 442)
↑ Leben

Regel »Bei jedem Menschen, mit dem man in Berührung kommt, unternehme man nicht eine objektive Abschätzung desselben nach Werth und Würde, ziehe also nicht die Schlechtig-

keit seines Willens, noch die Beschränktheit seines Verstandes und die Verkehrtheit seiner Begriffe in Betrachtung; da Ersteres leicht Haß, Letzteres Verachtung gegen ihn erwecken könnte: sondern man fasse allein seine Leiden, seine Noth, seine Angst, seine Schmerzen ins Auge: – da wird man sich stets mit ihm verwandt fühlen, mit ihm sympathisiren und, statt Haß oder Verachtung, jenes Mitleid mit ihm empfinden, welches allein die [...] [agape, Liebe] ist, zu der das Evangelium aufruft. Um keinen Haß, keine Verachtung gegen ihn aufkommen zu lassen, ist wahrlich nicht die Aufsuchung seiner angeblichen ›Würde‹, sondern, umgekehrt, der Standpunkt des Mitleids der allein geeignete.« (P II, § 109, 215 f.)
↑ Liebe

Reichtum »Der Reichtum gleicht dem Seewasser: je mehr man davon trinkt, desto durstiger wird man.« (P I, Aphorismen, Kap. 3, 368)
↑ Anempfohlene Betrachtungsweise, Glückseligkeit

Reifrock Alle Tiere gewähren durch ihre natürliche Gestalt, Bedeckung und Farbe einen naturgemäßen, erfreulichen und ästhetischen Anblick. Allein der Mensch geht unter ihnen wegen seiner »wunderlichen und abenteuerlichen« Bekleidung als »Karikatur« umher. Er ist eine Gestalt, die nicht zum Ganzen paßt, nicht hineingehört, indem sie nicht das Werk der Natur, sondern eines Schneiders ist. »Aber das Widerwärtigste ist die heutige Kleidung der, Damen genannten, Weiber, welche, der Geschmacklosigkeit ihrer Urgroßmütter nachgeahmt, die möglichst große Entstellung der Menschengestalt liefert, dazu noch unter dem Gepäck des Reifrocks, der ihre Breite der Höhe gleich macht und eine Anhäufung unsauberer Evaporationen [Ausdünstungen] vermuthen läßt, wodurch sie nicht nur häßlich und widerwärtig, sondern auch ekelhaft sind.« (P II, § 92, 170)
↑ Männlicher Intellekt

Reines Subjekt des Erkennens »Eine reine Intelligenz ohne Absichten und Zwecke« (P II, § 205, 442), die beglückende Betrachtungsweise des Schönen in Kunst und Natur, deren Objekt die Platonischen Ideen sind. Es ist ein Zustand der »reinen Objektivität der Anschauung«, also ein Anschauen ohne eigenes Interesse, ohne Bezug zum eigenen Willen, ohne die leitende Frage: Welchen Nutzen habe ich davon? Die Dinge werden so betrachtet, als ob sie den Willen - das Begehren, Habenwollen, Wünschen, Sorgen, den »Strudel und Tumult des Lebens« - nie etwas angehen könnten. Dieser Zustand kann nicht absichtlich herbeigeführt werden, er geschieht von sich aus. Das Bewußtsein vom Selbst verschwindet. »Denn nur dann faßt man die Welt rein objektiv auf, wann man nicht mehr weiß, daß man dazu gehört; und alle Dinge stellen sich um so schöner dar, je mehr man sich bloß ihrer und je weniger man sich seiner selbst bewußt ist.« (W II, Kap. 30, 420) »Das reine Subjekt des Erkennens tritt ein, indem man sich vergißt, um ganz in den angeschauten Gegenständen aufzugehn; so daß nur sie im Bewußtseyn übrig bleiben.« (P II, §205, 443) »Reines Subjekt des Erkennens werden, heißt, sich selbst loswerden.« (P II, §205, 443) - Schopenhauer bekräftigt dies mit den beiden Verszeilen von Goethe: »Die Sterne, die begehrt man nicht,/Man freut sich ihrer Pracht.« (W II, Kap. 30, 428)

Aus Schopenhauers Kunstphilosophie spricht der Enthusiasmus einer Erotik des Ewigen. Er ist erfüllt von Platons Ideenschau, an die er anschließt (vgl. z. B. Platon, Symposion 210 e bis 212 a). Die Platonische Liebe, das Verlangen der erkennenden Seele nach dem absolut Vollkommenen, ein Verlangen, es zu erkennen, spricht voller Begeisterung - wenn auch in einem neuen Kontext - aus der *Welt als Wille und Vorstellung*, vor allem aus dem ersten Band des noch jüngeren Schopenhauer.

Eine zentrale Stelle, die die Vereinigung von Anschauendem und Anschauung emphatisch zum Ausdruck bringt (»sich hingeben«, »sich versenken«, »sich verlieren«, »Beide Eines geworden«), lautet: »Wenn man, durch die Kraft des Geistes gehoben, die gewöhnliche Betrachtungsart der Dinge fahren läßt, aufhört, nur ihren Relationen zu einander, deren letztes Ziel immer die Relation zum eigenen Willen ist, am Leitfaden der Gestaltungen des Satzes vom Grunde, nachzugehn, also nicht mehr das Wo, das Wann, das Warum und das Wozu an den Dingen betrachtet; sondern einzig und allein das *Was*; auch nicht das abstrakte Denken, die Begriffe der Vernunft, das Bewußtseyn einnehmen läßt;

sondern, statt alles diesen, die ganze Macht seines Geistes der Anschauung hingiebt, sich ganz in diese versenkt und das ganze Bewußtseyn ausfüllen läßt durch die ruhige Kontemplation des gerade gegenwärtigen natürlichen Gegenstandes, sei es eine Landschaft, sei es ein Baum, ein Fels, ein Gebäude oder was auch immer; indem man, nach einer sinnvollen Deutschen Redensart, sich gänzlich in diesen Gegenstand *verliert*, d. h. eben sein Individuum, seinen Willen, vergißt und nur noch als reines Subjekt, als klarer Spiegel des Objekts bestehend bleibt; so daß es ist, als ob der Gegenstand allein dawäre, ohne Jemanden, der ihn wahrnimmt, und man also nicht mehr den Anschauenden von der Anschauung trennen kann, sondern Beide Eines geworden sind, indem das ganze Bewußtseyn von einem einzigen anschaulichen Bilde gänzlich gefüllt und eingenommen ist; wenn also solchermaaßen das Objekt aus aller Relation zu etwas außer ihm, das Subjekt aus aller Relation zum Willen getreten ist: dann ist, was also erkannt wird, nicht mehr das einzelne Ding als solches; sondern es ist die *Idee*, die ewige Form, die unmittelbare Objektität [Erscheinung, Sichtbarwerdung] des Willens auf dieser Stufe: und eben dadurch ist zugleich der in dieser Anschauung Begriffene nicht mehr Individuum: denn das Individuum hat sich eben in solche Anschauung verloren: sondern es ist *reines*, willenloses, schmerzloses, zeitloses *Subjekt der Erkenntniß*.« (W I, § 34, 210 f.)

Im Subjekt solcher Erkenntnis geht eine Veränderung vor: Das Subjekt der Erkenntnis hat den Satz vom Grund, das Prinzip aller endlichen Erkenntnis, außer Kraft gesetzt und betrachtet nicht mehr das Wo, Wann, Warum, Wozu an den Dingen, vielmehr einzig und allein das *Was*, die *Idee*. Auch das abstrakte Denken, die Begriffe der Vernunft haben keine Bedeutung mehr. Erleichtert wird die Auffassung der Idee, also die Erkenntnis der Dinge nicht in ihrem relativen, sondern in ihrem »absoluten Daseyn« (W II, Kap. 30, 434), durch die Werke der bildenden Kunst und der Poesie: »Wenn die Dichter den heitern Morgen, den schönen Abend, die stille Mondnacht u. dgl. m. besingen; so ist, ihnen unbewußt, der eigentliche Gegenstand ihrer Verherrlichung das reine Subjekt des Erkennens, welches durch jene Naturschönheiten hervorgerufen wird, und bei dessen Auftreten der Wille aus dem Bewußtseyn verschwindet, wodurch die-

jenige Ruhe des Herzens eintritt, welche außerdem auf der Welt nicht zu erlangen ist.« (W II, Kap. 30, 423)
↑ Bildende Kunst, Besseres Bewußtsein, Genie

Relativität »Etwas erkennen nach dem was es ganz an und für sich sei, ist für alle Ewigkeit unmöglich: weil es sich widerspricht. Denn sobald ich erkenne, habe ich eine Vorstellung: diese muß aber eben weil sie meine Vorstellung ist verschieden seyn von dem Erkannten und kann nicht mit demselben identisch seyn.« (HN III, 432)
↑ Grenzstein

Religionen »Religionen sind Kinder der Unwissenheit, die ihre Mutter nicht lange überleben.« (P II, § 181, 416)
↑ Metaphysisches Bedürfnis, Pessimismus, Kinderkleid

Religionsunterricht »Wenn die Welt erst *ehrlich* genug geworden seyn wird, um Kindern vor dem 15ten Jahr keinen *Religionsunterricht* zu ertheilen; dann wird etwas von ihr zu hoffen seyn.« (HN III, 523)
↑ Abrichtung

Resignation Der »Werth des Lebens« besteht darin, daß es uns »lehrt, es nicht zu wollen« (P II, § 172, 341). Resignation ist die »Selbstaufhebung des Willens« (W I, § 70, 478). Verwandte Ausdrücke sind »Verneinung des Willens zum Leben«, »Heiligkeit« oder »besseres Bewußtseyn«. Gemeint ist eine Wandlung vom Wollen zum Nicht-mehr-Wollen, letztlich die mit dem Tod verbundene Auslöschung von Ich und Egoismus (vgl. HN III, 166 ff.), das Nirwana der Buddhisten.
Die Resignation führt zur wahren Gelassenheit und gänzlichen Willenslosigkeit. »Ein solcher Mensch, der, nach vielen bitteren Kämpfen gegen seine eigene Natur, endlich ganz überwunden hat, ist nur noch als rein erkennendes Wesen, als ungetrübter Spiegel der Welt übrig. Ihn kann nichts mehr ängstigen, nichts mehr bewegen: denn alle die tausend Fäden des Wollens, welche uns an die Welt gebunden halten, und als Begierde, Furcht, Neid, Zorn, uns hin- und herreißen, unter beständigem Schmerz, hat er abgeschnitten. Er blickt nun ruhig und lächelnd

zurück auf die Gaukelbilder dieser Welt, die einst auch sein Gemüth zu bewegen und zu peinigen vermochten, die aber jetzt so gleichgültig vor ihm stehn, wie die Schachfiguren nach geendigtem Spiel, oder wie am Morgen die abgeworfenen Maskenkleider, deren Gestalten uns in der Faschingsnacht neckten und beunruhigten. Das Leben und seine Gestalten schweben nur noch vor ihm, wie eine flüchtige Erscheinung, wie dem Halberwachten ein leichter Morgentraum, durch den schon die Wirklichkeit durchschimmert und der nicht mehr täuschen kann: und eben auch wie dieser verschwinden sie zuletzt, ohne gewaltsamen Uebergang.« (W I, § 68, 461 f.)
↑ Besseres Bewußtsein, Poesie, Quietiv, Nichts

Revolutionäres Prinzip »Aus dir sollst du die Natur verstehn, nicht dich aus der Natur. Das ist mein revolutionäres Princip.« (HN I, 421)
↑ Jedes Wesen, Mikrokosmos und Makrokosmos, Wille/Wille zum Leben

Roman Sein Zweck, die Offenbarung der Idee der Menschheit, wird erreicht durch die richtige Darstellung bedeutender Charaktere und durch die Erfindung bedeutsamer Situationen, in denen sie sich entfalten. Jeder hervorragende Roman ist ein Guckkasten, in dem man die »Spasmen und Konvulsionen des geängstigten menschlichen Herzens« betrachtet (vgl. W II, Kap. 46, 660).
Die vier größten Romane der Welt sind für Schopenhauer: *Tristram Shandy* (Sterne), *Wilhelm Meister* (Goethe), *Don Quijote* (Cervantes) und *La Nouvelle Héloïse* (Rousseau). Dem »intellektuellen« Roman *Wilhelm Meister* gibt er den Vorzug vor allen anderen (vgl. LF, 187).
↑ Don Quijote, Schriftsteller, Poesie, Camera obscura

S

Satz vom Grund Das Gesetz, das unser Erkennen beherrscht und uns die Welt gleichsam durch die Brille verschiedener Arten von Kausalitäten - von Gründen - sehen läßt. Die allgemeinste Formel des Satzes vom Grund heißt: »Nichts ist ohne Grund warum es sei« (G, § 5, 5; vgl. VN I, Kap. 4, 443), weshalb bei jeder Vorstellung gefragt werden kann, *warum* sie ist. Wir können uns z. B. vorstellen, daß morgen das Gravitationsgesetz aufhört zu wirken, aber nicht, daß dies ohne Ursache geschieht. Der Satz vom Grund drückt die universale und notwendige Verbundenheit aller Vorstellungen untereinander aus. Er beherrscht das - vom erkennenden Individuum aus gesehene - Grundgefüge der Welt als Vorstellung. - Schopenhauers Abhandlung *Ueber die vierfache Wurzel des Satzes vom zureichenden Grunde* (1813, ^{2}1847) ist für seine Erkenntnistheorie grundlegend. Für ein vertieftes Schopenhauer-Studium sind beide Auflagen wichtig (G1 und G). Der pessimistische Grundzug dieser Abhandlung läßt sich mit Hilfe der *Philosophischen Vorlesungen* besonders gut erkennen (vgl. VN I, Kap. 4, 474 ff.).
Zu beachten ist: Wenn Schopenhauer vom »Satz« vom Grunde spricht, meint er nicht etwas, das die Vernunft sich ausgedacht und in einem Satz begrifflich formuliert hätte, sondern er meint ein fundamentales Gesetz - er spricht sowohl von »Erkenntnissen *a priori*« als auch von »Gehirnfunktionen« -, dem jede Erkenntnis eines Individuums untersteht und entsprechen muß, um überhaupt zustande kommen zu können. Zweierlei muß daher unterschieden werden. Der Satz vom Grund bezeichnet einmal die Gesetzmäßigkeit, nach deren Maßgabe der Erkenntnisvorgang unweigerlich stattfindet, wobei dieser Vorgang dem Erkennenden zunächst nicht bewußt ist. Zum anderen bezeichnet er das nachträglich Bewußtgemachte, den philosophischen Begriff dieser Gesetzmäßigkeit.
Es ist das erkennende Subjekt, das durch seine Erkenntnistätigkeit die Welt als Vorstellung allererst hervorbringt, formt, ihr auf allen Ebenen eine Struktur universaler Bedingtheit verleiht.

Diese Konstituierung der gegenständlichen Welt in bezug auf ein Bewußtsein erfolgt aufgrund der *apriorischen Gesetzmäßigkeit* des Satzes vom Grund. Die allgemeinen Formen der Vorstellungswelt sind nicht etwas, das unabhängig und außerhalb des Bewußtseins *an sich* vorhanden ist, sondern etwas, das vom Subjekt, von den »selbsteigenen Formen des Intellekts«, aufgeprägt ist. Die Welt als Vorstellung ist kein Abbild, sondern eine Art Projektion. Es gibt sie nur ein einziges Mal, innerhalb des Bewußtseins, und nicht noch ein zweites Mal, außerhalb des Bewußtseins.

Etwas kann nur dadurch Objekt für ein Subjekt werden, wenn es die gesetzmäßigen Erkenntnisformen des Subjekts annimmt und durch sie gleichsam verkleidet selbst als gesetzmäßig erscheint. Bei diesen Formen handelt es sich gewissermaßen um im voraus feststehende Produktionsschablonen des Erkenntnisvermögens. Schopenhauer nennt sie »Gestalten« oder »Gestaltungen« des »Satzes vom zureichenden Grunde«. – Alle diese gesetzmäßigen Formen sind uns *a priori* bewußt, d. h., unser Wissen von ihnen ist nicht auf dem Weg unsicherer Erfahrung gewonnen, sondern ihm kommt in seiner Geltung strenge Allgemeingültigkeit und unbedingte Notwendigkeit zu. Schopenhauer verweist hier auf grundlegende Erkenntnisse in Kants *Kritik der reinen Vernunft.*

Der Satz vom Grund stellt sich in allen seinen Gestaltungen dar als Ausdruck »einer und der selben Urbeschaffenheit unsers ganzen Erkenntnißvermögens« (G, § 52, 158). Schopenhauer nennt diese Urbeschaffenheit die *Wurzel* des Satzes vom Grund. Die sich *vierfach* verzweigende Wurzel, die vier Arten von Kausalitäten oder Gründe, sind: der Grund des Werdens, der Grund des Erkennens, der Grund des Seins und der Grund des Handelns. Der Grund des Werdens verbindet die Vorstellungen kausal, der Grund des Erkennens logisch-begrifflich, der Grund des Seins räumlich und zeitlich, der Grund des Handelns schließlich nach Motiven.

Das Resultat lautet: Die Welt als Vorstellung ist dem Satz vom Grund, dem Prinzip der Dependenz, Relativität und Endlichkeit aller Objekte, unterworfen. Wo diese apriorische Grundfunktion gilt, haben wir es nur mit Erscheinungen, mit der Phänomenalität der Welt, zu tun, nicht mit dem »Wesen an sich der

Dinge«. Was sich erst beim Studium des Gesamtwerks erschließt, ist, zugespitzt gesagt: Schopenhauer rüttelt gleichsam an den vierfach verstrebten Gittern dieses selbst errichteten Vorstellungskäfigs, den wir »Welt« nennen, er will sich mit dem Verhängnis dieser relativen, endlichen, beschränkten, nichtigen Vorstellungswelt nicht abfinden, er faßt den Satz vom Grund als eine teuflische, verdinglichende, Unmoralität bewirkende Weise egozentrischen Erkennens auf, und er hält Ausschau nach einer *ganz anderen*, befreienden *Erkenntnis*. Er findet sie in der Erfahrung der Kunst und der Moral.
↑ Notwendigkeit, A priori, Intellektualität der Anschauung, Transzendentalphilosophie, Außenwelt, Unbewußtes Sein

Schein »Was nicht ist, soll auch nicht scheinen.« (E, § 20, 259)

Schicksal »Wir gleichen den Lämmern, die auf der Wiese spielen, während der Metzger schon eines und das andere von ihnen mit den Augen auswählt: denn wir wissen nicht, in unsern guten Tagen, welches Unheil eben jetzt das Schicksal uns bereitet, – Krankheit, Verfolgung, Verarmung, Verstümmelung, Erblindung, Wahnsinn, Tod u. s. w.« (P II, § 150, 310)
↑ Spiel

Schiffbruch der Welt »Das Menschenleben ist so kurz und flüchtig und auf so zahllose Millionen von Individuen vertheilt, welche schaarenweise in den stets weit geöffneten Rachen des sie erwartenden Ungeheuers, der Vergessenheit, stürzen, daß es ein sehr dankenswerthes Bestreben ist, doch etwas davon, das Andenken des Wichtigsten und Interessantesten, die Hauptbegebenheiten und Hauptpersonen aus dem allgemeinen Schiffbruch der Welt zu retten.« (P II, § 233, 475)
↑ Geschichte, Gedächtnis, Bücher

Schimpfwörter Schopenhauer war nicht zimperlich mit Schimpfwörtern. Sie richten sich vor allem gegen Fichte, Schelling und Hegel, aber auch gegen Jacobi und Schleiermacher, ferner u. a. gegen Philosophieprofessoren, Physiker, Priester sowie gegen zeitgenössische Literaten jeder Art. Hinzu kommen noch Ausfälle gegen das weibliche Geschlecht. Dazu einige Beispiele.

Gegen Fichte: Scheinphilosoph, Windbeutel, Talentmann, Hanswurst, Kants lebendiger Superlativ, Kants Karikatur, Gaukler, berühmter Sophist, Täuscher, Imponirer, Uebertölpler, Mann des Scheins, Strohkopf, seine Miene: studentenverblüffend, bloßer Hokuspokus, Gefasel, unsinniges Wischiwaschi, unfähig, Kant zu fassen, Wissenschafts*leere*, lächerlichste Pedanterie, Possen, Mystifikation, sein verschmitzter Kniff, dunkel, d. h. unverständlich zu schreiben, sein »Ich« eine habilitirte Erschleichung.

Gegen Hegel: Plump, platt, von größter Frechheit, Unsinn, baarer Unsinn, sinnlose, rasende Wortgeflechte, unsinnige Afterweisheit, Hanswurstiade, Mystifikation, absoluter Unsinn, davon $^3/_4$ baar und $^1/_4$ aberwitzige Einfälle, Minister-Kreatur, durch ihn hat die Philosophie die tiefste Stufe der Erniedrigung erreicht, hohlster Wortkram, ein sehr gewöhnlicher Kopf, aber ungewöhnlicher Scharlatan, Absurditätenlehrer, Philosophaster, Gaukler, Tollhäusler, Spaaßphilosoph, vornehmer Sünder, Papier-, Zeit- und Kopfverderber, so ein sublimer, hyper-transscendentaler, aerobatischer und bodenlos tiefer Philosoph, Unsinnschmierer, ihm mangelt der gemeine Menschenverstand, frevelhafter Mißbrauch der Sprache, ein Monstrum, Alteweiber- und Rockenphilosophie, unsinnigster Gallimathias, der jemals, wenigstens außer dem Tollhause, gehört wurde, Unsinnlehre, Abrakadabra, nonsensikalische Aussprüche, diese Pest der deutschen Literatur, geistiger Kaliban, Bierwirthsphysiognomie, objektives Gedankenautomaton, wirkendes Vomitiv.

Gegen Literaten: Allmessentliche Bücherfabrikanten, Schreibgesindel, Lohnsudler, diese Tröpfe, stumpfe Tölpel, Esel, Druckschreiber, Stiefelwichser, Lumpenhunde, Sudler, Gauner, Winkelsudler, Hundsfotte, litterarische Handwerksburschen, litterarische Schurken, Buchhändlerhausknechte, Zeitungsschreiber, sauberes Pack, Brod-Skribenten, Schusterjungen, Federvieh, Pack-Pack-Pack mit seinen thierischen Mäulern, Dreckfeger, infame Litteraten, Schaafsköpfe, langbärtige Gezwerge, feile Deutsche Tintenklexer, sprachverhunzende Litteraten, Herr Skriblerus, Herr Schmieracius, erbärmliche, lumpige Knicker und unvernünftiges Vieh, Buchstabenzähler, Herr Dickohr und Comp., tintenklexende Lohnbuben, Queerköpfe,

litterarisches Gesindel, Gelichter, unwissendes Litteratenpack, Schiefköpfe usw.
↑ Universitätsscharlatanerie, Sprachverhunzung, Siebensortenflegel

Schlafstörung Schopenhauer an Frauenstädt am 26. 2. 1853: »Daß Sie nicht gut schlafen ist sehr schlimm: der Schlaf ist die Quelle aller Gesundheit und der Wächter des Lebens. Ich schlafe noch meine 8 Stunden, meistens ohne alle Unterbrechung. Sie müssen 1/2 Stunden täglich rasch gehn, die Zeit dazu von sitzenden Amüsements wegnehmend; im Sommer viel kalt baden; wenn Sie Nachts aufwachen, ja nichts Gescheutes, oder irgend Interessantes denken, sondern bloß das fadeste Zeug mit vieler Abwechselung, aber in gutem korrekten *Latein*: das ist mein Mittel: *probatum est* [ist erprobt]; Grammatik und Syntax umnebeln die Sinne. Im schlimmsten Falle greift man zu Franklin's Mittel, steht auf, deckt das Bett auf und nach 2 Minuten im Hemd Herumgehn, legt man sich wieder hin; - ist fast unfehlbar.« (B, 304)
↑ Tagesablauf

Schriftsteller »Die *Schriftsteller* kann man eintheilen in Sternschnuppen, Planeten und Fixsterne. - Die Ersteren liefern die momentanen Knalleffekte: man schauet auf, ruft ›siehe da!‹ und auf immer sind sie verschwunden. - Die Zweiten, also die Irr- und Wandelsterne, haben viel mehr Bestand. Sie glänzen, wiewohl bloß vermöge ihrer Nähe, oft heller, als die Fixsterne, und werden von Nichtkennern mit diesen verwechselt. Inzwischen müssen auch sie ihren Platz bald räumen, haben zudem nur geborgtes Licht und eine auf ihre Bahngenossen (Zeitgenossen) beschränkte Wirkungssphäre. Sie wandeln und wechseln: ein Umlauf von einigen Jahren Dauer ist ihre Sache. - Die Dritten allein sind unwandelbar, stehn fest am Firmament, haben eigenes Licht, wirken zu Einer Zeit, wie zur andern, indem sie ihr Ansehn nicht durch die Veränderung unsers Standpunkts ändern, da sie keine Parallaxe haben. Sie gehören nicht, wie jene Andern, *einem* Systeme (Nation) allein an; sondern der Welt. Aber eben wegen der Höhe ihrer Stelle, braucht ihr Licht meistens viele Jahre, ehe es dem Erdbewohner sichtbar wird.« (P II, § 237, 482 f.)
↑ Klassiker, Roman

Seele Bei Schopenhauer verliert der Begriff *Seele* seine traditionelle hohe Bedeutung. Er wird als Worthülse, als Erschleichung kritisiert.
»›Seele, Seele, Seele,‹ – Ist ein Pfaffen- und Alte-Weiber-Wort, das man nicht gebrauchen soll, ein Unding, eine Fiktion der Spiritualisten. Aus Haß gegen dasselbe schreibe ich rigoristisch ›Trübsälig.‹« (B, 393)
↑ Materialismus, Gehirnfunktion

Sein »Der allgemeinste Begriff, z. B. das Seyn (d. i. der Infinitiv der Kopula), [ist] beinahe nichts als ein Wort. [Mit Kopula meint Schopenhauer das Hilfszeitwort *sein*, das in einem Satz meistens *ist* oder *sind* lautet.] Daher auch sind philosophische Systeme, die sich innerhalb solcher sehr allgemeinen Begriffe halten, ohne auf das Reale herabzukommen, beinahe bloßer Wortkram. Denn da alle Abstraktion im bloßen Wegdenken besteht; so behält man, je weiter man sie fortsetzt, desto weniger übrig. Wenn ich daher solche moderne Philosopheme lese, die sich in lauter sehr weiten Abstraktis fortbewegen; so kann ich bald, trotz aller Aufmerksamkeit, fast nichts mehr dabei denken; weil ich eben keinen Stoff zum Denken erhalte, sondern mit lauter leeren Hülsen operiren soll, welches eine Empfindung giebt, der ähnlich, die beim Versuch sehr leichte Körper zu werfen entsteht: die Kraft nämlich und auch die Anstrengung ist da; aber es fehlt am Objekt, sie aufzunehmen, um das andere Moment der Bewegung herzustellen.« (W II, Kap. 6, 68 f.)
Schopenhauer klagt darüber, daß sich die »schlechten Köpfe« mit bloßen Worten zufriedengeben. Das »Genügen an Worten«, das mit »komischer Ernsthaftigkeit« oder vornehmem Ton einhergeht, trägt mehr als irgend etwas zur Aufrechterhaltung der Irrtümer bei. »Wirklich belustigend muß es seyn, einen Philosophieprofessor dieses Schlages auf dem Katheder zu sehn, der *bona fide* einen dergleichen gedankenleeren Wortkram vorträgt, ganz ehrlich, im Wahn, dies seien eben Gedanken, und vor ihm die Studenten, welche eben so *bona fide*, d. h. im selben Wahn, andächtig zuhören und nachschreiben; während doch im Grunde weder der Eine noch die Andern über die Worte hinausgehn, vielmehr diese, nebst dem hörbaren Kratzen der Federn, das einzige Reale bei der Sache sind.« (W II, Kap. 15, 159 f.)

↑ Gewisse Worte, Luftschlösser, Wolkengebilde der Vernunft, Anschauung und Begriff

Selbstentäußerung »Gewöhnlichen Menschen ist ihr Intellekt bloß *das Medium der Motive* und sonst nichts: daß er zum Spiegel der Welt werde, ist Genialität und erfordert Selbstentäußerung.« (HN IV 1, 43)
Mit Selbstentäußerung meint Schopenhauer ein Anschauen der Welt, das nicht mehr vom egoistischen Wollen geleitet wird. Es ist das Vergessen aller Individualität, z. B. in der ästhetischen Kontemplation.
↑ Genie, Bildende Kunst, Mitleid

Selbstmord »Weit entfernt Verneinung des Willens zu seyn, ist dieser ein Phänomen starker Bejahung des Willens. Denn die Verneinung hat ihr Wesen nicht darin, daß man die Leiden, sondern daß man die Genüsse des Lebens verabscheut. Der Selbstmörder will das Leben und ist bloß mit den Bedingungen unzufrieden, unter denen es ihm geworden. Daher giebt er keineswegs den Willen zum Leben auf, sondern bloß das Leben, indem er die einzelne Erscheinung zerstört.« (W I, § 69, 471)
Schopenhauer lehnt bei allem zurückhaltenden und auch ambivalenten Verständnis den Selbstmord letztlich entschieden ab (vgl. den wieder gestrichenen handschriftlichen Zusatz zu § 157 in P II, 715 f.). Er widmet ihm an mehreren Stellen seines Werks Reflexionen und Abwägungen, in den *Parerga und Paralipomena* sogar ein eigenes Kapitel (P II, Kap. 13).
»Der Selbstmord kann auch angesehn werden als ein Experiment, eine Frage, die man der Natur stellt und die Antwort darauf erzwingen will: nämlich, welche Aenderung das Daseyn und die Erkenntniß des Menschen durch den Tod erfahre. Aber es ist ein ungeschicktes: denn es hebt die Identität des Bewußtseyns, welches die Antwort zu vernehmen hätte, auf.« (P II, § 160, 330)
»Wir«, schreibt Schopenhauer an einer anderen Stelle, »setzen indessen unser Leben mit großem Antheil und vieler Sorgfalt fort, so lange als möglich, wie man eine Seifenblase so lange und so groß als möglich aufbläst, wiewohl mit der festen Gewißheit, daß sie platzen wird.« (W I, § 57, 367)
↑ Askese, Quietiv, Nichts

Selbstvergewisserung »Wenn ich zu Zeiten mich unglücklich gefühlt, so ist dies mehr nur vermöge einer *méprise*, eines Irrthums in der Person geschehen, ich habe mich dann für einen Andern gehalten, als ich bin, und nun dessen Jammer beklagt: z. B. für einen Privatdocenten, der nicht Professor wird und keine Zuhörer hat, oder für Einen, von dem dieser Philister schlecht redet und jene Kaffeeschwester klatscht, oder für den Beklagten in jenem Injurienprozesse, oder für den Liebhaber, den jenes Mädchen, auf das er capricirt ist, nicht erhören will, oder für den Patienten, den seine Krankheit zu Hause hält, oder für andere ähnliche Personen, die an ähnlichen Misèren laboriren: das Alles bin ich nicht gewesen, das Alles ist fremder Stoff, aus dem höchstens der Rock gemacht gewesen ist, den ich eine Weile getragen und dann gegen einen andern abgelegt habe. Wer aber bin ich denn? Der, welcher die Welt als Wille und Vorstellung geschrieben und vom großen Problem des Daseins eine Lösung gegeben, welche vielleicht die bisherigen antiquiren, jedenfalls aber die Denker der kommenden Jahrhunderte beschäftigen wird. Der bin ich, und was könnte den anfechten in den Jahren, die er noch zu athmen hat?« (HN IV 2, 109)
Die Notiz aus dem handschriftlichen Nachlaß stammt aus den Jahren 1822/23. Schopenhauer ist etwa vierunddreißig Jahre alt. Bei Anwandlungen von Unzufriedenheit tröstet er sich auch damit, daß er sein ganzes Leben der Ausbildung seiner Anlagen widmen und für seinen »angeborenen Beruf« leben kann.
↑ Lebenslauf

Selige Ruhe des Nichts »Man kann auch unser Leben auffassen als eine unnützerweise störende Episode in der säligen Ruhe des Nichts.« (P II, § 156, 318)
↑ Moralische Weltordnung

Sich selbst sehen »Wie man das Gewicht seines eigenen Körpers trägt, ohne es, wie doch das jedes fremden, den man bewegen will, zu fühlen; so bemerkt man nicht die eigenen Fehler und Laster, sondern nur die der Andern. – Dafür aber hat Jeder am Andern einen Spiegel, in welchem er seine eigenen Laster, Fehler, Unarten und Widerlichkeiten jeder Art deutlich erblickt. Allein meistens verhält er sich dabei wie der Hund, welcher

gegen den Spiegel bellt, weil er nicht weiß, daß er sich selbst sieht, sondern meint, es sei ein anderer Hund.« (P I, Aphorismen, Kap. 5, 487)
↑ Ende der Welt

Siebensortenflegel Von dem Frankfurter Mundartdichter Friedrich Stoltze ist folgende Anekdote überliefert:
»Schopenhauer war auf dem genzen Röderberg eine bekannte Persönlichkeit, weniger seiner äußeren Erscheinung wegen [...] als wie seines tragikomischen Mienenspiels und der heftigen Gesticulationen halber, womit er seine lauten Selbstgespräche begleitete, die immer von den Worten durchflochten waren: ›Hätt ich doch vor 25 Jahren die Jungfer Steitz geheiratet!‹ Fatal war mir sein brauner Pudel, der an jedem Garten seine Visitenkarte abgab, was ihm einmal am Schweizerhaus des Herrn J. übel bekam. Dort hatte eines schönen Tages der seinem Herrn vorausgesprungene ›Mensch‹ an der Gartenthüre seine Visitenkarte abgegeben und war dann auf die im Garten befindliche Ruhebank gesprungen.
›Ah, mein liewer Mensch, da liegst du ja wie eine auf ihrem Sockel ausgestreckte Sphinx!‹ rief der Herr Professor seinem Pudel zu. Aber kaum hatte er diesen Zuruf vollbracht, so sprang auch schon Atma mit einem lauten Aufschrei von der Bank herunter und flüchtete sich heulend zu seinem Herrn.
Der Gärtner des Herrn J. hatte mit einer langen Bohnenstange und zwischen den Latten des Zaunes hindurch dem vierbeinigen Visitenkartenabgeber einen nicht ganz gelinden Stoß versetzt [...]
›Sie Bauernbengel!‹ rief ihm der Herr Professor zu. Dieser aber [...] überschüttete nun den Weisen von Frankfurt mit dem ganzen Komplimentirbuch von Hibb un Dribb der Bach [hüben und drüben vom Main] und warf dann, zum Beschluß, dem Herrn Professor noch einen *Siebensortenflegel* an den Kopf. Siebensortenflegel. Dieses vielversprechende Wort imponirte Schopenhauer, aber nicht in unfreundlicher Weise. Er hatte es noch nie gehört und lächelte. Mich hatte das Geschrei des Gärtners herbeigelockt und der Herr Professor frug mich:
›Sagen Sie, was versteht man unter Siebensortenflegel? Es muß, dem Worte nach, also sieben Sorten von Flegeln geben?‹

›Allerdings, Herr Professor. So gut es Sieben Weisen von Griechenland, Sieben gegen Theben, Sieben Meister, Sieben Wunder der Welt und Sieben Todsünden giebt, giebt es auch Sieben Flegel.‹
›Und die sind?‹
›Erstens: der Urflegel; zweitens: der geborene Flegel; drittens: der Hauptflegel; viertens: der Erzflegel mit der Unterabtheilung: Grob wie Packtuch; fünftens: der Universalflegel mit der Unterabtheilung: Grob wie Saubohnenstroh; sechstens: der Mordsflegel und siebtens: der göttliche Flegel. Derjenige nun, welcher alle diese sieben Sorten von Flegeln in seiner Person vereinigt, ist ein Siebensortenflegel.‹ –
Schopenhauer lachte laut auf und sagte: ›Nun so weit habe ich's noch nicht gebracht.‹« (Ge, 282 ff.)
↑ Gift, Pudel, Schimpfwörter

Sittliches Wohlverhalten »Gränzenloses Mitleid mit allen lebenden Wesen ist der festeste und sicherste Bürge für das sittliche Wohlverhalten und bedarf keiner Kasuistik. Wer davon erfüllt ist, wird zuverlässig Keinen verletzen, Keinen beeinträchtigen, Keinem wehe thun, vielmehr mit Jedem Nachsicht haben, Jedem verzeihen, Jedem helfen, so viel er vermag, und alle seine Handlungen werden das Gepräge der Gerechtigkeit und Menschenliebe tragen. Hingegen versuche man ein Mal zu sagen: ›Dieser Mensch ist tugendhaft, aber er kennt kein Mitleid.‹ Oder: ›Es ist ein ungerechter und boshafter Mensch; jedoch ist er sehr mitleidig‹; so wird der Widerspruch fühlbar.« (E, § 19, 236)
↑ Mitleid, Regel

Skeptische Ansicht »Man würde sich in einem großen und sehr jugendlichen Irrthum befinden, wenn man glaubte, daß alle gerechte und legale Handlungen der Menschen moralischen Ursprungs wären.« (E, § 13, 187)

Sklaverei »Wie der Mensch mit dem Menschen verfährt, zeigt z. B. die Negersklaverei, deren Endzweck Zucker und Kaffee ist.« (W II, Kap. 46, 663)
Schopenhauer klagt in diesem Zusammenhang auch das Christentum an: »Religionskriege, Religionsmetzeleien, Kreuzzüge,

Inquisition, nebst andern Ketzergerichten, Ausrottung der Urbevölkerung Amerika's und Einführung Afrikanischer Sklaven an ihre Stelle, – waren Früchte des Christentums.« (P II, § 174, 371) Ein Buch der britischen Antisklavereigesellschaft aus dem Jahr 1841 über die nordamerikanische Sklaverei bestätigt ihm, »daß der Mensch an Grausamkeit und Unerbittlichkeit keinem Tiger und keiner Hyäne nachsteht« (P II, § 114, 225). »Dieses Buch macht eine der schwersten Anklageakten gegen die Menschheit aus. Keiner wird es ohne Entsetzen, Wenige ohne Thränen aus der Hand legen. Denn was der Leser desselben jemals vom unglücklichen Zustande der Sklaven, ja, von menschlicher Härte und Grausamkeit überhaupt, gehört, oder sich gedacht, oder geträumt haben mag, wird ihm geringfügig erscheinen, wenn er liest, wie jene Teufel in Menschengestalt, jene bigotten, kirchengehenden, streng den Sabbath beobachtenden Schurken, namentlich auch die Anglikanischen Pfaffen unter ihnen, ihre unschuldigen schwarzen Brüder behandeln, welche durch Unrecht und Gewalt in ihre Teufelsklauen gerathen sind. Dies Buch, welches aus trockenen, aber authentischen und dokumentirten Berichten besteht, empört alles Menschengefühl in dem Grade, daß man, mit demselben in der Hand, einen Kreuzzug predigen könnte, zur Unterjochung und Züchtigung der sklavenhaltenden Staaten Nordamerika's.« (P II, § 114, 226)
↑ Kettenhund

Skorpione Obwohl das folgende Gespräch zwischen dem Philosophieprofessor Georg Weißenborn und Schopenhauer anekdotisch gefärbt sein dürfte, bringt es Schopenhauers Verachtung und Verspottung der zeitgenössischen Universitätsphilosophie samt ihrer Vertreter gut zum Ausdruck.
»[Schopenhauer bat] den Besuch, Platz zu nehmen, und wandte sich zur Tür, um nach dem Kaffee zu rufen. In dem Augenblick hub Professor Weißenborn an zu rühmen, wie jetzt ein Philosophieprofessor nach dem andern von dem hellen Licht der Philosophie Schopenhauers bezwungen werde; ihm selbst sei es ja nicht anders gegangen. Da blieb Schopenhauer stehen und knurrte den Sprecher an: ›Ich wollte, Ihr wäret alle miteinander echte Skorpione!‹
›Wie‹, sagte Professor Weißenborn, ›Skorpione? Wieso?‹ [...]

›Ja, ja! Skorpione! Wissen Sie: ich hatte heute mittag interessanten Besuch, den englischen Naturforscher Allen Thomson, den, der auf Skorpione Jagd macht. Die lieben Tiere kennen Sie doch? Diese greulichen Gliederspinnen mit den zwickenden Kieferfühlern und dem Giftstachel am Ende des Schwanzes: richtige Philosophieprofessoren! Von denen hat mir der Thomson erzählt, wie sie Selbstmord begehen.‹

›Was?‹ sagte Professor Weißenborn, ›Selbstmord?‹, und er versuchte zu lächeln.

›Jawohl, Selbstmord! Hören Sie nur! Ein dutzendmal hat der Thomson das Experiment gemacht: Er setzt einen Skorpion unter ein Wasserglas und läßt ihn darin, bis es dunkel geworden. Dann nimmt er eine brennende Kerze und hält sie dicht an das Glas. Sofort beginnt der Skorpion in seinem Glaskäfig herumzurasen, als wollte er vor dem Lichte fliehen. Da das aber ruhig weiterleuchtet, wird das Licht dem Skorpion augenscheinlich unerträglich. Er bleibt plötzlich stehen, streckt den Schwanz über seinen Rücken soweit nach vorn, bis der Giftstachel über dem Kopfe hängt, dann stößt er sich ihn wie einen Dolch in die Schädeldecke. Und in zwei Sekunden ist er tot. Sehen Sie, lieber Freund, die brennende Kerze, das ist meine Philosophie. Und die Skorpione, die wahrlich lange genug gezwickt haben, sollten nun auch den Mut haben, da sie dem Licht doch nicht entschlüpfen können, sich selbst auszulöschen.‹

Professor Weißenborn lächelte etwas gezwungen, dann dankte er für das anregende Gespräch, verneigte sich und ging rasch zur Türe.« (Ge, 180 f.)

In einem Brief an Julius Frauenstädt vom 22. Juni 1854 erwähnt Schopenhauer Professor Weißenborn: »[…] daher ich bis $3^{3}/_{4}$ Uhr blieb und nun, froh meinen Kaffee und Schläfchen genießen zu werden, nach Hause eilte: aber o weh! Schon unten im Hafen werde ich angeredet von einem leibhaftigen – Philosophieprofessor, der bereits $1^{1}/_{2}$ Stunden in meiner Stube auf mich gewartet hatte, da er expreß aus Homburg, wo er badet, gekommen war, mich zu kontempliren: jetzt hatte er mich nach den Daguerrotypen erkannt, trotz meinem Hut. Also gieng er mit. Es war Professor Weißenborn aus Marburg, derselbe, der als Docent dem Erdmann die Zuhörer weggenommen hat. Uebrigens nicht viel an ihm: aber pries mich unbändig und versicherte, daß

Alles jetzt voll sei von meiner Philosophie in mündlichen und schriftlichen Aeußerungen. *C'est charmant!*« (B, 346)
Schopenhauers Angriffe gegen die »Professorenphilosophie«, die Philosophie der »Kathederpuppen« oder, wie er auch sagt, »Staatsphilosophie und Spaaßphilosophie« sind gesammelt in dem Essay »Ueber die Universitäts-Philosophie« (P I, 147–210). »Einem Philosophieprofessor«, heißt es dort, »fällt es gar nicht ein, ein auftretendes neues System darauf zu prüfen, ob es wahr sei, sondern er prüft es sogleich nur darauf, ob es mit den Lehren der Landesreligion, den Absichten der Regierung und den herrschenden Ansichten der Zeit in Einklang zu bringen sei. Danach entscheidet er über dessen Schicksal.« (P I, 159)
↑ Universitätsscharlatanerie, Sein, Spaßphilosophie

Sonnenblick »Beiläufig sei hier bemerkt, daß was, für eine schöne Gegend, der aus den Wolken plötzlich hervorbrechende Sonnenblick, für ein schönes Gesicht der Eintritt seines Lachens ist. Daher *ridete, puellae, ridete!* [lacht, ihr Mädchen, lacht!]« (P II, § 208, 449)

Spaßphilosophie »Die Spaaßphilosophen kennen nicht einmal das *Problem* der Philosophie. Sie vermeinen, es sei *Gott*. Von dem gehen sie, als einem Gegebenen, aus, mit dem haben sie es durchweg zu thun, ob er in der Welt, oder draußen sei, ob er sein eignes Selbstbewußtsein habe, oder sich des der Menschen bedienen müsse, und solche Possen ohne Ende. *Die Welt, die Welt,* ihr Esel! ist das Problem der Philosophie, die Welt und sonst nichts!« (HN I, 302)
↑ Wolkenkuckucksheim

Spiegel des Willens »Der Wille [weiß], wo ihn Erkenntniß beleuchtet, stets was er jetzt, was er hier will; nie aber was er überhaupt will: jeder einzelne Akt hat einen Zweck; das gesammte Wollen keinen: eben wie jede einzelne Naturerscheinung zu ihrem Eintritt an diesem Ort, zu dieser Zeit, durch eine zureichende Ursache bestimmt wird, nicht aber die in ihr sich manifestirende Kraft überhaupt eine Ursache hat, da solche Erscheinungsstufe des Dinges an sich, des grundlosen Willens ist. – Die einzige Selbsterkenntniß des Willens im Ganzen aber

ist die Vorstellung im Ganzen, die gesammte anschauliche Welt. Sie ist seine Objektität, seine Offenbarung, sein Spiegel.« (W I, § 29, 196)
↑ Genie, Moralische Weltordnung, Glühende Kohlen, Resignation

Spiel »Das Schicksal mischt die Karten und wir spielen.« (P I, Aphorismen, Kap. 5, 499)

Sprachverhunzung Die deutsche Sprache verkommt zu einem »eselöhrigen Jetztzeit-Jargon«. Überall in Büchern, Journalen und Zeitungen wird der Sprache Gewalt angetan. »Jeder tintenklexende Lohnbube ist Herr und Meister über die Sprache, modelt und macht sie nach seiner Grille und seinem Halbthier-Belieben.« (HN 2, 79) Die Lumpenhunde der »Sprachschändung« wollen u. a. die Sprache zusammenziehen, sie kompakter, konziser machen. Ihr oberster Grundsatz ist, überall das kürzere Wort dem gehörigen und passenden vorzuziehen. Welch ein Abstand ist doch zwischen denen, die einst die Grammatik der Sprache instinktiv erfunden haben, und jenen Schreiberlingen, die für das zarte Wesen einer Sprache kein Gefühl haben. Schopenhauer spricht auch von »Pachydermata«, von Dickhäutern wie Elefanten und Nashörnern. Solche Sprachverhunzer beschneiden die Wörter wie Gauner die Münzen. Sogar dem Teufel haben sie den Schwanz abgeschnitten und schreiben »Mephisto«.
Im handschriftlichen Nachlaß finden sich Vorarbeiten für eine Abhandlung »Ueber die, seit einigen Jahren, methodisch betriebene Verhunzung der deutschen Sprache« (HN IV 2, 36–87; vgl. P II, § 283, 547 ff.). Daraus zwei Kostproben.
»Das Pronomen ›*welcher, welche, welches*‹ ist, seiner ungebührlichen Länge wegen, bei unsern meisten Schreibern ganz verfehmt und wird ein und allemal durch *der, die* und *das* vertreten, in welcher Weise ich sagen müßte: ›*Die*, die *Die*, die die Buchstaben zählen, für klägliche Tröpfe halten, möchten vielleicht nicht so ganz Unrecht haben.‹« (HN IV 2, 49)
»Gegen *Kakophonien* [Mißklänge] sind sie so unempfindlich, wie Ambosse, stopfen daher gern so viele Konsonanten, wie nur irgend möglich, auf einander, und am liebsten solche, die sich

zusammen kaum aussprechen lassen: z. B. ›Beleuchtungsdienst‹ – ›Beleuch t d ienst‹. – Wenn sie nur wüßten, wie die deutsche Sprache klingt, in den Ohren dessen, der sie nicht versteht und deshalb den Klang allein hört! – Ich weiß es.
Ohrzerreißende und maulverzerrende Härten, wie ›Felsmauer, Felsgurt, Felsring, Felswand, Felsgrund‹ und statt Langeweile ›Langweil‹. –
Man sollte so einen Buchstabenknicker daguerrotypiren, während er *Langweil* ausbellt, um zu sehn wie die gehäuften Konsonanten sein thierisches Maul verzerren.« (HN IV 2, 65 f.)
In einer Anmerkung zu seinem Entwurf fügt Schopenhauer hinzu: »Ich habe mich aller Kraftausdrücke zur würdigen Qualifikation unsrer Sprachverbesserer enthalten; besonders die Zoologie nicht in Kontribution gesetzt: bitte daher den beistimmenden Leser diese Lücke auszufüllen.« (HN IV 2, 36 f.)
Das Resultat lautet: Es fehlt an »Pietät« gegenüber der deutschen Sprache. Sie muß dringend in Schutz genommen werden. »Die Sprache, zumal eine relative Ursprache, wie die Deutsche, ist das köstlichste Erbtheil der Nation und dabei ein überaus komplicirtes, leicht zu verderbendes und nicht wieder herzustellendes Kunstwerk, daher ein *noli me tangere* [ein Rühr mich nicht an!].« (W II, Kap. 12, 138)
↑ Klassiker, Genie

Spröde Schöne »Die Wahrheit ist keine Hure, die sich Denen an den Hals wirft, welche ihrer nicht begehren: vielmehr ist sie eine so spröde Schöne, daß selbst wer ihr Alles opfert noch nicht ihrer Gunst gewiß seyn darf.« (W I, XVIII)

Spuren »Wie der schönste Menschenkörper in seinem Innern Koth und mephitischen Dunst verschließt, so hat der edelste Karakter einzelne böse Züge und das größte Genie Spuren von Beschränktheit und Wahnsinn.« (HN I, 341)
↑ Zeugung und Tod

Staat Die Notwendigkeit des Staates beruht auf der Ungerechtigkeit und dem Egoismus des Menschen. Der Staat – das Meisterstück des »aufsummirten Egoismus Aller« (E, § 13, 194) – ist aus gegenseitiger Furcht vor gegenseitiger Gewalt entsprungen.

Der Zwang, den er ausübt, erschwert die Erkenntnis der wirklichen Immoralität des Menschengeschlechts. Ist erst einmal die Staatseinrichtung aufgehoben, so tritt die Ungerechtigkeit mit der Macht eines Naturgesetzes ein. Der Staat kann die Übel der Welt nicht beseitigen, nur reduzieren.

»In meinem Hauptwerke [W II, Kap. 47] habe ich dargethan, daß der *Staat* wesentlich eine bloße Schutzanstalt ist, gegen äußere Angriffe des Ganzen und innere der Einzelnen unter einander. Hieraus folgt, daß die Nothwendigkeit des Staats, im letzten Grunde, auf der anerkannten *Ungerechtigkeit* des Menschengeschlechts beruht: ohne diese würde an keinen Staat gedacht werden; da niemand Beeinträchtigung seiner Rechte zu fürchten hätte und ein bloßer Verein gegen die Angriffe wilder Thiere, oder der Elemente, nur eine schwache Aehnlichkeit mit einem Staate haben würde. Von diesem Gesichtspunkt aus sieht man deutlich die Bornirtheit und Plattheit der Philosophaster, welche, in pompösen Redensarten, den Staat als den höchsten Zweck und die Blüthe des menschlichen Daseyns darstellen und damit eine Apotheose der Philisterei liefern.« (P II, § 123, 258) – Hier wendet sich Schopenhauer vor allem gegen Hegels Apotheose des Staates.

↑ Mensch, Radikal Böses, Unentdeckter Mensch

Stachelschweine Schopenhauer hat auch einige Parabeln geschrieben, die er im letzten Kapitel der *Parerga und Paralipomena* vorstellt (vgl. P II, Kap. 31). Seine berühmteste ist die von den Stachelschweinen.

»Eine Gesellschaft Stachelschweine drängte sich, an einem kalten Wintertage, recht nahe zusammen, um, durch die gegenseitige Wärme, sich vor dem Erfriren zu schützen. Jedoch bald empfanden sie die gegenseitigen Stacheln; welches sie dann wieder von einander entfernte. Wann nun das Bedürfniß der Erwärmung sie wieder näher zusammen brachte, wiederholte sich jenes zweite Uebel; so daß sie zwischen beiden Leiden hin und hergeworfen wurden, bis sie eine mäßige Entfernung von einander herausgefunden hatten, in der sie es am besten aushalten konnten. – So treibt das Bedürfniß der Gesellschaft, aus der Leere und Monotonie des eigenen Innern entsprungen, die Menschen zu einander; aber ihre vielen widerwärtigen Eigenschaften und unerträglichen Fehler stoßen sie wieder von einander ab. Die mittlere Entfernung, die sie endlich herausfinden, und bei welcher ein Beisammenseyn bestehn kann, ist die Höflichkeit und feine Sitte. Dem, der sich nicht in dieser Entfernung hält, ruft man in England zu: *keep your distance!* – Vermöge derselben wird zwar das Bedürfniß gegenseitiger Erwärmung nur unvollkommen befriedigt, dafür aber der Stich der Stacheln nicht empfunden. – Wer jedoch viel eigene, innere Wärme hat bleibt lieber aus der Gesellschaft weg, um keine Beschwerde zu geben, noch zu empfangen.« (P II, § 396)

»Gesellschaft« hat in der Parabel die Bedeutung von Geselligkeit. Gemeint sind die vielen Arten menschlichen Beisammenseins und Sich-Aufeinander-Beziehens. In den *Aphorismen zur Lebensweisheit* findet sich ein kleiner Kommentar.

»Uebrigens kann man die Geselligkeit auch betrachten als ein geistiges Erwärmen der Menschen an einander, gleich jenem körperlichen, welches sie, bei großer Kälte, durch Zusammendrängen hervorbringen. Allein wer selbst viel geistige Wärme hat, bedarf solcher Gruppirung nicht. Eine in diesem Sinne von mir erdachte Fabel wird man im 2. Bande dieses Werkes [P II] finden, im letzten Kapitel. Diesem Allen zufolge steht die Geselligkeit eines Jeden ungefähr im umgekehrten Verhältnisse seines intellektuellen Werthes; und ›er ist sehr ungesellig‹ besagt beinahe schon ›er ist ein Mann von großen Eigenschaften.‹« (P I, Aphorismen, Kap. 5, 452)

Geselligkeit ist für Schopenhauer eine Kompensation, zu der unwillkürlich alle die greifen, die an sich selber zuwenig haben, die selber keine »ganzen Menschen« sind, denen es an Persönlichkeit und Bildung mangelt. Was die Menschen gesellig macht, ist ihre Unfähigkeit, die Einsamkeit zu ertragen und in der Einsamkeit sich selbst. Die Langeweile – »die Leere ihres Innern«, das »Fade ihres Bewußtseyns«, die »Armuth ihres Geistes« – treibt sie in die stachelige Dynamik, in das aufreibende Hin und Her des gesellschaftlichen Lebens.

Für die meisten ist es gar nicht nachvollziehbar, daß die Einsamkeit eine Quelle des Glücks, ein hohes Gut ist. Die wenigen, die sie zeitig zu schätzen wissen, sei es durch Erfahrung, sei es durch Nachdenken, haben eine Goldmine erworben. In der Einsamkeit fühlt der Jämmerliche seine ganze Jämmerlichkeit und

der große Geist seine ganze Größe. »Da seufzt der Tropf im Purpur unter der unabwälzbaren Last seiner armsäligen Individualität; während der Hochbegabte die ödeste Umgebung mit seinen Gedanken bevölkert und belebt.« (P I, Aphorismen, Kap. 2, 351)
Schopenhauer kommt zu dem Resümee: In dieser Welt ist gar vieles schlecht, doch das Schlechteste darin bleibt die Gesellschaft. Es gibt nur die Wahl zwischen »Einsamkeit und Gemeinheit« (P I, Aphorismen, Kap. 5, 455).
↑ Leben, Masken, Einsamkeit, Feldblume, Genie

Standort wechseln Schopenhauers Philosophie ist durch einen komplementären Wechsel von Standorten charakterisiert. Die Unzulänglichkeiten, die ein Standort mit sich bringt, sollen durch den entgegengesetzten Standort ausgeglichen werden. Ein Blickwinkel wird durch den andern relativiert und ergänzt.
In den *Parerga und Paralipomena* bringt Schopenhauer das methodische Vorgehen, das sich in seiner gesamten Philosophie finden läßt, auf den Punkt. »Jedes angeblich *voraussetzungslose Verfahren* in der Philosophie ist Windbeutelei: denn immer muß man irgend etwas als gegeben ansehn, um davon auszugehn. Dies nämlich besagt das [...] [Gib mir einen Standort und ich bewege die Erde; Ausspruch des Archimedes], welches die unumgängliche Bedingung jedes menschlichen Thuns, selbst des Philosophirens, ist; weil wir geistig so wenig, wie körperlich, im freien Aether schweben können. Ein solcher Ausgangspunkt des Philosophirens, ein solches einstweilen als gegeben Genommenes, muß aber nachmals wieder kompensirt und gerechtfertigt werden. Dasselbe wird nämlich entweder ein *Subjektives* seyn, also etwan das Selbstbewußtseyn, die Vorstellung, das Subjekt, der Wille; oder aber ein *Objektives*, also das im Bewußtseyn von andern Dingen sich Darstellende, etwan die reale Welt, die Außendinge, die Natur, die Materie, Atome, auch ein Gott, auch ein bloßer beliebig erdachter Begriff, wie die Substanz, das Absolutum, oder was immer es nun seyn soll. Um nun also die hierin begangene Willkürlichkeit wieder auszugleichen und die Voraussetzung zu rektificiren, muß man nachher den *Standpunkt* wechseln, und auf den entgegengesetzten treten, von welchem aus man nun das Anfangs als gegeben Genommene, in

einem ergänzenden Philosophem, wieder ableitet: sic res accendunt lumina rebus [So bringt eine Sache der andern Licht; Lukrez].« (P II, § 27, 35)
Wie entschieden im Standortwechsel die einzelnen Positionen aufeinanderprallen können, geht zugespitzt aus folgendem Zitat hervor, in dem Materialismus und Transzendentalphilosophie zusammenstoßen: »Es ist eben so wahr, daß das Erkennende ein Produkt der Materie sei, als daß die Materie eine bloße Vorstellung des Erkennenden sei: aber es ist auch eben so einseitig.« (W II, Kap. 1, 15)
Schopenhauer verabschiedet einen bestimmten Typus von einseitigem, dogmatischem Standpunktdenken. Sein System will vor allem »kein apriorisches Herausconstruiren der Welt aus einem obersten Satze« (LF, 288) sein. Statt dessen unternimmt er die Anstrengung, die *Voraussetzungen* des Denkens wieder abzuleiten, d. h. sie auch als *Resultate* aufzufassen. Schopenhauer proklamiert damit, wenn auch eher zwischen den Zeilen, das Ideal einer nach allen Seiten hin *begründeten* Philosophie. Er vergleicht sie mit einem in sich vollkommen zusammenhängenden »Organismus«, bei dem kein Teil der erste und kein Teil der letzte ist (vgl. W I, Vorrede zur 1. Aufl.). In den *Philosophischen Vorlesungen* sagt er in diesem Sinn: »Die Summe von Sätzen daraus sie [die Philosophie] besteht, muß sich durch und durch so sehr entsprechen, daß jeder Satz den andern gleichsam nothwendig macht und das wechselseitig.« (VN I, 571).
↑ Organischer Zusammenhang, Verschiedene Betrachtungsweisen des Intellekts

Sterben *»Aut credere, aut philosophari, aut degere pecudum ritu, ventri obedientium - utique mori.«* (B, 453) Dies schreibt Schopenhauer am 26. März 1859 an den Herausgeber des *Deutschen Stammbuchs*. Übersetzt heißt es: Entweder glauben oder philosophieren oder das Leben nach Art der Tiere hinbringen und dem Bauche frönen – in jedem Fall sterben.

Stiefel »Mancher Mensch wäre im Stande, einen andern todtzuschlagen, bloß um mit dessen Fette sich die Stiefel zu schmieren.« (E, § 14, 198)

Stil Schopenhauers vielen Bemerkungen zum gekonnten sprachlichen Ausdruck liegt der Gedanke zugrunde, daß der gute Stil einfach, naiv, ja »keusch« ist. Ein gedankenreicher Geist wird sich auf die natürlichste, verständlichste Weise ausdrücken. Ungenau, rätselhaft, affektiert, weitschweifig schreiben heißt, dumpf oder konfus zu denken. Diesen Stil, der eigentlich keiner mehr ist, nennt er »Galimathias«.
»Der Stil ist die Physiognomie des Geistes.« (P II, §282, 547) »Was ein Mensch zu denken vermag läßt sich auch allemal in klaren, faßlichen und unzweideutigen Worten ausdrücken.« (P II, §283, 555) »Man brauche gewöhnliche Worte und sage ungewöhnliche Dinge.« (P II, §283, 554)
↑ Sprachverhunzung

Studium der Philosophie Carl Georg Bähr unterhält sich mit Schopenhauer am 14. Mai 1858 und macht sich folgende Notiz: »Schopenhauer hatte Wieland besucht, als dieser 78 Jahre alt war. [Schopenhauer war 23 Jahre alt.] Wieland hatte ihm abgeraten, lediglich Philosophie zu studieren, was doch kein solides Fach wäre. *Antwort:* ›Das Leben ist eine mißliche Sache, ich habe mir vorgesetzt, es damit hinzubringen, über dasselbe nachzudenken.‹– Zuletzt habe Wieland gesagt: ›Ja es scheint mir jetzt, Sie haben recht getan (daß Sie richtig gewählt haben), junger Mann, ich verstehe jetzt ihre Natur; bleiben Sie bei der Philosophie.‹« (Ge, 22)
↑ Jammer des Lebens, Philosophisches Erstaunen, Erinnerungen an Schopenhauer

Subjekt und Objekt Schopenhauer gibt folgende Definition und Erläuterung für diese beiden Grundbegriffe der Erkenntnistheorie: »Dasjenige, was Alles erkennt und von Keinem erkannt wird, ist das *Subjekt*. Es ist sonach der Träger der Welt, die durchgängige, stets vorausgesetzte Bedingung alles Erscheinenden, alles Objekts: denn nur für das Subjekt ist, was nur immer daist. Als dieses Subjekt findet Jeder sich selbst, jedoch nur sofern er erkennt, nicht sofern er Objekt der Erkenntniß ist. Objekt ist aber schon sein Leib, welchen selbst wir daher, von diesem Standpunkt aus, Vorstellung nennen. Denn der Leib ist Objekt unter Objekten und den Gesetzen der Objekte [dem Satz vom

zureichenden Grund] unterworfen, obwohl er unmittelbares Objekt ist. Er liegt, wie alle Objekte der Anschauung, in den Formen alles Erkennens, in Zeit und Raum, durch welche die Vielheit ist. Das Subjekt aber, das Erkennende, nie Erkannte, liegt auch nicht in diesen Formen, von denen selbst es vielmehr immer schon vorausgesetzt wird: ihm kommt also weder Vielheit, noch deren Gegensatz, Einheit, zu. Wir erkennen es nimmer, sondern es eben ist es, das erkennt, wo nur erkannt wird.« (W I, § 2, 5 f.)
In seinen *Philosophischen Vorlesungen* sagt Schopenhauer: »Das Erkannte oder die Erkenntniß [das Objekt] hört auf, wo das Erkennende [das Subjekt] anfängt: und alles was erkannt wird ist nicht mehr das Erkennende.« (VN I, Kap. 1, 130)
Schopenhauer legt terminologisch fest: Die Welt als Vorstellung hat zwei wesentliche, notwendige und untrennbare Hälften. »Die eine ist das *Objekt*: dessen Form ist Raum und Zeit, durch diese die Vielheit. Die andere Hälfte aber, das Subjekt, liegt nicht in Raum und Zeit: denn sie ist ganz und ungetheilt in jedem vorstellenden Wesen.« (W I, § 2, 6)
Worauf es Schopenhauer im wesentlichen ankommt, ist: Subjekt und Objekt treten nur gemeinsam auf. Wo ein Objekt ist, also wo erkannt wird, da ist auch ein Subjekt, ein Erkennendes, und umgekehrt; wo ein Subjekt ist, da ist auch ein Objekt. Dies drücken die beiden komplementär aufeinander bezogenen Sätze aus: »Kein Objekt ohne Subjekt« und »Kein Subjekt ohne Objekt«. Für Schopenhauer ist die *gegenseitige Verwiesenheit* von Subjekt und Objekt, die er in seiner Erkenntnistheorie *Vorstellung* nennt, von ausschlaggebender Wichtigkeit, da sie seine »idealistische Grundansicht« ausmacht: »Die Welt ist Vorstellung: und Vorstellung setzt ein Vorstellendes voraus. Was wir Daseyn nennen, heißt Vorgestelltwerden: solches Daseyn ist also durchgängig mit einer Bedingung behaftet, dem Subjekt, für welches es allein da ist.« (VN I, Kap. 1, 127) Schopenhauer beruft sich bei dieser extremen Auffassung wesentlich auf den irischen Bischof und Philosophen George Berkeley (1685–1753). Durch die ergänzende Formulierung »Kein Subjekt ohne Objekt« ist in Schopenhauers Philosophie aber *zugleich* ein radikaler realistisch-materialistischer Grundzug eingeschrieben, da das Erkennen als Funktion eines Objekts, des Gehirns, ausge-

wiesen wird. Hier beruft sich Schopenhauer auf den französischen Physiologen Pierre-Jean Georges Cabanis (1757–1808).
↑ Idealistische Grundansicht, Vorstellung, Satz vom Grund, Ding an sich, Nichts

T

Tagesablauf Der Freund Julius Frauenstädt erinnert sich: »Zwischen 7 und 8 Uhr verliess Schopenhauer, Sommers wie Winters, das Bett, und wusch sich kalt mit einem kolossalen Schwamm den ganzen Oberkörper. Den Augen, als dem werthvollsten Sinnesorgan, wandte er besondere Pflege zu: er badete sie, indem er sie mehrmals offen untertauchte, wodurch er den Sehnerv vorzüglich zu stärken glaubte. – Dann setzte er sich zum Kaffee, den er sich selbst bereitete. Seine Haushälterin hatte die Weisung, sich in den Frühstunden gar nicht blicken zu lassen; denn er hielt grosse Stücke darauf, seine Gedanken Morgens, während das Gehirn einem frisch gestimmten Instrumente gleiche, vollkommen concentrirt zu halten. – In dieser geistigen Sammlung verharrte er bei seiner Arbeit den ganzen Vormittag. In späteren Jahren nahm er in der zweiten Hälfte desselben Besuche an. Da er im Flusse des Gesprächs die Stunden leicht vergass, so erschien um Mittag seine Haushälterin, und gab das Zeichen zum Aufbruch. Vor dem Ankleiden spielte er in der Regel eine halbe Stunde auf der Flöte. – Um Ein Uhr ging er zu Tische. – Er erfreute sich eines starken Appetits. Von der Makrobiotik Cornaro's wollte er nichts wissen: er nannte ihn einen italienischen Hungerleider. Kant und Goethe, seine beständigen Vorbilder, haben auch viel gegessen und seien alt dabei geworden. Seine diätetische Grundmaxime war: Verbrauch der Kräfte und Ersatz derselben im Gleichgewicht zu erhalten, weshalb er es nie an Bewegung fehlen liess. Bei der Malzeit sprach er gerne; doch verhielt er sich aus Mangel an tauglicher Tischgesellschaft öfter beobachtend. So legte er z. B. eine Zeit lang täglich ein Goldstück vor sich hin, ohne dass die Tischnachbaren wussten, was er damit wollte; nach aufgehobener Tafel nahm er es wieder an sich. Endlich darüber zur Rede gestellt, erklärte er: das sei für die Armenbüchse, wenn die am Tisch sitzenden Offiziere nur ein einziges Mal eine andere ernsthafte Unterhaltung als über ihre Pferde, Hunde und Frauenzimmer auf die Beine brächten. – Nach Tisch begab er sich gleich wieder nach Hause, nahm seinen Kaffee und hielt eine Stunde Siesta. Den ersten Theil des Nachmittags füllte dann leichtere Lektüre aus. Gegen Abend ging er regelmässig ins Freie. Er wählte gewöhnlich einsame Feldwege; nur wenn das Wetter zu schlecht war, blieb er in den die Stadt umkränzenden Anlagen. Sein Schritt war bis ins letzte Jahr seines Lebens voll jugendlicher Spannkraft und Geschwindigkeit. Während des Gehens pflegte er mit dem Stocke, einem kurzen dicken Bambusrohr, von Zeit zu Zeit heftig auf den Boden zu stossen. Vor der Stadt zündete er sich eine Cigarre an, die er aber nur zur Hälfte rauchte, da er den feuchten Rest für schädlich hielt. Zuweilen blieb er stehen, sah sich um und eilte dann wieder, einige unarticulirte Laute ausstossend, weiter. – Auf diesen Spaziergängen blieb er vorzugsweise gern allein, schon deshalb, weil er im Freien, nach Kant's Beispiel, mit geschlossenem Munde athmete; noch mehr aber aus dem tiefen Bedürfniss nach ungestörtem Verkehr mit der Natur, deren ›durchgängige Wahrheit und Consequenz‹ ihn den ›Winkelzügen‹ der menschlichen Gesellschaft gegenüber wahrhaft anheimelte. Nach dem Spaziergange ging er ins Lese-Cabinet. Wie erwähnt, las er regelmässig, wenn auch nur flüchtig, die Times, dann einige englische und französische Revüen. Den deutschen Zeitungen schenkte er erst, seitdem sie sich mit ihm beschäftigten, grössere Aufmerksamkeit. – Während des Abendessens las er die neuesten Nachrichten in der Frankfurter Postzeitung. In früheren Jahren brachte er die meisten Winterabende im Concert oder Theater zu; da ihm jedoch seine Harthörigkeit diese Genüsse allmälig verkümmerte, beschränkte er sich auf einzelne Symphonien, Oratorien und klassische Opern. Zwischen 8 und 9 Uhr ging er zum Nachtessen, das gewöhnlich in einer kalten Fleischspeise und einer halben Flasche leichten Weins bestand. – Er sass in der Regel allein, fing nicht leicht ein Gespräch mit fremden Tischgenossen an und rügte es als eine Verletzung der guten Sitte, wenn ein Unbekannter sich neben ihn setzte, während Platz genug an der Tafel war. Seit er nur noch auf dem linken Ohr hörte, war es ihm überhaupt unangenehm, wenn zwei zugleich mit ihm sprachen. Sonst liebte er die Unterhaltung bei Tische sehr und blieb, wenn das Gespräch nach seiner Art war, ohne eine Spur von Ermüdung bis tief in die Nacht hinein sitzen. Wenn er keine Gesellschaft hatte, wie in der Regel, ging er bald heim, zündete sich eine Pfeife an und las noch eine Stunde. Er bediente sich fünf Fuss langer Weichselrohre, weil ihm die Abkühlung des Dampfes sonst nicht genügend schien. Bevor er zu Bette ging, schlug er nicht selten noch seine Bibel, das Oupnekhat [Sammlung altindischer Upanischaden] auf, um darin seine Andacht zu verrichten. – Er schlief Sommers und Winters kalt, unter einer leichten Decke. Sein Schlaf war bis zu seinem Ende tief und fest. – Seine Privatökonomie war im höchsten Grade geregelt. Das mässige väterliche Erbtheil verwaltete er mit ängstlicher Vorsicht, und vermehrte dasselbe trotz der früheren erheblichen Verluste im Laufe eines langen Lebens durch Ordnung und Sparsamkeit auf das Doppelte.« (LF, 18 ff.)

↑ Erinnerungen an Schopenhauer, Haushälterin, Gift

Tat twam asi Dies bist du. Die indische Formel, die ausdrückt, daß wir alle ein und dasselbe Wesen sind, heißt auch *Tatoumes*.

↑ Oupnekhat, Jedes Wesen, Mahavakya, Mitleid

Täuschung und Enttäuschung »Aus der Nacht der Bewußtlosigkeit erwacht findet der Wille sich als Individuum, in einer end- und gränzenlosen Welt, unter zahllosen Individuen, alle strebend, leidend, irrend; und wie durch einen bangen Traum eilt er zurück zur alten Bewußtlosigkeit. – Bis dahin jedoch sind seine Wünsche gränzenlos, seine Ansprüche unerschöpflich, und jeder befriedigte Wunsch gebiert einen neuen. Keine auf der Welt mögliche Befriedigung könnte hinreichen, sein Verlangen zu stillen, seinem Begehren ein endliches Ziel zu setzen und den bodenlosen Abgrund seines Herzens auszufüllen. Daneben nun betrachte man, was dem Menschen, an Befriedigungen jeder Art, in der Regel, wird: es ist meistens nicht mehr, als die, mit unablässiger Mühe und steter Sorge, im Kampf mit der Noth, täglich errungene, kärgliche Erhaltung dieses Daseyns selbst, den

Tod im Prospekt. – Alles im Leben giebt kund, daß das irdische Glück bestimmt ist, vereitelt oder als eine Illusion erkannt zu werden. Hiezu liegen tief im Wesen der Dinge die Anlagen. Demgemäß fällt das Leben der meisten Menschen trübsälig und kurz aus. Die komparativ Glücklichen sind es meistens nur scheinbar, oder aber sie sind, wie die Langlebenden, seltene Ausnahmen, zu denen eine Möglichkeit übrig bleiben mußte, – als Lockvogel. Das Leben stellt sich dar als ein fortgesetzter Betrug, im Kleinen, wie im Großen. Hat es versprochen, so hält es nicht; es sei denn, um zu zeigen, wie wenig wünschenswerth das Gewünschte war: so täuscht uns also bald die Hoffnung, bald das Gehoffte. Hat es gegeben; so war es, um zu nehmen. Der Zauber der Entfernung zeigt uns Paradiese, welche wie optische Täuschungen verschwinden, wann wir uns haben hinäffen lassen. Das Glück liegt demgemäß stets in der Zukunft, oder auch in der Vergangenheit, und die Gegenwart ist einer kleinen dunklen Wolke zu vergleichen, welche der Wind über die besonnte Fläche treibt: vor ihr und hinter ihr ist Alles hell, nur sie selbst wirft stets einen Schatten. Sie ist demnach allezeit ungenügend, die Zukunft aber ungewiß, die Vergangenheit unwiederbringlich. Das Leben, mit seinen stündlichen, täglichen, wöchentlichen und jährlichen, kleinen, größern und großen Widerwärtigkeiten, mit seinen getäuschten Hoffnungen und seinen alle Berechnung vereitelnden Unfällen, trägt so deutlich das Gepräge von etwas, das uns verleidet werden soll, daß es schwer zu begreifen ist, wie man dies hat verkennen können und sich überreden lassen, es sei da, um dankbar genossen zu werden, und der Mensch, um glücklich zu seyn. Stellt doch vielmehr jene fortwährende Täuschung und Enttäuschung, wie auch die durchgängige Beschaffenheit des Lebens, sich dar als darauf abgesehn und berechnet, die Ueberzeugung zu erwecken, daß gar nichts unsers Strebens, Treibens und Ringens werth sei, daß alle Güter nichtig seien, die Welt an allen Enden bankrott, und das Leben ein Geschäft, das nicht die Kosten deckt; – auf daß unser Wille sich davon abwende.« (W II, Kap. 46, 657 f.)

Das Zitat ist dem Kapitel »Von der Nichtigkeit und dem Leiden des Lebens« entnommen, das sich gut zu einer verständlichen Einführung in Schopenhauers Pessimismus eignet (zur Ergänzung vgl. W I, §§ 56–59, 363–385; VN IV, Kap. 4, 110–134; P II,

Kap. 11 und 12, 301–324). Am Ende des Kapitels versammelt Schopenhauer Stellen aus der Weltliteratur, die mit ihrer Autorität seine Sicht der Dinge bekräftigen sollen. Unter ihnen ist der berühte Vers von Theognis:
»Gar nicht geboren zu werden, das wäre für Menschen das Beste,/Nimmer des Sonnengotts sengende Strahlen zu schaun;/Ist man aber geboren, so schnell, wie es geht, in des Hades/Pforten zu dringen und dort unter der Erde zu ruhn.« (W II, Kap. 46, 673 f.)
↑ Beste aller möglichen Welten, Negativität des Glücks

Teufel »Der *Teufel* ist im *Christenthum* eine höchst nöthige Person, als Gegengewicht zur Allgüte, Allweisheit und Allmacht Gottes, als bei welcher gar nicht abzusehn ist, woher denn die überwiegenden, zahllosen und gränzenlosen Uebel der Welt kommen sollten, wenn nicht der Teufel daist, sie auf seine Rechnung zu nehmen. Daher ist, seitdem die Rationalisten ihn abgeschafft haben, der hieraus auf der andern Seite erwachsende Nachtheil mehr und mehr und immer fühlbarer geworden; wie Dies vorherzusehn war und von den Orthodoxen vorhergesehn wurde. Denn man kann von einem Gebäude nicht einen Pfeiler wegziehn, ohne das Uebrige zu gefährden.« (P II, § 177, 392)
↑ Christus, Dialog

Teuflischer Charakter »Zum gränzenlosen Egoismus unserer Natur gesellt sich aber noch ein, mehr oder weniger in jeder Menschenbrust vorhandener Vorrath von Haß, Zorn, Neid, Eifer, Geifer und Bosheit, angesammelt, wie das Gift in der Blase des Schlangenzahns, und nur auf Gelegenheit wartend, sich Luft zu machen, um dann wie ein entfesselter Dämon zu toben und zu wüthen. Will kein großer Anlaß dazu sich einfinden; so wird er am Ende den kleinsten benutzen, indem er ihn durch seine Phantasie vergrößert.« (P II, § 114, 227)
Kein Tier quält, nur um zu quälen. Dies aber tut der Mensch, und dies macht den teuflischen Charakter aus, der schlimmer ist als der bloß tierische.
↑ Radikal Böses

Theaterdirektor meiner Träume »Daß ich der heimliche Theaterdirektor meiner Träume bin, ist ein sichrer Beweis davon, *daß mein Wille über mein Bewußtseyn* (d. i. Erkennen) *hinausliegt.*« (HN III, 392)
↑ Macht des Unbewußten, Ohne Bewußtsein, Wille und Intellekt, Wahnsinn

Tier und Mensch Schopenhauer übt scharfe Kritik an der Rechtlosigkeit der Tiere. Er führt diesen Mangel auf das Dogma von der gänzlichen Verschiedenheit von Mensch und Tier zurück, das dem Schöpfungsmythos des Alten Testaments entstammt und vom Christentum übernommen wurde. Dieser sich selber legitimierende göttliche Ursprung gewährt die Behandlung der Tiere als »totale Nullität« mit dem Ziel, ihnen das letzte Mark aus ihren Knochen zu arbeiten. Der Grundfehler »ist eine Folge der Schöpfung aus nichts, nach welcher der Schöpfer, Kap. 1 und 9 der Genesis [1. Buch Moses], sämmtliche Thiere, ganz wie Sachen und ohne alle Empfehlung zu guter Behandlung, wie sie doch meistens selbst ein Hundeverkäufer, wenn er sich von seinem Zöglinge trennt, hinzufügt, dem Menschen übergiebt, damit er über sie *herrsche*, also mit ihnen thue was ihm beliebt [...]. Aber leider machen die Folgen davon sich bis auf den heutigen Tag fühlbar; weil sie auf das Christentum übergegangen sind, welchem nachzurühmen, daß seine Moral die allervollkommenste sei, man eben deshalb ein Mal aufhören sollte. Sie hat wahrlich eine große und wesentliche Unvollkommenheit darin, daß sie ihre Vorschriften auf den Menschen beschränkt und die gesammte Thierwelt rechtlos hält.« (P II, § 177, 393 f.)
Die Folgen jener monotheistischen »Installations-Scene« im Garten des Paradieses sind, daß die Menschen die Teufel der Erde wurden und die Tiere die geplagten Seelen. Man sehe die »himmelschreiende Ruchlosigkeit, mit welcher unser christlicher Pöbel gegen die Thiere verfährt, sie völlig zwecklos und lachend tödtet, oder verstümmelt, oder martert« (P II, § 177, 394), oder man sehe die wissenschaftlichen Tierversuche, die Vivisektionen, die Eingriffe am lebenden Tier, bei denen die Natur auf die Folter gespannt wird, um Geheimnisse auszupressen, die vielleicht längst bekannt sind. Dem hält Schopenhauer entgegen:

»Die Welt ist kein Machwerk und die Thiere kein Fabrikat zu unserm Gebrauch.« (P II, § 177, 399) Denn: »Das Thier ist im Wesentlichen das Selbe wie der Mensch.« (P II, § 177, 395)
↑ Grundfehler des Christentums, Tat twam asi, Eisenbahnen

Tierschutzgesellschaften »Die Thierschutzgesellschaften, in ihren Ermahnungen, brauchen noch immer das schlechte Argument, daß Grausamkeit gegen Thiere zu Grausamkeit gegen Menschen führe; – als ob bloß der Mensch ein unmittelbarer Gegenstand der moralischen Pflicht wäre, das Thier bloß ein mittelbarer, an sich eine bloße Sache! Pfui!« (P II, § 177, 395)
↑ Mahavakya

Tod »Und nun endlich gar der eigentlich naturgemäße Tod, der durch das Alter, die Euthanasie, ist ein allmäliges Verschwinden und Verschweben aus dem Daseyn, auf unmerkliche Weise. Nach und nach erlöschen im Alter die Leidenschaften und Begierden, mit der Empfänglichkeit für ihre Gegenstände; die Affekte finden keine Anregung mehr: denn die vorstellende Kraft wird immer schwächer, ihre Bilder matter, die Eindrücke haften nicht mehr, gehen spurlos vorüber, die Tage rollen immer schneller, die Vorfälle verlieren ihre Bedeutsamkeit, Alles verblaßt. Der Hochbetagte wankt umher, oder ruht in einem Winkel, nur noch ein Schatten, ein Gespenst seines ehemaligen Wesens. Was bleibt da dem Tode noch zu zerstören? Eines Tages ist dann ein Schlummer der letzte, und seine Träume sind – – – Es sind die, nach welchen schon Hamlet frägt, in dem berühmten Monolog. Ich glaube, wir träumen sie eben jetzt.« (W II, Kap. 41, 535 f.)
»Was wir im Tode fürchten, ist keineswegs der Schmerz: denn theils liegt dieser offenbar diesseits des Todes; theils fliehn wir oft vor dem Schmerz zum Tode, eben so wohl als wir auch umgekehrt bisweilen den entsetzlichsten Schmerz übernehmen, um nur dem Tode, wiewohl er schnell und leicht wäre, noch eine Weile zu entgehn. Wir unterscheiden also Schmerz und Tod als zwei ganz verschiedene Uebel: was wir im Tode fürchten, ist in der That der Untergang des Individuums, als welcher er sich unverhohlen kund giebt, und da das Individuum der Wille zum Leben selbst in einer einzelnen Objektivation ist, sträubt sich

sein ganzes Wesen gegen den Tod. – Wo nun solchermaaßen das Gefühl uns hülflos Preis giebt, kann jedoch die Vernunft eintreten und die widrigen Eindrücke desselben großentheils überwinden, indem sie uns auf einen höhern Standpunkt stellt, wo wir statt des Einzelnen nunmehr das Ganze im Auge haben.« (W I, § 54, 334)
↑ Identität, Zeugung und Tod, Metaphysisches Bedürfnis

Touristenleben »Das *Nomadenleben*, welches die unterste Stufe der Civilisation bezeichnet, findet sich auf der höchsten im allgemein gewordenen *Touristenleben* wieder ein. Das erste ward von der *Noth*, das zweite von der *Langenweile* herbeigeführt.« (P I, Aphorismen, Kap. 2, 349)
↑ Leben

Transzendentalphilosophie »Hierunter verstehe ich jede Philosophie, welche davon ausgeht, daß ihr nächster und unmittelbarer Gegenstand nicht die Dinge seien, sondern allein das menschliche *Bewußtseyn* von den Dingen, welches daher nirgends außer Acht und Rechnung gelassen werden dürfe.« (P II, § 10, 9 f.) Der naive Mensch hat es mit Dingen zu tun, der besonnene Philosoph mit dem Bewußtsein von Dingen.
Worauf es Schopenhauer ankommt, ist: Das Bewußtsein ist kein unbeschriebenes Blatt, das sich beim Erkennen der Dinge lediglich passiv verhielte. Es bringt überindividuell gültige Formen, gesetzmäßige Strukturen mit, nach deren Maßgabe es aktiv in die Konstituierung der Erkenntnisobjekte eingreift. Solche subjekteigenen Formen sind Raum, Zeit und Kausalität. Das, was erkannt wird, wird durch sie auf eine grundlegende Weise formal vorstrukturiert. Gegenstand der Transzendentalphilosophie sind diese elementaren Vorstrukturierungen. Schopenhauer nennt sie auch »Erkenntnisse *a priori*«, d. h. »selbsteigene Formen des Intellekts« oder – von einem zusätzlich eingenommenen, materialistisch-physiologischen Standpunkt aus gesehen – »Gehirnfunktionen«: »*Transscendental* ist die Philosophie, welche sich zum Bewußtseyn bringt, daß die ersten und wesentlichsten Gesetze dieser sich uns darstellenden Welt in unserm Gehirn wurzeln und dieserhalb *a priori* erkannt werden.« (P I, 88)

Ein berühmtes Beispiel für Transzendentalphilosophie ist Kants *Kritik der reinen Vernunft* (1781, ²1787). Sie ist »die Lehre von dem in unserm erkennenden Bewußtseyn enthaltenen Formalen, *als einem solchen*, und von der dadurch herbeigeführten Beschränkung, vermöge welcher die Erkenntniß der Dinge an sich uns unmöglich ist, indem die Erfahrung nichts, als bloße Erscheinungen liefern kann.« (P I, 88) Schopenhauers Abhandlung *Ueber die vierfache Wurzel des Satzes vom zureichenden Grunde* steht in dieser Tradition, insbesondere auch der jeweils erste Teil (das erste Buch) des zweibändigen Hauptwerks *Die Welt als Wille und Vorstellung*.
Bleibt das menschliche Bewußtsein als Bedingung aller Erkenntnis unberücksichtigt, so herrscht die Einbildung vor, es könne in einem direkten Zugriff über die Dinge selbst gesprochen werden. Schopenhauer nennt diese Bewußtseinsvergessenheit »Naturalisiren« und macht ihr Unwesen in einseitigen philosophisch-materialistischen sowie dogmatischen naturwissenschaftlichen Tendenzen seiner Zeit um 1850 aus. Er spricht auch von »absoluter Physik«. Mit Empörung schreibt er am 10. Februar 1856 an seinen Freund Julius Frauenstädt: »Es ist unerträglich, wie heut zu Tage die Schweine in den Tag hinein naturalisiren, ohne alle Ahndung der Kantischen Transscendentalphilosophie.« (B, 382)
↑ A priori, Satz vom Grund, Materialismus, Verschiedene Betrachtungsweisen des Intellekts, Kants große Lehre

Traumdeutung »Wir geben recht gerne zu, daß das Leben jedes Individuums nur eine Art langer Traum sei, der am Anfang und am Ende von einem bewußtlosen Schlaf begränzt ist: und da das Ganze der objektiven realen Welt doch nur in den Vorstellungen aller Individuen besteht, die ja eben das Subjekt des Objekts sind; so gilt vom Ganzen der Erscheinung, von der objektiven Welt, was vom Bewußtseyn jedes Einzelnen gilt: – das Daseyn dieser erscheinenden Welt ist ein traumartiges; und daher will auch unsre Philosophie es sich allenfalls gefallen lassen, weiter nichts zu leisten, als die Bedeutung jenes Traumes auszulegen, die Deutung jenes Traumes zu seyn.« (VN I, Kap. 4, 506)
Die Metapher des Traums kommt häufiger vor. Sie wird auch

verwendet, um die metaphysische Einheit der Welt, um das wahre überindividuelle Ich, um den »Makranthropos« zu veranschaulichen: »Es ist ein großer Traum, den jenes Eine Wesen träumt: aber so, daß alle seine Personen ihn mitträumen. Daher greift Alles in einander und paßt zu einander.« (P I, 234) Und: »Was die Geschichte erzählt, ist in der That nur der lange, schwere und verworrene Traum der Menschheit.« (W II, Kap. 38, 506)
↑ Metaphysisches Bedürfnis, Ding an sich, Geheimschrift

Tummelplatz »Und dieser Welt, diesem Tummelplatz gequälter und geängstigter Wesen, welche nur dadurch bestehn, daß eines das andere verzehrt, wo daher jedes reißende Thier das lebendige Grab tausend anderer und seine Selbsterhaltung eine Kette von Martertoden ist, wo sodann mit der Erkenntniß die Fähigkeit Schmerz zu empfinden wächst, welche daher im Menschen ihren höchsten Grad erreicht und einen um so höheren, je intelligenter er ist, – dieser Welt hat man das System des *Optimismus* anpassen und sie uns als die beste unter den möglichen andemonstriren wollen. Die Absurdität ist schreiend. – Inzwischen heißt ein Optimist mich die Augen öffnen und hineinsehn in die Welt, wie sie so schön sei, im Sonnenschein, mit ihren Bergen, Thälern, Ströhmen, Pflanzen, Thieren u.s.f. – Aber ist denn die Welt ein Guckkasten? Zu *sehn* sind diese Dinge freilich schön; aber sie zu *seyn* ist ganz etwas Anderes.« (W II, Kap. 46, 667)
↑ Täuschung und Enttäuschung, Leben, Beste aller möglichen Welten, Pessimismus

U

Unbewußtes Sein »Alles Ursprüngliche, alles ächte *Seyn* ist *unbewußt*: was durch das Bewußtseyn durchgegangen, ist *Vorstellung* geworden, und seine Aeußerung ist die Mittheilung einer Vorstellung. Alle ächten Eigenschaften im Karakter oder Geiste des Menschen sind daher unbewußt, und nur als solche machen

sie tiefen Eindruck. Alles Bewußte der Art ist wenigstens zur Hälfte Affektation d. i. Trug.« (HN III, 439)
↑ Theaterdirektor meiner Träume

Unentdeckter Mensch »Welche Kräfte, zum Leiden und Thun, Jeder in sich trägt, weiß er nicht, bis ein Anlaß sie in Thätigkeit setzt; - wie man dem im Teiche ruhenden Wasser, mit glattem Spiegel, nicht ansieht, mit welchem Toben und Brausen es vom Felsen unversehrt herabstürzen, oder wie hoch es als Springbrunnen sich zu erheben fähig ist; - oder auch, wie man die im eiskalten Wasser latente Wärme nicht ahndet.« (P II, § 332, 630)
↑ Dunkelheit des Lebens, Gemüt, Intelligibler Charakter

Unerbittlichkeit »Als Kind hat man noch gar keinen Begriff von der Unerbittlichkeit der Naturgesetze und dem starren Verharren jedes Dinges bei seinem Wesen: das Kind glaubt selbst leblose Dinge werden ihm ein wenig nachgeben: vielleicht weil es sich mit der Natur als Eins erkennt, vielleicht weil es sie sich befreundet glaubt aus Unbekanntschaft mit dem Wesen der Welt. So hat man mich als Kind gefunden wie ich meinen Schuh in ein großes Gefäß voll Milch geworfen hatte und nun den Schuh recht herzlich bat herauszuspringen.« (HN I, 396)
↑ Notwendigkeit

Unerklärliches »Der Grund und Boden, auf dem alle unsere Erkenntnisse und Wissenschaften ruhen, ist das Unerklärliche. Auf dieses führt daher jede Erklärung, mittelst mehr oder weniger Mittelglieder, zurück; wie auf dem Meere das Senkblei den Grund bald in größerer, bald in geringerer Tiefe findet, ihn jedoch überall zuletzt erreichen muß. Dieses Unerklärliche fällt der Metaphysik anheim.« (P II, § 1, 3)
In seinem Hauptwerk sagt Schopenhauer, daß zwei Dinge unerklärlich sind, d. h. nicht auf das Verhältnis, das der Satz vom Grund ausspricht, zurückzuführen sind: der Satz vom Grund selbst und das Ding an sich (vgl. W I, § 15, 96).
↑ Metaphysisches Bedürfnis, Satz vom Grund, Ding an sich

Unglück und Schuld »Das *Unglück* ist für unser Gemüth die Wärme die es weich erhält: im Glück wird es leicht hart. So werden wir zwischen Unglück und Schuld dahergetrieben.« (HN I, 109; vgl. P II, § 325, 627)

Universelles Mitleid »Mitleid mit Allem was Leben hat.« (E, § 20, 253)
↑ Mitleid, Tier und Mensch

Universitätsscharlatanerie Eine Notiz von 1842 lautet: »In die Zeit zwischen *Kant* und mir fällt keine Philosophie, sondern bloße Universitätsscharlatanerie. [In dieser Zeit] habe ich allein und in der Stille wirklich Philosophie getrieben.« (HN IV 1, 274)
Die Notiz, richtet sich hauptsächlich gegen Fichte, Schelling und Hegel. Von Schopenhauers Philosophie wird zu diesem Zeitpunkt - dreiundzwanzig Jahre nach dem Erscheinen seines Hauptwerks (W I) - noch keine Notiz genommen, was er erbittert und enttäuscht immer wieder hervorhebt, z. B. auch 1844: »Es ist unmöglich, daß eine Zeitgenossenschaft, welche, zwanzig Jahre hindurch, einen Hegel, diesen geistigen Kaliban, als den größten der Philosophen ausgeschrien hat, so laut, daß es in ganz Europa widerhallte, Den, der Das angesehn, nach ihrem Beifall lüstern machen könnte.« (W I, XX)
Schon 1820 beklagt Schopenhauer in seiner lateinisch vorgetragenen »Feierlichen Lobrede auf die Philosophie« vor dem Auditorium der Berliner Universität - vielleicht unter Anwesenheit Hegels - den Verfall der Philosophie seit Kant und ruft nach einem »Rächer« und Erneuerer: »Verehrtester Herr Dekan, meine allseits geschätzten Herren Professoren, hochgebildete Kommilitonen, sehr geehrte Hörer aller Fakultäten! [...] Dieser Niedergang ist aber keineswegs der Philosophie anzulasten, sondern einzig und allein denen, die sich ihr gegen den Willen Minervas zugewandt hatten und es falsch mit ihr anfingen. Deshalb haben wir keinen Grund zu der Befürchtung, daß jene geringschätzige Vernachlässigung, unter der heute die am höchsten stehende und edelste Form des geistigen Strebens zu leiden hat, bis in alle Zukunft andauern und daß der Philosophie nicht abermals ein Rächer erstehen werde, der ihr, mit stärkeren Kräften ausgestattet, wieder zu ihrem früheren Glanz und dem

gebührenden Zuspruch verhilft. [...] So sei Euch also, Kommilitonen, die göttliche Philosophie empfohlen, unsere Führerin im Leben, unser Licht in der Finsternis, unser Trost im Unglück, auf daß Ihr nicht als Träumende gleichsam, sondern als Wachende durchs Leben geht.« (VN I, übers. von Max Friedrich, 54 ff. – Die »Lobrede« ist nicht in der Deussen-Ausgabe enthalten.)
↑ Wolkengebilde der Vernunft, Schimpfwörter, Skorpione

Unter der Oberfläche »Der Mensch ist im Grunde ein wildes, entsetzliches Thier. Wir kennen es bloß im Zustande der Bändigung und Zähmung, welcher Civilisation heißt: daher erschrecken uns die gelegentlichen Ausbrüche seiner Natur. Aber wo und wann ein Mal Schloß und Kette der gesetzlichen Ordnung abfallen und Anarchie eintritt, da zeigt sich was er ist.« (P II, § 114, 225)
↑ Staat, Unentdeckter Mensch

Unterrichtsministerien »Mich haben die Unterrichtsministerien nicht brauchen können: und ich danke dem Himmel, daß ich kein solcher bin, den sie brauchen könnten. Sie können eigentlich nur Solche brauchen, die sich brauchen lassen.« (HN IV 1, 273)
↑ Erinnerungen an Schopenhauer, Selbstvergewisserung

Unwiederbringliches »Der tiefe Schmerz, beim Tode jedes befreundeten Wesens, entsteht aus dem Gefühle, daß in jedem Individuo etwas Unaussprechliches, ihm allein Eigenes und daher durchaus *Unwiederbringliches* liegt. *Omne individuum ineffabile.* [Jedes Individuum ist unergründlich.] Dies gilt selbst vom thierischen Individuo, wo es am lebhaftesten Der empfinden wird, welcher zufällig ein geliebtes Thier tödtlich verletzt hat und nun seinen Scheideblick empfängt, welches einen herzzerreißenden Schmerz verursacht.« (P II, § 311, 620)
↑ Tod, Individuum

Urkraft »Die Lebenskraft ist geradezu identisch mit dem Willen.« (P II, § 94, 173)
↑ Wille/Wille zum Leben

V

Vaterland »Das *deutsche Vaterland* hat an mir keinen *Patrioten* erzogen.« (HN IV 1, 287)

Verehrer Im letzten Lebensjahrzehnt beginnt Schopenhauers Ruhm. Verehrer reisen nach Frankfurt, um ihn persönlich zu sehen. Am 23. September 1853 schreibt Schopenhauer an Frauenstädt: »Vor 14 Tagen kam ein *Dr.* Kriegskotte, Lehrer an einer Realschule im Herzogthum Cleve-Berg, ein großer Mann, von gegen 40 Jahren, trat ein, sah mich an, daß mir Angst wurde, und schrie: ich will Sie sehn! ich muß Sie sehn! ich komme, Sie zu sehn! Zeigte großen Enthusiasmus. Meine Philosophie hätte ihm das Leben wiedergegeben. Scharmant!« (B, 323)
Von einem anderen Besucher heißt es am 29. Januar 1855: »Beim Abschied – küßte er mir die Hand! worüber ich vor Schreck laut aufschrie.« (B, 366)
↑ Skorpione

Verehrung »Die Menschen *verehren* auch gern irgend etwas: nur hält ihre Verehrung meistens vor der unrechten Thüre, woselbst sie stehn bleibt, bis die Nachwelt kommt, sie zurechtzuweisen. Nachdem dies geschehn ist, artet die Verehrung, welche der gebildete große Haufe dem Genie zollt, gerade so wie die, welche die Gläubigen ihren Heiligen widmen, gar leicht in läppischen Reliquiendienst aus. Wie Tausende von Christen die Reliquien eines Heiligen anbeten, dessen Leben und Lehre ihnen unbekannt ist; wie die Religion Tausender von Buddhaisten viel mehr in der Verehrung des Dalada (heiligen Zahns), oder sonstigen Dhatu (Reliquie), ja, der sie einschließenden Dagoba (Stupa), oder der heiligen Patra (Eßnapf), oder der versteinerten Fußstapfe, oder des heiligen Baumes, den Buddha gesäet hat, besteht, als in der gründlichen Kenntniß und treuen Ausübung seiner hohen Lehre; so wird Petrarka's Haus in Arqua, Tasso's angebliches Gefängniß in Ferrara, Shakespeare's Haus in Stratford, nebst seinem Stuhl darin, Goethes Haus in Weimar, nebst

Mobilien, Kants alter Hut, imgleichen die respektiven Autographen, von Vielen aufmerksam und ehrfurchtsvoll angegafft, welche die Werke der Männer nie gelesen haben. Sie können nun eben weiter nichts, als gaffen.« (P II, § 59, 88 f.)
↑ Touristenleben, Wahrheit

Verkehrtheit »Ein Mann von richtiger Einsicht unter den Bethörten gleicht Dem, dessen Uhr richtig geht, in einer Stadt, deren Thurmuhren alle falsch gestellt sind.« (P I, 480)

Verliebtheit »Alle Verliebtheit, wie ätherisch sie sich auch geberden mag, wurzelt allein im Geschlechtstriebe.« (W II, Kap. 44, 610)
Das Kapitel »Metaphysik der Geschlechtsliebe«, auf das Schopenhauer große Stücke hält und es mündlich wie brieflich eine »Perle« nennt (vgl. LF, 389), ist eine Demontage des vergeistigten idealisierten Begriffs der Liebe. Mit Liebe ist hier *eros* oder *amor* gemeint, nicht *agape* bzw. *caritas* (Mitleid). Die erkennbare Vorsicht bei der Abfassung und Veröffentlichung 1844 zeigt, daß Schopenhauer mit seiner radikalen Zurückführung von Gefühlen, Gedanken, Kulturgütern auf den Geschlechtstrieb Neuland betritt. Er rechnet mit Unverständnis, Empörung und Widerstand seiner Zeitgenossen.
Die angeblich großartigen, engelhaft reinen Gefühle der Liebe von der flüchtigsten Neigung bis zur heftigsten Leidenschaft werden einschließlich des »Plunders« von »Liebesbriefchen und Haarlöckchen« sämtlich auf Sexualität zurückgeführt, auf das dringende Bedürfnis nach Geschlechtsbefriedigung. »Wozu der Lerm? Wozu das Drängen, Toben, die Angst und die Noth? Es handelt sich ja bloß darum, daß jeder Hans seine Grethe finde.« Mit der hinzugesetzten, hüstelnden Fußnote, daß für »Hans« und »Grete« auch andere Ausdrücke eingesetzt werden können: »Ich habe mich hier nicht eigentlich ausdrücken dürfen: der geneigte Leser hat daher die Phrase in eine Aristophanische Sprache zu übersetzen.« (W II, Kap. 44, 611)
In ihrem »wollüstigen Wahn« glauben die Liebenden, es gehe um ihr individuelles Wohl und Wehe, aber sie handeln, ohne es zu wissen, im metaphysischen Auftrag eines Höheren, der Gattung. Der Gattungszweck – der »Wille zur Gattung« – verlarvt

sich bei der Geschlechtsliebe in den persönlichen Zweck des Individuums. »Denn die künftige Generation, in ihrer ganzen individuellen Bestimmtheit, ist es, die sich mittelst jenes Treibens und Mühens ins Daseyn drängt. Ja, sie selbst regt sich schon in der so umsichtigen, bestimmten und eigensinnigen Auswahl [des Partners] zur Befriedigung des Geschlechtstriebes, die man Liebe nennt.« (W II, Kap. 44, 613)
In dem Kapitel finden sich auch Anmerkungen zur Päderastie, die Schopenhauer für verwerflich hält. »Der die Auswahl zur Geschlechtsbefriedigung instinktiv leitende Schönheitssinn wird irre geführt, wenn er in Hang zur Päderastie ausartet; Dem analog, wie die Schmeißfliege *(Musca vomitoria)*, statt ihre Eier, ihrem Instinkt gemäß, in faulendes Fleisch zu legen, sie in die Blüthe des *Arum dracunculus* legt, verleitet durch den kadaverosen [Leichen-] Geruch dieser Pflanze.« (W II, Kap. 44, 620)
↑ Geschlechtstrieb, Leben, Liebe

Vermögen »*Vorhandenes Vermögen* soll man betrachten als eine Schutzmauer gegen die vielen möglichen Uebel und Unfälle; nicht als eine Erlaubniß oder gar Verpflichtung, die Plaisirs der Welt heranzuschaffen.« (P I, Aphorismen, Kap. 3, 369)
↑ Reichtum

Verschiedene Betrachtungsweisen des Intellekts Schopenhauer untersucht das Erkenntnisvermögen von verschiedenen Standorten aus. Infolge dieses Standortwechsels hat es einmal den Anschein, als sei er ein strenger Anhänger von Kants Transzendentalphilosophie. Das andere Mal hingegen sieht es so aus, als sei Schopenhauer in Wahrheit ein eingefleischter Materialist und stehe in der Tradition französischer Physiologen. Diese von Schopenhauer reflektierte Widersprüchlichkeit hängt damit zusammen, daß er im ersten Fall von der Erkenntnislehre ausgeht, um von hier aus den Weg zur Metaphysik zu bahnen, während er im zweiten Fall vom Blickwinkel der bereits erreichten Metaphysik auf die Erkenntnislehre zurückschaut.
Schopenhauer stellt die Notwendigkeit dieses Standpunktwechsels z. B. in dem Kapitel *Objektive Ansicht des Intellekts* (W II, Kap. 22) mit aller Deutlichkeit heraus: »Es giebt zwei von Grund aus verschiedene Betrachtungsweisen des Intellekts, welche auf

der Verschiedenheit des Standpunkts beruhen und, so sehr sie auch, in Folge dieser, einander entgegengesetzt sind, dennoch in Übereinstimmung gebracht werden müssen.« (W II, Kap. 22, 307)

Die erste Betrachtungsweise geht vom Intellekt zur Erkenntnis der Welt, behandelt die Konstitution der gegenständlichen Welt durch das erkennende Subjekt: »Die eine ist die *subjektive*, welche von *innen* ausgehend und das *Bewußtseyn* als das Gegebene nehmend, uns darlegt durch welchen Mechanismus in demselben die Welt sich darstellt, und wie aus den Materialien, welche Sinne und Verstand liefern, sie sich darin aufbaut. Als den Urheber dieser Betrachtungsweise haben wir *Locke* anzusehn: *Kant* brachte sie zu ungleich höherer Vollendung.« (W II, Kap. 22, 307)

Die zweite Betrachtungsweise geht von der als vorhanden genommenen gegenständlichen Welt zum Intellekt: »Die dieser entgegengesetzte Betrachtungsweise des Intellekts ist die *objektive*, welche von *außen* anhebt, nicht das eigene Bewußtseyn, sondern die in der äußern Erfahrung gegebenen, sich ihrer selbst und der Welt bewußten Wesen zu ihrem Gegenstande nimmt, und nun untersucht, welches Verhältniß der Intellekt derselben zu ihren übrigen Eigenschaften hat, wodurch er möglich, wodurch er nothwendig geworden, und was er ihnen leistet. Der Standpunkt dieser Betrachtungsweise ist der empirische: sie nimmt die Welt und die darin vorhandenen thierischen Wesen als schlechthin gegeben, indem sie von ihnen ausgeht. Sie ist demnach zunächst zoologisch, anatomisch, physiologisch, und wird erst durch die Verbindung mit jener erstern und von dem dadurch gewonnenen höhern Standpunkt aus philosophisch.« (W II, Kap. 22, 307 f.)

Eine Philosophie, die Kants »subjektive Ansicht« des Intellekts nicht durch die »objektive Ansicht« ergänzt, wie sie besonders in der französischen Physiologie bahnbrechend durch Cabanis (1757–1808) oder durch Flourens entwickelt wurde, ist für Schopenhauer jetzt unzulänglich, namentlich Kants eigene: »Eine Philosophie, welche, wie die Kantische, diesen Gesichtspunkt für den Intellekt gänzlich ignorirt, ist einseitig und eben dadurch unzureichend. Sie läßt zwischen unserm philosophischen und unserm physiologischen Wissen eine unübersehbare Kluft, bei der wir nimmermehr Befriedigung finden können.« (W II, Kap. 22, 308)

Für die objektive Betrachtung des Intellekts ist das Anschauen und Denken die »physiologische Funktion eines Eingeweides, des Gehirns«, und damit leibbedingt. Die ganze objektive Welt ist »nur eine gewisse Bewegung oder Affektion der Breimasse im Hirnschädel«. Die Welt als Vorstellung ist ein »Gehirnphänomen«. Diese objektive Betrachtungsweise des Intellekts wird durch die Willensmetaphysik fundiert und gewinnt dadurch erheblich an Bedeutung.

Die subjektive, transzendentalphilosophische Betrachtung des Intellekts muß mit der objektiven, materialistisch-physiologischen in Übereinstimmung gebracht werden. »Man erkennt aber nichts ganz und vollkommen, als bis man darum herumgekommen und nun von der andern Seite zum Ausgangspunkt zurückgelangt ist. Daher muß man, auch bei der hier in Betracht genommenen, wichtigen Grunderkenntniß, nicht bloß wie *Kant* gethan, vom Intellekt zur Erkenntniß der Welt gehn, sondern auch, wie ich hier unternommen habe, von der als vorhanden genommenen Welt zum Intellekt.« (W II, Kap. 22, 329; vgl. Volker Spierling, *Arthur Schopenhauer*, Frankfurt am Main 1994/Taschenbuchausgabe Leipzig 1998, S. 73–106 und S. 221 bis 238)

↑ Intellekt, Transzendentalphilosophie, Standort wechseln

Verstand Der Terminus »Verstand« meint bei Schopenhauer stets das Vermögen der *anschauenden* Erkenntnis. *Vernunft* dagegen ist das Vermögen, Begriffe zu bilden.

↑ Intellektualität der Anschauung, Wolkengebilde der Vernunft

Verzerrung »Der Charakter der Dinge dieser Welt, namentlich der Menschenwelt, ist nicht sowohl, wie oft gesagt worden, *Unvollkommenheit*, als vielmehr *Verzerrung*, im Moralischen, im Intellektuellen, im Physischen, in Allem.« (P II, § 156 a, 323)

↑ Moralische Weltordnung, Selige Ruhe des Nichts

Vierbeinige Freundschaften »Woran sollte man sich von der endlosen Verstellung, Falschheit und Heimtücke der Menschen erholen, wenn die Hunde nicht wären, in deren ehrliches Gesicht man ohne Mißtrauen schauen kann?« (P II, § 114, 224)

↑ Pudel, Am Mainquai

Vollendete, richtige Erkenntnis »›*Weisheit*‹ scheint mir nicht bloß theoretische, sondern auch praktische Vollkommenheit zu bezeichnen. Ich würde sie definiren als die vollendete, richtige Erkenntniß der Dinge, im Ganzen und Allgemeinen, die den Menschen so völlig durchdrungen hat, daß sie nun auch in seinem Handeln hervortritt, indem sie sein Thun überall leitet.« (P II, § 339, 637)
↑ Erkenntnisweisen, Wahre Philosophie

Vorstellung In Zusammenhang mit Schopenhauers idealistischer Grundansicht bedeutet dieser zentrale Begriff, daß *jeder* Gegenstand, der angeschaut oder gedacht werden kann, *nur in bezug* auf ein Bewußtsein existiert.
Schopenhauer löst die Existenz der Dinge in Bewußtseinsinhalte auf. Das Sein der Dinge ist ein Vorgestelltsein. Die Welt ist nicht einfach da, wie es den Anschein hat, sie wird vielmehr in den vielen Arten ihrer Gegenständlichkeit allererst durch ein erkennendes Subjekt hervorgebracht, d. h. vorgestellt. Dies drückt auch die häufig verwendete Formel »Kein Objekt ohne Subjekt« aus. Anders gesagt: Das Objekt bleibt außerhalb seiner Beziehung auf das Subjekt nicht mehr Objekt. Statt von Subjekt spricht Schopenhauer auch, je nachdem von welchem Blickwinkel aus er den Sachverhalt betrachtet, von Intellekt oder Gehirn: »Was ist *Vorstellung*? – Ein sehr komplicirter *physiologischer* Vorgang im Gehirne eines Thieres, dessen Resultat das Bewußtseyn eines *Bildes* eben daselbst ist.« (W II, Kap. 18, 214)
Vorstellung kann eine konkrete Anschauung, aber auch ein abstrakter Begriff sein. Es wird die anschauliche Vorstellung von der abstrakten Vorstellung unterschieden. In jedem Fall ist die Vorstellung ein »Gehirnphänomen«, konstituiert durch die »Vorstellungsmaschine in meinem Hirnkasten« (P II, § 29, 45). Zu beachten ist die Radikalität, die mit dieser Auffassung verbunden ist. Es gibt nur Vorstellungen und nicht außerdem noch Gegenstände der Vorstellungen. Es gibt also nicht noch Gegenstände, die unabhängig und außerhalb des Bewußtseins den Vorstellungen des Bewußtseins auf irgendeine Weise entsprächen. Schopenhauer spricht hier von einer fehlerhaften Verdopplung. Er kommt zu dem Resultat, »daß die Welt, so wie wir sie erkennen, auch nur für unsere Erkenntniß daist, mithin in der *Vorstellung*

allein, und nicht noch ein Mal außer derselben« (W II, Kap. 1, 11 f.). »Das vorgestellte Ding und die Vorstellung von ihm ist das Selbe, aber auch nur das *vorgestellte* Ding, nicht das Ding *an sich* selbst: dieses ist stets *Wille*, unter welcher Gestalt auch immer er sich in der Vorstellung darstellen mag.« (P I, 21)
Der Wille als Ding an sich hat trotz des (von Schopenhauer nicht geschätzten) Ausdrucks - *Ding* an sich - nichts mit einem Ding, einem Gegenstand zu tun. Er ist daher etwas, das sich letztlich nicht mehr vorstellen, nicht mehr vergegenständlichen, nicht mehr zu einem Objekt der Erkenntnis machen läßt.
Schopenhauer ist sich klar darüber, daß er das, was er sich unter *Vorstellung vorstellt*, nicht definieren kann. In einer Vorlesung gesteht er seinen Studenten: »Also die *Vorstellung*. Ich kann nicht damit anfangen sie zu definiren, um sie ihnen dadurch bekannt zu machen. Denn wenn ich das versuchen wollte, so würde meine Definition immer schon das *definiendum* [das, was definiert werden soll] voraussetzen; denn sie selbst gehört mit zur Vorstellung und alles wodurch sie erklären wollte was *Vorstellung* sei, ebenfalls. Alles, was Vorstellung überhaupt sei, muß ich als bekannt voraussetzen.« (VN I, Dianoiologiae Exordium, 65) Der Terminus *Vorstellung* ist so weit gefaßt, daß alles, wodurch er definiert werden könnte, selbst wieder Vorstellung ist, so daß dasselbe durch dasselbe erklärt wird, wodurch ein Zirkel entsteht. Dies besagt auch der Satz: »Die Wahrheit ist, daß man auf dem Wege der Vorstellung nie über die Vorstellung hinaus kann.« (W I, Kant-Anhang, 596)
↑ Die Welt ist meine Vorstellung, Intellektualität der Anschauung, Ding an sich, Zellerscher Zirkel

Vorstellungsmaschine »Die Zeit scheint uns aber so sehr *sich von selbst zu verstehn*, daß wir, statt so zu fragen, gar kein Daseyn ohne sie denken können: sie ist uns die bleibende Voraussetzung aller Existenz. Eben dieses beweist, daß sie eine bloße Form unsers Intellekts, d. i. Erkenntnisapparats, ist, in der, eben wie im Raum, Alles sich darstellen muß: daher eben mit dem Gehirn die Zeit, samt aller auf sie gegründeten Ontologie der Wesen wegfällt. - Das Gleiche läßt sich auch am Raume nachweisen, sofern ich alle Welten, so viele ihrer seyn mögen, hinter mir lassen, jedoch nimmermehr aus dem Raume hinaus gelangen

kann, sondern ich diesen überall mitbringe; weil er meinem Intellekt anhängt und zur Vorstellungsmaschine in meinem Hirnkasten gehört.« (P II, § 29, 45)
↑ Idealität von Zeit und Raum

Vorüberfliegende Wesen »Wir sind eben bloß zeitliche, endliche, vergängliche, traumartige, wie Schatten vorüberfliegende Wesen; was sollte solchen ein Intellekt, der unendliche, ewige, absolute Verhältnisse faßte?« (P II, § 60, Anhang, 94)

W

Wahnsinn Schopenhauer gelingt - eher nebenbei - der Durchbruch zu einem neuen, der Psychoanalyse vorgreifenden Verständnis psychischer Erkrankungen. Er selbst macht, unbefriedigt von den vordergründigen Klassifikationen der Psychiatrie seiner Zeit, Besuche in Irrenhäusern (vgl. VN III, Kap. 6, 81), um *aufgrund eigener Erfahrungen* über das Phänomen des Wahnsinns und des Gedächtnisses Aufschluß zu finden. Sein Ansatz lautet: Wahnsinn ist ein lebensgeschichtlich entstandenes, daher grundsätzlich sinnverstehend nachvollziehbares Resultat der Verarbeitung von unerträglichem Leid. Dieses Leid wird aus dem Bewußtsein verdrängt und durch Fiktionen ersetzt, so daß der Zusammenhang der Rückerinnerung - Schopenhauers wie Sigmund Freuds Kriterium für psychische Gesundheit - zum Zweck eines heilenden Selbstschutzes unbewußt verfälscht werden muß. »Diese Theorie des Wahnsinns«, lehrt Schopenhauer 1820 den Hörern seiner Vorlesung an der Berliner Universität, »bestätigt sich auch durch Betrachtung der Art wie der Wahnsinn entsteht. Die Disposition zum Wahnsinn ist gewiß verschieden, und der Grad derselben trägt wohl am meisten zum Ausbruch des Wahnsinns bei: jedoch bedarf es eines Anlasses und vielleicht könnte ein sehr starker Anlaß einen Jeden wahnsinnig machen. Der Anlaß ist in der Regel ein heftiges geistiges Leiden, unerwartet gekränkter Stolz, heftige Liebe die abgewiesen wird, überhaupt unerwartete entsetzliche Begebenheiten jeder Art. Ich erkläre dies folgendermaaßen. – Ein jedes Leiden ist als wirkliche Begebenheit immer in der Gegenwart, die aber ist vorübergehend, sobald es daher nicht physisch etwa den Leib aufreibt, so ist es als geistiges Leiden noch immer nicht übermäßig schwer, weil es nicht bleibend ist: ein überschwenglich großes Leiden muß bleibend und ohne Ende seyn: das kann es aber nur sofern es ein *in abstracto* ein für allemal und als unabänderlich Erkanntes, also eine Sache des Denkens, des Wissens ist: dann aber liegt es bloß im Gedächtniß, als ein bleibender Kummer, ein schmerzliches Wissen um ein unabänderliches Geschehenes oder Verhältniß, ein unerträglicher Gedanke: wenn nun ein solches Leiden, das im denkenden Bewußtseyn liegt, den Grad erreicht, daß es dem Individuo schlechthin unerträglich fällt, das Individuum sich schlechterdings nicht darüber beruhigen kann, so würde dieser Kummer es aufreiben, das Leben müßte ihm unterliegen: In diesem Fall nun greift die dermaaßen geängstigte Natur zum Wahnsinn, als zum letzten Rettungsmittel des Lebens: sie schüttelt gleichsam den Gedanken ab, der das Daseyn des Individuums untergräbt; reißt ihn aus dem Bewußtseyn heraus, sie greift daher den Sitz des Uebels an, das Gedächtniß, denn da liegt der quälende Gedanke: der Wahnsinn ist der *Lethe* übergroßer Schmerzen [*Lethe* ist in der griechischen Sage ein Quell in der Unterwelt, aus dem die Seelen Vergessenheit trinken]; dies geschieht, indem nun der sosehr gepeinigte Geist gleichsam den Faden der Rückerinnerung zerreißt und die Lücke, welche dadurch entsteht, ausfüllt mit den ersten besten Fiktionen: so flüchtet er gleichsam von dem seine Kräfte übersteigenden geistigen Schmerz zum Wahnsinn. Es ist damit so wie man ein vom Brande angegriffenes Bein abnimmt und ein hölzernes an die Stelle einfügt. Sobald der Wahnsinn eingetreten ist, ist der geistige Schmerz verschwunden, ein Beweis daß der Wahnsinn das Heilmittel war.« (VN I, Kap. 3, 395 f.)

Das Zitat zeigt u. a. auch eindringlich, wie sehr die psychische Erkrankung zunächst ein »Gewinn« für den Erkrankten darstellt und weshalb dieser mit allen Kräften viele Widerstände aufbietet, um an seiner Krankheit festhalten zu können. Mit therapeutischen Fragen allerdings hat sich Schopenhauer nicht beschäftigt. In der Vorlesung kommt er zu der zusammenfassenden

Charakterisierung: »Man kann sagen der Wahnsinn besteht im unbewußten Lügen.« (VN I, Kap. 3, 393)
↑ Gemüt, Unentdeckter Mensch, Wille und Intellekt, Geschichte

Wahre Philosophie »Eine wahre Philosophie [läßt] sich nicht herausspinnen aus bloßen, abstrakten Begriffen; sondern muß gegründet seyn auf Beobachtung und Erfahrung, sowohl innere, als äußere. [...] Sie muß, so gut wie Kunst und Poesie, ihre Quelle in der anschaulichen Auffassung der Welt haben: auch darf es dabei, so sehr auch der Kopf oben zu bleiben hat, doch nicht so kaltblütig hergehn, daß nicht am Ende der ganze Mensch, mit Herz und Kopf, zur Aktion käme und durch und durch erschüttert würde.« (P II, § 9, 9)
↑ Anschauung und Begriff, Wolkengebilde der Vernunft

Wahrheit »Wenn ein Tabulettkrämer den Herren Haarnadeln und den Damen Pfeifenköpfe anbietet, so lacht man über seine Dummheit; – aber wie viel toller ist der Einfall des Philosophen, der die *Wahrheit* zu Markte trägt, und sie an die *Menschen* abzusetzen hofft: die *Wahrheit – für die Menschen*!! –« (HN III, 237)
Diese resignative Notiz verfaßt Schopenhauer im Jahr 1826. Die *Welt als Wille und Vorstellung* (W I) erschien 1819 und hat in der Zwischenzeit so gut wie keine Beachtung gefunden. In diesem Werk schlägt er bezüglich dieses Aspekts noch einen anderen, eher kämpferisch-optimistischen Ton an. »Und zum Trost Derer, welche dem edlen und so schweren Kampf gegen den Irrthum, in irgend einer Art und Angelegenheit, Kraft und Leben widmen, kann ich mich nicht entbrechen, hier hinzuzusetzen, daß zwar so lange, als die Wahrheit noch nicht dasteht, der Irrthum sein Spiel treiben kann, wie Eulen und Fledermäuse in der Nacht: aber eher mag man erwarten, daß Eulen und Fledermäuse die Sonne zurück in den Osten scheuchen werden, als daß die erkannte und deutlich und vollständig ausgesprochene Wahrheit wieder verdrängt werde, damit der alte Irrthum seinen breiten Platz nochmals ungestört einnehme. Das ist die Kraft der Wahrheit, deren Sieg schwer und mühsam, aber dafür, wenn ein Mal errungen, ihr nicht mehr zu entreißen ist.« (W I, § 8, 42 f.)
↑ Spröde Schöne, After-a priori

Wassersuppen »Die sogenannten Menschen sind fast durchgängig nichts andres als Wassersuppen mit etwas Arsenik.« (HN I, 397)

Welt »Nach meiner Philosophie ist [die Welt] die Erscheinung der Bejahung des Willens zum Leben.« (HN IV 1, 252)
↑ Objektität/Objektivation, Bedürfnis, Endloses Streben

Weltenschwangeres Nichts »Wenn wir [...] den Blick vorwärts, weit hinaus in die Zukunft werfen, die künftigen Generationen, mit den Millionen ihrer Individuen, in der fremden Gestalt ihrer Sitten und Trachten uns zu vergegenwärtigen suchen, dann aber mit der Frage dazwischenfahren: Woher werden diese Alle kommen? Wo sind sie jetzt? – Wo ist der reiche Schooß des weltenschwangeren Nichts, der sie noch birgt, die kommenden Geschlechter? – Wäre darauf nicht die lächelnde und wahre Antwort: Wo anders sollen sie seyn, als dort, wo allein das Reale stets war und seyn wird, in der Gegenwart und ihrem Inhalt, also bei Dir, dem bethörten Frager, der, in diesem Verkennen seines eigenen Wesens, dem Blatte am Baume gleicht, welches im Herbst welkend und im Begriff abzufallen, jammert über seinen Untergang und sich nicht trösten lassen will durch den Hinblick auf das frische Grün, welches im Frühling den Baum bekleiden wird, sondern klagend spricht: ›Das bin ja Ich nicht! Das sind ja ganz andere Blätter!‹ – O thörichtes Blatt! Wohin willst du? Und woher sollen andere kommen? Wo ist das Nichts, dessen Schlund du fürchtest? – Erkenne doch dein eigenes Wesen, gerade Das, was vom Durst nach Daseyn so erfüllt ist, erkenne es wieder in der innern, geheimen, treibenden Kraft des Baumes, welche, stets *eine* und die selbe in allen Generationen von Blättern, unberührt bleibt vom Entstehn und Vergehn.« (W II, Kap. 41, 546) – Schopenhauer setzt den Homer-Vers hinzu: »Gleich wie Blätter am Baume, so sind die Geschlechter der Menschen« [Ilias VI, 146].«
↑ Gegenwart, Oupnekhat

Weltgericht »Die Welt selbst ist das Weltgericht.« (HN III, 25)
↑ Ewige Gerechtigkeit

Weltklugheit »›Weder lieben, noch hassen‹ enthält die Hälfte aller Weltklugheit: ›nichts sagen und nichts glauben‹ die andere Hälfte.« (P I, Aphorismen, Kap. 5, 497)
↑ Einsamkeit, Masken

Weltschöpfung »Denkt man sich einen schaffenden Dämon, so wäre man doch berechtigt, auf seine Schöpfung weisend, ihm zuzurufen: ›Wie wagtest Du die heilige Ruhe des Nichts abzubrechen, um eine solche Masse von Wehe und Jammer hervorzurufen!‹« (HN III, 202 f.)
↑ Selige Ruhe des Nichts

Wille und Intellekt Schopenhauer entwirft im Ansatz eine neuartige Psychologie des Unbewußten. Sie baut auf das Primat des Willens und die untergeordnete Stellung des Intellekts auf. Die neue »Kenntniß des innern Menschen« wird in dem bedeutenden Kapitel des Hauptwerks, »Vom Primat des Willens im Selbstbewußtseyn« (W II, Kap. 19), vorgestellt. Den springenden Punkt dieses lierarisch exzellent abgefaßten Kapitels bringt Schopenhauer an einer Stelle sehr schlicht auf die kleine Formel: »Was dem Herzen widerstrebt, läßt der Kopf nicht ein.« (W II, Kap. 19, 244) – Sigmund Freud weist darauf hin, daß der »große Denker Schopenhauer« einer der »Vorgänger« der Psychoanalyse ist.
Der Wille als Ding an sich ist die »bewußtlose« Substanz des Menschen, der Intellekt das bewußte Akzidens. Das Verhältnis von Wille und Intellekt ist ein Herr-Knecht-Verhältnis. Der Intellekt ist ein »bloßer Sklave und Leibeigner des Willens«. Dieser Sachverhalt wird in dem großen Kapitel von vielen Blickwinkeln aus beleuchtet und durch konkrete Beispiele aus dem Alltag erläutert: »Das hier dargelegte Verhältniß des Willens zum Intellekt ist ferner auch darin zu erkennen, daß der Intellekt den Beschlüssen des Willens ursprünglich ganz fremd ist. Er liefert ihm die Motive: aber wie sie gewirkt haben, erfährt er erst hinterher, völlig *a posteriori*; wie wer ein chemisches Experiment macht, die Reagenzien heranbringt und dann den Erfolg abwartet. Ja, der Intellekt bleibt von den eigentlichen Entscheidungen und geheimen Beschlüssen des eignen Willens so sehr ausgeschlossen, daß er sie bisweilen, wie die eines fremden, nur durch Belau-

schen und Ueberraschen erfahren kann, und ihn auf der That seiner Aeußerungen ertappen muß, um nur hinter seine wahren Absichten zu kommen. Z. B. ich habe einen Plan entworfen, dem aber bei mir selbst noch ein Skrupel entgegensteht, und dessen Ausführbarkeit andererseits, ihrer Möglichkeit nach, völlig ungewiß ist, indem sie von äußern, noch unentschiedenen Umständen abhängt; daher es vor der Hand jedenfalls unnöthig wäre, darüber einen Entschluß zu fassen; weshalb ich die Sache für jetzt auf sich beruhen lasse. Da weiß ich nun oft nicht, wie fest ich schon mit jenem Plan im Geheimen verbrüdert bin und wie sehr ich, trotz dem Skrupel, seine Ausführung wünsche: d. h. mein Intellekt weiß es nicht. Aber jetzt komme nur eine der Ausführbarkeit günstige Nachricht: sogleich steigt in meinem Innern eine jubelnde, unaufhaltsame Freudigkeit auf, die sich über mein ganzes Wesen verbreitet und es in dauernden Besitz nimmt, zu meinem eigenen Erstaunen. Denn jetzt erst erfährt mein Intellekt, wie fest bereits mein Wille jenen Plan ergriffen hatte und wie gänzlich dieser ihm gemäß war, während der Intellekt ihn noch für ganz problematisch und jenem Skrupel schwerlich gewachsen gehalten hatte. – Oder, in einem andern Fall, ich bin mit großem Eifer eine gegenseitige Verbindlichkeit eingegangen, die ich meinen Wünschen sehr angemessen glaubte. Wie nun, beim Fortgang der Sache, die Nachtheile und Beschwerden fühlbar werden, werfe ich auf mich den Verdacht, daß ich was ich so eifrig betrieben wohl gar bereue: jedoch reinige ich mich davon, indem ich mir die Versicherung gebe, daß ich, auch ungebunden, auf dem selben Wege fortfahren würde. Jetzt aber löst sich unerwartet die Verbindlichkeit von der andern Seite auf, und mit Erstaunen nehme ich wahr, daß dies zu meiner großen Freude und Erleichterung geschieht. – Oft wissen wir nicht was wir wünschen, oder was wir fürchten. Wir können Jahre lang einen Wunsch hegen, ohne ihn uns einzugestehn, oder auch nur zum klaren Bewußtseyn kommen zu lassen; weil der Intellekt nichts davon erfahren soll; indem die gute Meinung, welche wir von uns selbst haben, dabei zu leiden hätte: wird er aber erfüllt, so erfahren wir an unserer Freude, nicht ohne Beschämung, daß wir dies gewünscht haben: z. B. den Tod eines nahen Anverwandten, den wir beerben. Und was wir eigentlich fürchten, wissen wir bisweilen nicht; weil uns der

Muth fehlt, es uns zum klaren Bewußtseyn zu bringen. – Sogar sind wir oft über das eigentliche Motiv, aus dem wir etwas thun oder unterlassen, ganz im Irrthum, – bis etwan endlich ein Zufall uns das Geheimniß aufdeckt und wir erkennen, daß was wir für das Motiv gehalten, es nicht war, sondern ein anderes, welches wir uns nicht hatten eingestehn wollen, weil es der guten Meinung, die wir von uns selbst hegen, keineswegs entspricht. Z. B. wir unterlassen etwas, aus rein moralischen Gründen, wie wir glauben; erfahren jedoch hinterher, daß bloß die Furcht uns abhielt, indem wir es thun, sobald alle Gefahr beseitigt ist. In einzelnen Fällen kann es hiemit soweit gehen, daß ein Mensch das eigentliche Motiv seiner Handlung nicht ein Mal muthmaaßt, ja, durch ein solches bewogen zu werden sich nicht für fähig hält: dennoch ist es das eigentliche Motiv seiner Handlung. – Beiläufig haben wir an allem Diesen eine Bestätigung und Erläuterung der Regel des Larochefoucauld: *l'amour-propre est plus habile que le plus habile homme du monde* [Die Eigenliebe ist gewandter als der gewandteste Weltmann]; ja, sogar einen Kommentar zum Delphischen [...] [Erkenne dich selbst] und dessen Schwierigkeit.« (W II, Kap. 19, 233–235) Die traditionelle Auffassung der Philosophen, daß der Intellekt unser eigentliches Wesen ausmacht und die Willensbeschlüsse lediglich Ergebnis der Erkenntnis sind, ist falsch.

Das Denken wird durch die »Gaukeleien der Neigungen« korrumpiert, »verfälscht«: »Die *Hoffnung* läßt uns was wir wünschen, die *Furcht* was wir besorgen, als wahrscheinlich und nahe erblicken, und Beide vergrößern ihren Gegenstand. Plato [...] hat sehr schön die *Hoffnung* den Traum des Wachenden genannt. Ihr Wesen liegt darin, daß der Wille seinen Diener, den *Intellekt*, wann dieser nicht vermag das Gewünschte herbeizuschaffen, nöthigt, es ihm wenigstens vorzumalen, überhaupt die Rolle des Trösters zu übernehmen, seinen Herrn, wie die Amme das Kind, mit Mährchen zu beschwichtigen und diese aufzustutzen, daß sie Schein gewinnen; wobei nun der Intellekt seiner eigenen Natur, die auf Wahrheit gerichtet ist, Gewalt anthun muß, indem er sich zwingt, Dinge, die weder wahr, noch wahrscheinlich, oft kaum möglich sind, seinen eigenen Gesetzen zuwider, für wahr zu halten, um nur den unruhigen und unbändigen *Willen* auf eine Weile zu beschwichtigen, zu beruhigen und einzuschläfern. Hier sieht man deutlich, wer Herr und wer Diener ist.«(W II, Kap. 19, 242 f.)

Der Wille übt einen unbewußten Einfluß auf die Erkenntnis aus. Schopenhauer wird in seinen Formulierungen, die auch ein neues Licht auf die Komplexität von Voreingenommenheiten und Vorurteilen werfen, immer nachdrücklicher: »*Liebe* und *Haß* verfälschen unser Urtheil gänzlich: an unsern Feinden sehn wir nichts, als Fehler, an unsern Lieblingen lauter Vorzüge, und selbst ihre Fehler scheinen uns liebenswürdig. Eine ähnliche geheime Macht übt unser *Vortheil*, welcher Art er auch sei, über unser Urtheil aus: was ihm gemäß ist, erscheint uns alsbald billig, gerecht, vernünftig; was ihm zuwider läuft, stellt sich uns, im vollen Ernst, als ungerecht und abscheulich, oder zweckwidrig und absurd dar. Daher so viele Vorurtheile des Standes, des Gewerbes, der Nation, der Sekte, der Religion. Eine gefaßte Hypothese giebt uns Luchsaugen für alles sie Bestätigende, und macht uns blind für alles ihr Widersprechende. Was unserer Partei, unserm Plane, unserm Wunsche, unserer Hoffnung entgegensteht, können wir oft gar nicht fassen und begreifen, während es allen Andern klar vorliegt: das jenen Günstige hingegen springt uns von ferne in die Augen.« (W II, Kap. 19, 244)

Grundsätzlich gesagt: Schopenhauers Neuansatz einer Psychologie des Unbewußten beinhaltet einen Bruch mit der Tradition. Der alte Begriff von der Seele wird verabschiedet. Die Seele ist nichts ursprünglich Einfaches, sondern etwas - für eine endliche Zeitspanne - Zusammengesetztes: eine vergängliche Verbindung aus Wille und Intellekt. Der Intellekt ist als eine bloße Gehirnfunktion durch den Organismus bedingt. Mit dem Tod des Organismus geht auch der Intellekt - und damit das Ich-Bewußtsein - zugrunde. Der Wille ist das Primäre, der Organismus das Sekundäre, der Intellekt das Tertiäre: »Wäre nun der Intellekt nicht etwas vom Willen völlig Verschiedenes, sondern, wie man es bisher ansah, Erkennen und Wollen in der Wurzel Eins und gleich ursprüngliche Funktionen eines schlechthin einfachen Wesens; so müßte mit der Aufregung und Steigerung des Willens, darin der Affekt besteht, auch der Intellekt mit gesteigert werden: allein er wird, wie wir gesehn haben, vielmehr dadurch gehindert und deprimirt, weshalb die Alten den Affekt *animi perturbatio* [Geistesverwirrung] nannten. Wirklich gleicht der Intellekt der Spiegelfläche des Wassers, dieses selbst aber dem Willen, dessen Erschütterung daher die Reinheit jenes Spiegels und die Deutlichkeit seiner Bilder sogleich aufhebt. Der *Organismus* ist der Wille selbst, ist verkörperter, d. h. objektiv im Gehirn angeschauter *Wille*: deshalb werden durch die freudigen und überhaupt die rüstigen Affekte manche seiner Funktionen, wie Respiration, Blutumlauf, Gallenabsonderung, Muskelkraft, erhöht und beschleunigt. Der *Intellekt* hingegen ist die bloße Funktion des *Gehirns*, welches vom Organismus nur parasitisch genährt und getragen wird: deshalb muß jede Perturbation des *Willens*, und mit ihm des *Organismus*, die für sich bestehende und keine andern Bedürfnisse, als nur die der Ruhe und Nahrung kennende Funktion des Gehirns stören oder lähmen.« (W II, Kap. 19, 242)

Mit Rückgriff auf die Fabel *Der Blinde und der Lahme* von Christian Fürchtegott Gellert kleidet Schopenhauer das Verhältnis von Wille und Intellekt in ein Gleichnis: »In Wahrheit aber ist das treffendeste Gleichniß für das Verhältniß Beider der starke Blinde, der den sehenden Gelähmten auf den Schultern trägt.« (W II, Kap. 19, 233)

↑ Grundwahrheit meiner Lehre, Primat des Willens

Wille/Wille zum Leben Grundbegriffe der Metaphysik Schopenhauers, die das Wesen des Menschen und aller Dinge bezeichnen. Der Wille als das Ding an sich ist ein blinder universeller Lebensdrang. Er ist ohne Erkenntnis, ohne Bewußtsein, ohne Raum und Zeit, ohne Grund, ohne Zweck, ohne Ziel, ohne Grenzen. Der Wille zum Leben findet sich nicht infolge der Welt ein, sondern die Welt infolge des Willens zum Leben. - *Wille* und *Wille zum Leben* sind sinngleiche Ausdrücke (vgl. W I, § 54, 324).

Der Wille zum Leben ist das »Erste und Unbedingte«, die »Prämisse aller Prämissen« (W II, Kap. 28, 410). Von ihm hat die Philosophie auszugehen: »Jeder Blick auf die Welt, welche zu erklären die Aufgabe des Philosophen ist, bestätigt und bezeugt, daß *Wille zum Leben*, weit entfernt eine beliebige Hypostase, oder gar ein leeres Wort zu seyn, der allein wahre Ausdruck ihres innersten Wesens ist. Alles drängt und treibt zum *Daseyn*, wo möglich zum *organischen*, d. i. zum *Leben*, und danach zur möglichsten Steigerung desselben: an der thierischen Natur wird es dann augenscheinlich, daß *Wille zum Leben* der Grundton ihres Wesens, die einzige unwandelbare und unbedingte Eigenschaft desselben ist. Man betrachte diesen universellen Lebensdrang, man sehe die unendliche Bereitwilligkeit, Leichtigkeit und Ueppigkeit, mit welcher der Wille zum Leben, unter Millionen Formen, überall und jeden Augenblick, mittelst Befruchtungen und Keimen, ja, wo diese mangeln, mittelst *generatio aequivoca* [Urzeugung], sich ungestüm ins Daseyn drängt, jede Gelegenheit ergreifend, jeden lebensfähigen Stoff begierig an sich reißend: und dann wieder werfe man einen Blick auf den entsetzlichen Allarm und wilden Aufruhr desselben, wann er in irgend einer einzelnen Erscheinung aus dem Daseyn weichen soll; zumal wo dieses bei deutlichem Bewußtseyn eintritt. Da ist es nicht anders, als ob in dieser einzigen Erscheinung die ganze Welt auf immer vernichtet werden sollte, und das ganze Leben eines so bedrohten Lebenden verwandelt sich sofort in das verzweifelteste Sträuben und Wehren gegen den Tod. Man sehe z. B. die unglaubliche Angst eines Menschen in Lebensgefahr, die schnelle und so ernstliche Teilnahme jedes Zeugen derselben und den gränzenlosen Jubel nach der Rettung. Man sehe das starre Entsetzen, mit welchem ein Todesurtheil vernommen wird, das tiefe Grausen, mit welchem wir die Anstalten zu dessen Vollziehung erblicken, und das herzzerreißende Mitleid, welches uns bei dieser selbst ergreift. Da sollte man glauben, daß es sich um etwas ganz Anderes handelte, als bloß um einige Jahre weniger einer leeren, traurigen, durch Plagen jeder Art verbitterten und stets ungewissen Existenz; vielmehr müßte man denken, daß Wunder was daran gelegen sei, ob Einer etliche Jahre früher dahin gelangt, wo er, nach einer ephemeren Existenz, Billionen Jahre zu seyn hat. – An solchen Erscheinungen also wird sichtbar, daß ich mit Recht als das nicht weiter Erklärliche, sondern jeder Erklärung zum Grunde zu Legende, den *Willen zum Leben* gesetzt habe, und daß dieser, weit entfernt, wie das Absolutum, das Unendliche, die Idee und ähnliche Ausdrücke mehr, ein reiner Wortschall zu seyn, das Allerrealste ist, was wir kennen, ja, der Kern der Realität selbst.« (W II, Kap. 28, 399 f.)

Der »Erklärungsgrund« der Welt ist der Urquell des Lebens, der blinde Drang zum Dasein. »Lebenwollen, das sind wir selbst.« (HN III, 257) *Daß* wir leben wollen, ist nicht etwas, das, ehe es eintritt, dem Intellekt zur Wahl gestellt ist. »Lebenwollen ist ein *Prius* des Intellekts.« (HN III, 257) Die Philosophie muß dem Rechnung tragen. »Zum Ausgangspunkt, welcher der Erklärungsgrund alles Uebrigen werden soll, muß man das nehmen, was schlechterdings nicht weiter zu erklären, aber eben so wenig zu bezweifeln ist, das seinem Daseyn nach Gewisse, aber Unerklärliche. Dies ist *der Wille zum Leben.*« (HN III, 243) Nimmt man irgend etwas anderes zum Ausgangspunkt, so hat man diesen blinden Drang zum Dasein - dieses *Daß* des Lebenwollens - daraus abzuleiten: »das wird nie gehen« (HN III, 243).

Die Philosophie Schopenhauers ist der Versuch, das Leben aus sich selbst heraus zu verstehen und zu erklären. Sie reflektiert dabei kritisch Voraussetzungen des Erkennens. So ist es für Schopenhauer letztlich unmöglich, weil unredlich, einen absoluten Standpunkt außerhalb des Lebens einzunehmen. Wir philosophieren als Lebende, als Menschen, die in ihrem Willen zu leben an ein Bewußtsein gebunden sind. Aufgrund dieser prinzipiellen Lebens- und Bewußtseinsimmanenz stellt Schopenhauer methodisch pointiert heraus, daß es richtiger ist, die Welt aus dem Menschen verstehen zu lehren als den Menschen aus der Welt (vgl. W II, Kap. 50, 739). - Diese grundsätzliche Überzeugung bringt Schopenhauer bereits in der zeitgenössischen Sekundärliteratur den Vorwurf ein, seine Philosophie betreibe eine Anthropomorphisierung, also eine Vermenschlichung der Welt.

↑ Ding an sich, Erkenntnis und Erscheinung, Täuschung und Enttäuschung

Wirklichkeit »Wie unfähig das Menschengeschlecht überhaupt zur Philosophie sei, beweist unter anderm dies, daß dem *Idealismus* noch stets ein *Realismus* getrost entgegentritt, mit der Behauptung, die Dinge wären nicht bloß vorgestellt, sie wären *wirklich* da. - Grade diese Wirklichkeit, mit allem was sie umfaßt, ist nur in der Vorstellung vorhanden, ist eine gewisse Ordnung in der Vorstellungen verknüpft sind.« (HN III, 641) »Schaue ich irgend einen Gegenstand, etwan eine Aussicht, an,

und denke mir, daß in diesem Augenblick mir der Kopf abgeschlagen würde; – so weiß ich, daß der Gegenstand unverrückt und unerschüttert stehn bleiben würde: – Dies implicirt aber im tiefsten Grunde, daß auch ich eben so noch daseyn würde. Dies wird Wenigen einleuchten, aber für diese Wenigen sei es gesagt.« (P II, § 28, 40)
↑ Idealistische Grundansicht, Außenwelt, Intellektualität der Anschauung

Wohlgefälliges Lächeln »Es giebt wenig Dinge, welche so sicher die Leute in gute Laune versetzen, wie wenn man ihnen ein beträchtliches Unglück, davon man kürzlich getroffen worden, erzählt, oder auch irgend eine persönliche Schwäche ihnen unverhohlen offenbart. – Charakteristisch!« (P I, 489)

Wolkengebilde der Vernunft Die *Vernunft* hat keinen eigenen Boden; ihr fester Boden ist das, was der *Verstand* ihr an empirischen Anschauungen vorgibt. Losgerissen von der Empirie, schwebt die Vernunft in der Luft. In der Philosophie haben dann die »Windbeutel«, die sophistischen »Begriffsarchitekten« das Wort.
Für Schopenhauer gilt: Der abstrakte Begriff verdankt sich der intuitiven Anschauung, gleichsam der Urquelle aller Erkenntnis, und muß aus diesem Grund direkt oder indirekt auf die ihn begründenden Anschauungen zurückgeführt werden können. »Diese Anschauungen also liefern den realen Gehalt alles unsers Denkens, und überall, wo sie fehlen, haben wir nicht Begriffe, sondern bloße Worte im Kopf gehabt.« (W II, Kap. 7, 76) Sie gleichen »Wolkengebilden« ohne Realität.
Der *Verstand* formt aus Empfindungen Anschauungen. Dies ist die »Intellektualität der Anschauung«, ein Produkt des Verstandes. Dieses Produkt wird durch die Begriffsbildungen und -operationen der *Vernunft* noch einmal weiterverarbeitet. Auf dieser Ebene der Vernunfttätigkeit gilt der »Satz vom Grund des Erkennens« (G, § 29, 105). Er regelt nach Maßgabe der Logik das Verbinden und Trennen von Begriffen, also das Urteilen, das »Denken im engeren Sinne«.
Das »fundamentale Geschäft der Vernunft« besteht darin, die konkreten Anschauungen in abstrakte Begriffe umzuformen.

Die Vernunft formt mit diesen Begriffen mittels Urteilen und Schlüssen gemäß dem Satz vom Grund des Erkennens die angeschaute, bildhafte Welt als Vorstellung in eine *gedachte* Welt als Vorstellung um. Aus dieser einzigen Tätigkeit der Vernunft geht hervor, daß ihre konstitutive Leistung lediglich eine formale und keine materiale ist. Sie kann bloß den vorhandenen, vom Verstand bereits vorgeformten Stoff der empirischen Realität (»Intellektualität der Anschauung«) noch einmal umformen, ohne dabei neuen, erkenntniserweiternden Stoff aus sich selbst heraus zu erzeugen.

Für eine kritische Philosophie ist deshalb die Nähe zur Anschauung unentbehrlich, weil durch die weiterverarbeitenden Tätigkeiten der Vernunft die Anschaulichkeit der primären konkreten Erfahrung zerstört wird und die Begriffe um so unwesentlicher ausfallen, je abstrakter und allgemeiner sie gebildet werden. Die höchsten, die allgemeinsten Begriffe sind nur noch »leichte Hülsen«. »Der gegebene Stoff jeder Philosophie ist demnach kein anderer, als das *empirische Bewußtseyn*, welches in das Bewußtseyn des eigenen Selbst (Selbstbewußtseyn) und in das Bewußtseyn anderer Dinge (äußere Anschauung) zerfällt. Denn dies allein ist das Unmittelbare, das wirklich Gegebene. Jede Philosophie, die, statt hievon auszugehn, beliebig gewählte abstrakte Begriffe, wie z. B. Absolutum, absolute Substanz, Gott, Unendliches, Endliches, absolute Identität, Seyn, Wesen u. s. w. u. s. w. zum Ausgangspunkt nimmt, schwebt ohne Anhalt in der Luft, kann daher nie zu einem wirklichen Ergebniß führen.« (W II, Kap. 7, 89 f.) »Begriffe sind freilich das Material der Philosophie, aber nur so, wie der Marmor das Material des Bildhauers ist: sie soll nicht *aus* ihnen, sondern *in sie* arbeiten, d h. ihre Resultate in ihnen niederlegen, nicht aber von ihnen, als dem Gegebenen ausgehn.« (W II, Kap. 7, 90) – Für Schopenhauer ist die Kritik an dieser Algebra mit bloßen Begriffen, die keine Anschauung kontrolliert, ein »Grundzug meiner Philosophie« (W II, Kap. 7, 96).

↑ Anschauung und Begriff, Luftschlösser, Sein, Verehrung

Wolkenkuckucksheim Wie wichtig Schopenhauer das rechte Verständnis des Begriffs »Ding an sich« ist, zeigt auch sein empörter und zorniger Brief an seinen Freund Julius Frauenstädt vom 21. August 1852. Auf keinen Fall soll das Ding an sich religiös, etwa im Sinn eines transzendenten Monotheismus, verstanden werden. Die Welt kündet von keinem überweltlichen Gott, sondern weist – immanent ausgelegt und gedeutet – allenthalben auf den *Menschen* hin: auf seinen Willen, auf seine Vorstellung.

Schopenhauer schreibt in diesem Brief: »Ich muß, mein werther Freund, mir alle ihre vielen und großen Verdienste um die Verkündigung meiner Philosophie vergegenwärtigen, um nur nicht außer aller Geduld und Fassung zu gerathen, bei Ihrem letzten Briefe. [...] Vergebens z. B. habe ich geschrieben, daß Sie das Ding an sich nicht zu suchen haben in Wolkenkukuksheim (d. h. da, wo der Judengott sitzt), sondern in den Dingen dieser Welt, – also im Tisch, daran Sie schreiben, im Stuhl unter Ihrem Werthesten. [...] Nennen Sie ihn also nur wie die Andern, in Ihrem Sinne philosophirenden Kamaraden, z. B. das Uebersinnliche, die *Gottheit*, das Unendliche, das Unvordenkliche, oder am schönsten, mit Hegel: ›die Uedäh‹ [schwäbisch für: Idee] – Wir wissen ja doch Alle was dahinter steckt: es ist der Herr von Absolut, der, wenn man ihn packt und sagt ›woher bist denn Du, Bursche?‹ – antwortet: ›Impertinente Frage! ich bin ja der Herr von Absolut, der keine Rechenschaft schuldig ist: das folgt ›analytisch aus meinem Namen‹. [...]

Meine Philosophie redet nie von Wolkenkukuksheim, sondern von *dieser Welt*, d. h. sie ist *immanent*, nicht transscendent. Sie liest die vorliegende Welt ab, wie eine Hieroglyphentafel (deren Schlüssel ich gefunden habe, im Willen) und zeigt ihren Zusammenhang durchweg. Sie lehrt, was die Erscheinung sei, und was das Ding an sich. Dieses aber ist Ding an sich bloß *relativ*, d. h. in seinem Verhältniß zur Erscheinung: – und diese ist Erscheinung bloß in ihrer Relation zum Ding an sich. Außerdem ist *sie* ein Gehirnphänomen. Was aber das Ding an sich *außerhalb* jener Relation sei, habe ich nie gesagt, weil ich's nicht weiß: *in* derselben aber ist's Wille zum Leben. [...] Was nun Das, was wir allein als Wille zum Leben und Kern dieser Erscheinung kennen, *außerdem* sein möge, wenn es nämlich Dieses *nicht mehr*, oder *noch nicht* ist, ist ein *transscendentes* Problem, d. h. ein solches, dessen Lösung die *Formen* unsers Intellekts, welche bloße Funktionen eines, zum Dienste der individuellen Willenserscheinung

bestimmten Gehirns sind, gar nie zu fassen und zu denken fähig sind; so daß, wenn es uns wirklich *offenbart* würde, wir durchaus nichts davon verstehen würden.« (B, 290 f.)
↑ Ding an sich

Wollust und Furcht »Wir werden ins *Leben* hineingelockt durch den ganz illusorischen Trieb zur Wollust; und darin festgehalten durch die gewiß eben so illusorische Furcht vor dem Tode.« (HN III, 404)
↑ Wille/Wille zum Leben, Bedürfnis, Endloses Streben

Wunder »Für den großen Haufen sind die einzigen faßlichen Argumente Wunder; daher alle Religionsstifter deren verrichten.« (P II, § 179, 408)
↑ Metaphysisches Bedürfnis, Dialog

Wurzel des Genies »Die Wurzel des Genies liegt also in der Art die anschauliche Welt zu erfassen, in der Reinheit der Anschauung.« (HN III, 21)
↑ Genie, Reines Subjekt des Erkennens

X

X »Demzufolge haben wir jenes universelle Grundwesen aller Erscheinungen, nach der Manifestation, in welcher es sich am unverschleiertesten zu erkennen giebt, *den Willen* benannt, mit welchem Worte wir demnach nichts weniger, als ein unbekanntes x, sondern, im Gegentheil, Dasjenige bezeichnen, was uns, wenigstens von *einer* Seite, unendlich bekannter und vertrauter ist, als alles Uebrige.« (W II, Kap. 25, 362)
Schopenhauer sagt zum universellen Grundwesen aller Erscheinungen, zum Ding an sich, auch klipp und klar: »*Kanten* war es = x; mir *Wille.*« (P II, § 61, 96)
↑ Ding an sich

Y

Yukatan »Vor einem Denkmal des Uralterthums, welches seine eigene Kunde überlebt hat, wie z. B. die Pyramiden, Tempel und Paläste in Yukatan, stehn wir so besinnungslos und einfältig, wie das Thier vor der menschlichen Handlung, in die es dienend verflochten ist, oder wie ein Mensch vor seiner eigenen alten Zifferschrift, deren Schlüssel er vergessen hat, ja, wie ein Nachtwandler, der was er im Schlafe gemacht hat, am Morgen vorfindet.« (W II, Kap. 38, 509)
Yukatan – die hohe Kultur der alten Maya – steht als Beispiel für die Schwierigkeit, durch das Studium der Geschichte »das durch den Tod unaufhörlich unterbrochene und demnach zerstückelte Bewußtseyn des Menschengeschlechts wieder zur Einheit herzustellen« (W II, Kap. 38, 509). Jede Lücke in der Geschichte ist wie eine Lücke im erinnernden Selbstbewußtsein eines Individuums.
↑ Geschichte

Z

Zahlenspielerei »Schon oft haben zu Zahlenspielerei Geneigte in den Zahlen des Geburts- oder Todesjahres grosser Männer ein bedeutsames Verhältniss finden wollen. Schopenhauer war nun zwar fern von solcher Spielerei; dennoch hat auch er sich einmal in einer müssigen Stunde mit der Zahl seines Geburtsjahres beschäftigt. Er schreibt nämlich in seinem Manuscriptenbuch ›Quartant‹ (angefangen zu Dresden 1824, im November): ›Spinoza starb den 21. Februar 1677: ich bin geboren den 22. Februar 1788, – also genau 111 Jahr, d. h. 100 Jahr + $^{1}/_{10}$ davon + $^{1}/_{10}$ hievon nach seinem Tode: oder man setze Eins zu jeder Zahl seines Todes-Tages (soweit es in diesem Jahrtausend möglich ist), so hat man meinen Geburtstag. It's very odd. – Pythagoras würde

sagen, - - - -.‹« (LF, S. 203 f.; vgl. HN III, 241) Der Gedanke schließt bedeutungsvoll mit vier Gedankenstrichen.
↑ Buchstabenquadrat

Zeit »Die Zeit ist eine Vorrichtung in unserm Gehirn, um *dem durchaus nichtigen Daseyn* der Dinge und unserer selbst einen Schein von Realität, mittelst der Dauer, zu geben.« (P II, § 147 a, 307)
↑ Idealität von Zeit und Raum

Zeitalter »Mein Zeitalter und ich sind fremd an einander vorbeigezogen.« (HN IV 1, 145)
↑ Kaspar Hauser

Zeitgeist »Der jedesmalige Zeitgeist gleicht einem scharfen Ostwinde, der durch Alles hindurchbläst.« (P II, § 233, 477)

Zellerscher Zirkel Eine Kritik Eduard Zellers (1814–1908), Philosophiehistoriker und Theologe, die in der Sekundärliteratur der »Zellersche Zirkel« genannt wird.
Zeller wirft Schopenhauer den paradoxen Zirkel vor, »daß die Vorstellung ein Produkt des Gehirns und das Gehirn ein Produkt der Vorstellung sein soll« (Eduard Zeller, *Geschichte der deutschen Philosophie seit Leibniz*, München 1873, S. 885 f.). Zeller bezieht sich auf Äußerungen Schopenhauers, daß das Gehirn ebenso zu den Erscheinungen der Außenwelt gehöre wie die Außenwelt nur eine Erscheinung des Gehirns sei. Dieses Paradoxon ist mit »Zellerscher Zirkel« gemeint.
Zeller gelangt zu der abschließenden Beurteilung: »Ein System, das in so grobe und handgreifliche Widersprüche ausläuft, kann immerhin viele fruchtbare Gedanken, viele werthvolle Wahrnehmungen enthalten, – und daß es dem schopenhauer'schen daran nicht fehle, mögen wir bereitwillig zugeben – aber als Ganzes, als System, ist es im besten Fall eine geistreiche Paradoxie« (a. a. O., S. 894). Vergleicht man diesen Vorwurf mit Originalstellen von Schopenhauer, so sieht man, daß er *von verschiedenen Standorten aus* vom Gehirn spricht. Eine Stelle vom Blickwinkel der Metaphysik aus gesehen lautet z. B.: »Das Gehirn selbst ist, sofern es *vorgestellt wird*, – also im Bewußtseyn ande-

rer Dinge, mithin sekundär, - selbst nur Vorstellung. An sich aber und sofern es *vorstellt*, ist es der Wille, weil dieser das reale Substrat der ganzen Erscheinung ist: sein Erkennenwollen objektivirt sich als Gehirn und dessen Funktionen.« (W II, Kap. 20, 294) Im Hinblick auf die Metaphysik stellt sich für Schopenhauer der Sachverhalt so dar: 1. der Wille wird als Ding an sich aufgefaßt, 2. der Leib als bloße sichtbare Objektivation des Willens und 3. die Erkenntnis als bloß organische Werkzeugfunktion eines Teils des Leibs, des Gehirns. Die Welt als Vorstellung - so vorgestellt - ist ein »Gehirnphänomen«.
Zur Vertiefung und Differenzierung der Problematik eignen sich folgende Textstellen bei Schopenhauer: W I, § 7, 30–41; VN I, 498–517; N, »Vergleichende Anatomie« und »Pflanzen-Physiologie«, 34–79; W II, »Objektivation des Willens im thierischen Organismus« und »Objektive Ansicht des Intellekts«, Kap. 20 und 22, 277–304 und 307–331. - Vgl. Volker Spierling, »Den Standort wechseln. Zur Rekonstruktion der Einheit der Philosophie Schopenhauers«, in: ders., *Arthur Schopenhauer. Eine Einführung in Leben und Werk*, Leipzig 1998, S. 221–240.
↑ Vorstellung, Kopf

Zentrum der Welt »In jedem lebenden Wesen ist das ganze *Centrum der Welt*.« (P II, § 66, 101)
↑ Jedes Wesen, Ganzheit der Philosophie

Zeugung und Tod »Die beständige Ernährung und Reproduktion ist nur dem Grade nach von der Zeugung, und die beständige Exkretion nur dem Grade nach vom Tode verschieden. [...] es erscheint eben so thöricht, Leichen einzubalsamiren, als es wäre, seine Auswürfe sorgfältig zu bewahren.« (W I, § 54, 326 f.)
In seinen *Philosophischen Vorlesungen* fügt Schopenhauer noch hinzu: »Die Leiche ist ein bloßes Exkrement der stets bestehenden menschlichen Form.« (VN IV, Kap. 2, 64)
↑ Platonische Idee

Zigarre »Surrogat der Gedanken« (P II, § 283, 575).
↑ Klappern

Zugänge Schopenhauer selbst erschwert die Lektüre seines zweibändigen, immerhin ca. 1400 Seiten umfassenden Hauptwerks - *Die Welt als Wille und Vorstellung* -, indem er weitere Schriften nennt, die der Leser bereits durchgearbeitet haben soll, z. B. Kants *Kritik der reinen Vernunft*, bevor er zu seinem Werk greift. Außerdem sei das Hautwerk zweimal zu lesen, um überhaupt verstanden werden zu können. Darüber hinaus darf keine einzige Zeile, die er geschrieben hat, ausgelassen werden. Mit grimmigem Humor, der keinen Spaß versteht, bemerkt er: »Der bis zur Vorrede, die ihn abweist, gelangte Leser hat das Buch für baares Geld gekauft und frägt, was ihn schadlos hält? - Meine letzte Zuflucht ist jetzt, ihn zu erinnern, daß er ein Buch, auch ohne es gerade zu lesen, doch auf mancherlei Art zu benutzen weiß. Es kann, so gut wie viele andere, eine Lücke seiner Bibliothek ausfüllen, wo es sich, sauber gebunden, gewiß gut ausnehmen wird. Oder auch er kann es seiner gelehrten Freundin auf die Toilette, oder den Theetisch legen. Oder endlich er kann ja, was gewiß das Beste von Allem ist und ich besonders rathe, es recensiren.« (W I, Vorrede, XIV)
Ungeachtet dieser fast lähmenden, entmutigenden Worte sollen dennoch vier wichtige, dabei gut lesbare, in sich relativ abgeschlossene Kapitel des zweiten Bandes des Hauptwerks (W II) für einen ersten Leseanlauf - nach subjektivem Dafürhalten - besonders hervorgehoben werden: Kapitel 1 - *Zur idealistischen Grundansicht* - führt gut in Schopenhauers komplexe Erkenntnistheorie ein. Kapitel 7 - *Vom Verhältniß der anschauenden zur abstrakten Erkenntniß* - zeigt eindringlich Schopenhauers erkenntniskritische Verankerung seiner Philosophie in der Anschauung. Kapitel 17 - *Ueber das metaphysische Bedürfniß des Menschen* - bietet für das methodische Verständnis von Schopenhauers Metaphysik, auch für sein Abweichen von Kant, eine grundlegende Darstellung. Kapitel 19 - *Vom Primat des Willens im Selbstbewußtseyn* - thematisiert Schopenhauers Umwertung des traditionellen Verständnisses von Wille und Intellekt.
↑ Ganzheit der Philosophie

Zum Leben verurteilt »In früher Jugend sitzen wir vor unserm bevorstehenden Lebenslauf, wie die Kinder vor dem Theatervorhang, in froher und gespannter Erwartung der Dinge, die da

kommen sollen. Ein Glück, daß wir nicht wissen, was wirklich kommen wird. Denn wer es weiß, dem können zu Zeiten die Kinder vorkommen wie unschuldige Delinquenten, die zwar nicht zum Tode, hingegen zum Leben verurtheilt sind, jedoch den Inhalt ihres Urtheils noch nicht vernommen haben. - Nichtsdestoweniger wünscht Jeder sich ein hohes Alter, also einen Zustand, darin es heißt: ›Es ist heute schlecht und wird nun täglich schlechter werden, - bis das Schlimmste kommt.‹« (P II, § 155, 317)
Die zeitliche Dauer des Lebens wie auch seine räumliche Ausdehnung samt seiner kausalen Verkettungen ist nur *Erscheinung* von etwas, das selbst außerhalb der Zeit, des Raumes, der Kausalität steht. »Unser Leben ist *mikroskopischer* Art: es ist ein untheilbarer Punkt, den wir durch die beiden starken Linsen Raum und Zeit auseinandergezogen und daher in höchst ansehnlicher Größe erblicken.« (P II, § 147 a, 307)
↑ Schicksal, Gegenwart

Zur Wirkungsgeschichte Schopenhauer hat weit über die Philosophie hinaus gewirkt. Dazu einige wenige Beispiele (entnommen aus: *Über Arthur Schopenhauer*, hrsg. von Gerd Haffmans, Zürich ^{3}1981):

»Es hat mich unsagbar belustigt, Schopenhauer zu lesen. Was er sagt, ist völlig wahr, und wiederum, was ich den Deutschen gönne, so grob wie nur ein Deutscher sein kann.«
(Sören Kierkegaard, 1813-1855)

»Kennen Sie Schopenhauer? Ich lese zwei Bücher von ihm. Idealist und Pessimist, eigentlich ein Buddhist. Das paßt mir.«
(Gustave Flaubert, 1821-1880)

»Wissen Sie, wie es mir in diesem Sommer erging? Ein unaufhörliches Entzücken über Schopenhauer und eine Reihe von geistigen Genüssen, wie ich sie nie gekostet habe. Ich habe mir all seine Werke kommen lassen und las und lese, übrigens Kant auch. Sicherlich hat noch nie ein Student in einem Semester so viel gelernt und erfahren, wie ich in diesem Sommer. Ich weiß nicht, ob ich nicht einmal meine Anschauung ändern werde,

aber jetzt bin ich überzeugt, daß Schopenhauer der genialste Mensch ist. Sie sagen er sei so-so, er habe einiges über Philosophie geschrieben. Was heißt einiges? Das ist die ganze Welt in einer unglaublich schönen und hellen Spiegelung. Ich habe angefangen, ihn zu übersetzen. Wollen Sie sich nicht auch dranmachen? Wir würden ihn zusammen herausgeben. Beim Lesen begreife ich nicht, wie sein Name unbekannt bleiben konnte. Es gibt nur eine Erklärung, dieselbe, die er so häufig wiederholt, daß es fast nur Idioten in der Welt gibt.«
(Lew Tolstoi,1828-1910)

»Was er *lehrte*, ist abgethan,/Was er *lebte*, bleibt bestahn, -/ Seht ihn nur an!/Niemandem war er unterthan.«
(Friedrich Nietzsche, 1844-1900)

»Er war ein tiefsinniger Mann, vielleicht der tiefste von allen. Er durchschaute das Elend und die Nichtigkeit des Erdenlebens.«
(August Strindberg, 1849-1912)

»Die wenigsten Menschen dürften sich klar gemacht haben, einen wie folgenschweren Schritt die Annahme unbewußter seelischer Vorgänge für Wissenschaft und Leben bedeuten würde. Beeilen wir uns aber hinzuzufügen, daß nicht die Psychoanalyse diesen Schritt zuerst gemacht hat. Es sind namhafte Philosophen als Vorgänger anzuführen, vor allem der große Denker Schopenhauer, dessen unbewußter ›Wille‹ den seelischen Trieben der Psychoanalyse gleichzusetzen ist. Derselbe Denker übrigens, der in Worten von unvergeßlichem Nachdruck die Menschen an die immer noch unterschätzte Bedeutung ihres Sexualstrebens gemahnt hat.«
(Sigmund Freud, 1856-1939)

»Schopenhauer - vergessen? Bei mir nicht! Er war doch ein gewaltiger Schriftsteller, und sein System bleibt ein bewundernswertes Kunstwerk [...] Er hat Freud anticipiert vor Nietzsche, der immer sein Schüler blieb. Seine ganze Setzung des Verhältnisses von Wille und Intellekt ist ja im Grunde Enthüllungs-, Demaskierungspsychologie.«
(Thomas Mann, 1875-1955)

»Schopenhauer ist ein Sprachkünstler. Daraus entspringt sein Denken. Wegen der Sprache allein muß man ihn unbedingt lesen.«
(Franz Kafka, 1883-1924)

»Ich kaufte drei Bände von *Die Welt als Wille und Vorstellung* und habe seit mehr als 40 Jahren immer wieder darin gelesen.«
(Charles Chaplin, 1889-1977)

»Das Denken Schopenhauers ist unendlich aktuell.«
(Max Horkheimer, 1895-1973)

»Für mich gibt es einen deutschen Schriftsteller, den ich allen anderen vorziehe: Schopenhauer. Ich weiß, ich müßte Goethe nennen, aber Schopenhauer interessiert mich bei weitem mehr. Ich habe die deutsche Sprache - ich lernte sie über Heines Verse - eigentlich nur gründlich studiert, um Schopenhauer in der Originalsprache lesen zu können.«
(Jorge Luis Borges, 1899-1986)

»Er war es, durch den in den Begriff des Willens die neue Bedeutung des Blinden und Vernunftlosen gekommen ist, die dann über Nietzsche bis in unsere Gegenwart hinein die Unterscheidung von Unbewußtem und Bewußtsein, von Wille und Vernunft und die gesamte Wirklichkeitserfahrung der Moderne beherrscht.«
(Hans-Georg Gadamer, 1900-2002)

Abkürzungsverzeichnis und Literaturhinweise

Die alte Rechtschreibung und Zeichensetzung wurde bei den Schopenhauer-Zitaten beibehalten.

Das Schopenhauer-ABC ist aufgrund der vollständigen Primärliteratur erarbeitet. Es basiert auf den sämtlichen Werken und dem gesamten handschriftlichen Nachlaß einschließlich der Vorlesungen. Schopenhauers Werke werden nach der siebenbändigen Ausgabe von Arthur Hübscher zitiert. Bei den Zitatangaben im Text folgt dem Abkürzungszeichen noch, soweit dies möglich und sinnvoll ist, die Angabe des Kapitels oder Paragraphen, so daß auch andere Schopenhauer-Ausgaben mit relativ geringem Aufwand verwendet werden können. Die Angabe »W II, Kap. 41, 540« z. B. bedeutet: Die Welt als Wille und Vorstellung, Band II, Kapitel 41, Seite 540. Weitere benutzte Literatur, etwa zum Leben des Philosophen, wird im Text im Anschluß an das jeweilige Zitat genannt. Im Folgenden werden Werke, Nachlaß und Briefe, nach denen zitiert wird, aufgeführt und mit Abkürzungszeichen versehen.

Arthur Schopenhauer, *Sämtliche Werke.* Nach der ersten, von Julius Frauenstädt besorgten Gesamtausgabe neu bearb. und hrsg. von Arthur Hübscher, 7 Bände, Wiesbaden ^{3}1972.

G	Ueber die vierfache Wurzel des Satzes vom zureichenden Grunde (Werke, Bd. I)
F	Ueber das Sehn und die Farben (Werke, Bd. I)
C	Theoria colorum (Werke, Bd. I; übersetzt in: Werke, Bd. VII)
W I	Die Welt als Wille und Vorstellung, Bd. I (Werke, Bd. II)
W II	Die Welt als Wille und Vorstellung, Bd. II (Werke, Bd. III)
N	Ueber den Willen in der Natur (Werke, Bd. IV)
E	Die beiden Grundprobleme der Ethik (Werke, Bd. IV)
P I	Parerga und Paralipomena (Werke, Bd. V)
P II	Parerga und Paralipomena (Werke, Bd VI)
G1	Ueber die vierfache Wurzel des Satzes vom zureichenden Grunde (1. Auflage von 1813) (Werke, Bd. VII).

Arthur Schopenhauer, *Philosophische Vorlesungen.* Aus dem handschriftlichen Nachlaß, hrsg. von Volker Spierling, 4 Bände, München ^{2}1987–1990 (Die ungekürzte Ausgabe folgt den Bänden IX und X der Deussen-Ausgabe, hrsg. von Franz Mockrauer, München 1913).

VN I	Theorie des gesammten Vorstellens, Denkens und Erkennens.

	Vorlesung über die gesammte Philosophie, 1. Theil. Zusammen mit: Probevorlesung, Lobrede und Dianoiologie (Bd. I)
VN II	Metaphysik der Natur. Vorlesung über die gesammte Philosophie, 2. Theil (Bd. II)
VN III	Metaphysik des Schönen. Vorlesung über die gesammte Philosophie, 3. Theil (Bd. III)
VN IV	Metaphysik der Sitten. Vorlesung über die gesammte Philosophie, 4. Theil (Bd. IV).

Arthur Schopenhauer, *Der Handschriftliche Nachlaß*, hrsg. von Arthur Hübscher, 5 Bände in 6, Frankfurt am Main 1966–1975 (Unveränderter Nachdruck: München 1985).

HN I	Frühe Manuskripte 1804–1811 (Bd. I)
NH II	Kritische Auseinandersetzungen 1809–1818 (Bd. II)
HN III	Berliner Manuskripte 1818–1830 (Bd. III)
HN IV 1	Die Manuskriptbücher der Jahre 1830–1852 (Bd. IV, 1)
HN IV 2	Letzte Manuskripte/Gracian Handorakel (Bd. IV, 2)
HN V	Randschriften zu Büchern (Bd. V).
R	Arthur Schopenhauer, *Die Reisetagebücher*, hrsg. von Ludger Lütkehaus, Zürich 1988.
B	Arthur Schopenhauer, *Gesammelte Briefe*, hrsg. von Arthur Hübscher, Bonn ^{2}1987.
Ge	Arthur Schopenhauer, *Gespräche*, hrsg. von Arthur Schopenhauer, Stuttgart-Bad-Cannstatt 1971.
LF	Ernst Otto Lindner und Julius Frauenstädt, *Arthur Schopenhauer. Von ihm. Ueber ihn*, Berlin 1863.
M	Volker Spierling (Hrsg.), *Materialien zu Schopenhauers »Die Welt als Wille und Vorstellung«*, Frankfurt am Main 1984.

Eine ausführliche Schopenhauer-Bibliographie enthält der Anhang in: Volker Spierling, *Arthur Schopenhauer*, Frankfurt am Main 1994 (Taschenbuchausgabe Leipzig 1998).
Eine kürzere, kommentierte Schopenhauer-Bibliographie einschließlich einer kritischen Würdigung der Schopenhauer-Ausgaben ist zu finden in: Volker Spierling, *Arthur Schopenhauer zur Einführung*, Hamburg 2002.